做一个理想的法律人

To be a Volljurist

法律人进阶译丛【法学基础】
李 昊/译丛主编

通过100个条文学民法

Learning Civil Law Through 100 Articles

〔日〕加贺山茂 /著

于敏 /译

北京大学出版社
PEKING UNIVERSITY PRESS

图书在版编目(CIP)数据

通过100个条文学民法 / (日) 加贺山茂著 ; 于敏译. -- 北京 : 北京大学出版社, 2025. 5. -- (法律人进阶译丛). -- ISBN 978-7-301-35964-8

Ⅰ. D931. 33

中国国家版本馆CIP数据核字第2025EF9868号

书　　名	通过100个条文学民法 TONGGUO 100 GE TIAOWEN XUE MINFA
著作责任者	〔日〕加贺山茂　著　于敏　译
策划编辑	陆建华
责任编辑	陆飞雁　陆建华
标准书号	ISBN 978-7-301-35964-8
出版发行	北京大学出版社
地　　址	北京市海淀区成府路205号　100871
网　　址	http://www.pup.cn　http://www.yandayuanzhao.com
电子邮箱	编辑部 yandayuanzhao@pup.cn　总编室 zpup@pup.cn
新浪微博	@北京大学出版社　@北大出版社燕大元照法律图书
电　　话	邮购部 010-62752015　发行部 010-62750672 编辑部 010-62117788
印 刷 者	大厂回族自治县彩虹印刷有限公司
经 销 者	新华书店
	880毫米×1230毫米　32开本　11.75印张　369千字 2025年5月第1版　2025年5月第1次印刷
定　　价	69.00元

“法律人进阶译丛”编委会

做一个理想的法律人(代译丛序)

近代中国的法学启蒙受自日本,而源于欧陆。无论是法律术语的移植、法典编纂的体例,还是法学教科书的撰写,都烙上了西方法学的深刻印记。即使是中华人民共和国成立后兴盛过一段时期的苏俄法学,从概念到体系仍无法脱离西方法学的根基。20 世纪 70 年代末,借助我国台湾地区法律书籍的影印及后续的引入,以及诸多西方法学著作的大规模译介,我国大陆重启的法制进程进一步受到西方法学的深刻影响。当代中国的法律体系可谓奠基于西方法学的概念和体系之上。

自 20 世纪 90 年代开始的大规模的法律译介,无论是江平先生挂帅的“外国法律文库”“美国法律文库”,抑或舒国滢先生等领衔的“西方法哲学文库”,以及北京大学出版社的“世界法学译丛”、上海人民出版社的“世界法学名著译丛”,诸多种种,均注重于西方法哲学思想尤其英美法学的引入,自有启蒙之功效。不过,或许囿于当时西欧小语种法律人才的稀缺,这些译丛相对忽略了以法律概念和体系建构见长的欧陆法学。弥补这一缺憾的重要转变,应当说始自米健教授主持的“当代德国法学名著”丛书和吴越教授主持的“德国法学教科书译丛”。以梅迪库斯教授的《德国民法总论》为开篇,德国法学擅长的体系建构之术和鞭辟入里的教义分析方法进入我国大陆法学的视野,辅以崇尚德国法学的我国台湾地区法学教科书和专著的引入,德国法学在我国大陆当前的法学教育和法学研究中日益受到尊崇。然而,“当代德国法学名著”丛书虽然遴选了德国当代法学著述中的上乘之作,但囿于撷取名著的局限及外国专家的视角,丛书采用了学科分类的标准,而未区分注重体系层次的基础教科书与偏重思辨分析的学术专著,与戛然而止的“德国法学教科书译丛”一样,在基础教科书书目的选择上尚未能充分体现当代德国法学教育的整体面貌,是为缺憾。

职是之故,自 2009 年始,我在中国人民大学出版社策划了现今的"外国法学教科书精品译丛",自 2012 年出版的德国畅销的布洛克斯和瓦尔克的《德国民法总论(第 33 版)》始,相继推出了韦斯特曼的《德国民法基本概念(第 16 版)(增订版)》、罗歇尔德斯的《德国债法总论(第 7 版)》、多伊奇和阿伦斯的《德国侵权法(第 5 版)》、慕斯拉克和豪的《德国民法概论(第 14 版)》,并将继续推出一系列德国主流的教科书,涵盖了德国民商法的大部分领域。该译丛最初计划完整选取德国、法国、意大利、日本诸国的民商法基础教科书,以反映当今世界大陆法系主要国家的民商法教学的全貌,可惜译者人才梯队不足,目前仅纳入"日本侵权行为法"和"日本民法的争点"两个选题。

系统译介民商法之外的体系教科书的愿望在结识季红明、查云飞、蒋毅、陈大创、葛平亮、夏昊晗等诸多留德小友后得以实现,而凝聚之力源自对"法律人共同体"的共同推崇,以及对案例教学的热爱。德国法学教育最值得我国法学教育借鉴之处,当首推其"完全法律人"的培养理念,以及建立在法教义学基础上的以案例研习为主要内容的教学模式。这种法学教育模式将所学用于实践,在民法、公法和刑法三大领域通过模拟的案例分析培养学生体系化的法律思维方式,并体现在德国第一次国家司法考试中,进而借助于第二次国家司法考试之前的法律实训,使学生能够贯通理论和实践,形成稳定的"法律人共同体"。德国国际合作机构(GIZ)和国家法官学院合著的《法律适用方法》(涉及刑法、合同法、物权法、侵权法、劳动合同法、公司法、知识产权法等领域,由中国法制出版社出版)即是德国案例分析方法中国化的一种尝试。

基于共同创业的驱动,我们相继组建了中德法教义学 QQ 群,推出了"中德法教义学苑"微信公众号,并在《北航法律评论》2015 年第 1 辑策划了"法教义学与法学教育"专题,发表了我们共同的行动纲领:《实践指向的法律人教育与案例分析——比较、反思、行动》(季红明、蒋毅、查云飞执笔)。2015 年暑期,在谢立斌院长的积极推动下,中国政法大学中德法学院与德国国际合作机构法律咨询项目合作,邀请民法、公法和刑法三个领域的德国教授授课,成功地举办了第一届"德国法案例分析暑期班"并延续至今。2016 年暑期,季红明和夏昊晗也积极策划并参与了由西南政法大学黄家镇副教授牵头、民商法学院举办的“请求权基础案例分析法暑期研习班”。2017 年暑期，加盟中南财经政法大学法学院的“中德法教义学苑”团队，成功举办了“案例分析暑期培训班”，系统地在民法、公法和刑法三个领域以德国的鉴定式模式开展了案例分析教学。

中国法治的昌明端赖高素质法律人才的培养。如中国诸多深耕法学教育的启蒙者所认识的那样，理想的法学教育应当能够实现法科生法律知识的体系化，培养其运用法律技能解决实践问题的能力。基于对德国奠基于法教义学基础上的法学教育模式的赞同，本译丛期望通过德国基础法学教程尤其是案例研习方法的系统引入，能够循序渐进地从大学阶段培养法科学生的法律思维，训练其法律适用的技能，因此取名“法律人进阶译丛”。

本译丛从法律人培养的阶段划分入手，细分为五个子系列：

——法学启蒙。本子系列主要引介关于法律学习方法的工具书，旨在引导学生有效地进行法学入门学习，成为一名合格的法科生，并对未来的法律职场有一个初步的认识。

——法学基础。本子系列对应于德国法学教育的基础阶段，注重民法、刑法、公法三大部门法基础教程的引入，让学生在三大部门法领域中能够建立起系统的知识体系，同时也注重扩大学生在法理学、法律史和法学方法等基础学科上的知识储备。

——法学拓展。本子系列对应于德国法学教育的重点阶段，旨在让学生能够在三大部门法的基础上对法学的交叉领域和前沿领域，诸如诉讼法、公司法、劳动法、医疗法、网络法、工程法、金融法、欧盟法、比较法等有进一步的知识拓展。

——案例研习。本子系列与法学基础和法学拓展子系列相配套，通过引入德国的鉴定式案例分析方法，引导学生运用基础的法学知识，解决模拟案例，由此养成良好的法律思维模式，为步入法律职场奠定基础。

——经典阅读。本子系列着重遴选法学领域的经典著作和大型教科书(Grosse Lehrbücher)，旨在培养学生深入思考法学基本问题及辨法析理之能力。

我们希望本译丛能够为中国未来法学教育的转型提供一种可行的思路，期冀更多法律人共同参与，培养具有严谨法律思维和较强法律适用能力的新一代法律人，建构法律人共同体。

虽然本译丛先期以择取的德国法学教程和著述为代表，但是并不以德国法独尊，而是注重以全球化的视角，实现对主要法治国家法律基础教科书和经典著作的系统引入，包括日本法、意大利法、法国法、荷兰法、英美法等，使之能够在同一舞台上进行自我展示和竞争。这也是引介本译丛的另一个初衷：通过不同法系的比较，取法各家，吸其所长。也希望借助于本译丛的出版，展示近二十年来中国留学海外的法学人才梯队的更新，并借助于新生力量，在既有译丛积累的丰富经验基础上，逐步实现对外国法专有术语译法的相对统一。

本译丛的开启和推动离不开诸多青年法律人的共同努力，在这个翻译难以纳入学术评价体系的时代，没有诸多富有热情的年轻译者的加入和投入，译丛自然无法顺利完成。在此，要特别感谢积极参与本译丛策划的诸位年轻学友和才俊，他们是：留德的季红明、查云飞、蒋毅、陈大创、黄河、葛平亮、杜如益、王剑一、申柳华、薛启明、曾见、姜龙、朱军、汤葆青、刘志阳、杜志浩、金健、胡强芝、孙文、唐志威，留日的王冷然、张挺、班天可、章程、徐文海、王融擎，留意的翟远见、李俊、肖俊、张晓勇，留法的李世刚、金伏海、刘骏，留荷的张静，等等。还要特别感谢德国奥格斯堡大学法学院的托马斯·M.J.默勒斯(Thomas M. J. Möllers)教授慨然应允并资助其著作的出版。

本译丛的出版还要感谢北京大学出版社学科副总编辑蒋浩先生和策划编辑陆建华先生，没有他们的大力支持和努力，本译丛众多选题的通过和版权的取得将无法达成。同时，本译丛部分图书得到中南财经政法大学法学院徐涤宇院长大力资助。

回顾日本的法治发展路径，在系统引介西方法律的法典化进程之后，将是一个立足于本土化、将理论与实务相结合的新时代。在这个时代中，中国法律人不仅需要怀抱法治理想，还需要具备专业化的法律实践能力，能够直面本土问题，发挥专业素养，推动中国的法治实践。这也是中国未来的“法律人共同体”面临的历史重任。本译丛能预此大流，当幸甚焉。

李　昊

2018 年 12 月

译者序

民法是现代国家的基本法,在社会生活中占有极其重要的地位。星野英一教授的名著《民法劝学》中介绍了东西方学者关于民法是市民社会的“宪法”(Constitution)的理论。二十世纪八十年代译者去日本留学之前,恰逢日本著名宪法学家芦部信喜教授来中国社会科学院法学研究所作学术访问,我当时在宪法研究室任助理研究员,有幸参与了接待工作。当芦部信喜先生得知我要去东京都立大学法学部学习民法时,殷切地嘱咐我:“民法是一切法律的基础,你首先要把民法学好。”时至今日,这位法学前辈的教导与期望仍然时常回响在我的耳边。在后来的研究实践中,我愈发感知民法在法治国家建设中的决定性作用。尽管我努力学习,不敢懈怠,但民法体系宏大,内容丰富,以至于至今也不能说把民法学好了。或许,对绝大多数人来说,想完全掌握博大精深的民法体系,都不是件易事。

本书是日本著名民法学家加贺山茂教授的新作。先生通过考察日本法院对民法的适用,筛选出适用频度较高的前 100 个民法条文,进行精确的学理解析,并辅以日本最高法院的判例,动态、清晰地勾勒出日本民法的发展历程,生动地演绎了日本引进西方民法思想与制度并加以本土化的过程。这 100 个民法条文不只是铺陈于纸面上的法律文本,其展现的实质是现实社会的运行规律,通过一个个鲜活的案件、判决将它们形象地展开。把这 100 个民法条文读明白了,就会自然而然地沿着民法的生命之路将民法的灵魂引入自己的脑海,从而提纲挈领地从整体上理解民法精义,养成运用民法思维分析事物,解决问题的习惯。更为重要的是,本书用简明的文字,把思想深刻的民法体系、复杂高深的民法学原理讲解得生动活泼、栩栩如生,即便是法律知识基础薄弱的人也能被引人入胜的阐述所吸引,从而踏入民法的殿堂,这种参与式的教学方法怎能不令人叹为观止？把复杂的理论简单化，是一种高超的能力，因为只有抓住了事物的根本，才能做到这一点。这才是科学研究的本经正道，是科学家应有的素养。可以说，本书的出版，无异于为学界引进了一股清流。

本书源于加贺山茂教授对社会生活的亲身经历和对民法问题的不懈探索。先生曾在日本消费者协会工作四年半，经常参加并指导地方自治体的民事法律实践活动。此外，先生还作为民法学专家参加了许多国家的民事立法活动，如作为森岛昭夫教授所率法制建设援助顾问团的骨干成员参与了越南、柬埔寨、老挝、蒙古国和乌兹别克斯坦等国的民法典制定及民商法学人才培养的工作。在民法理论研究和民事实践活动中，先生执着于真理，而不迷信通说与权威，在担保物权的名称与性质等重大理论问题上都提出了独到的见解。不仅如此，先生还对信息革命时代民法的走向有着清醒的认识，是日本最早涉猎法律 AI 技术研究的法学家。目前，加贺山茂教授又在执笔《给孩子的法学入门》一书，该书提倡从幼儿时期开始对孩子进行法学教育，先生研究法学教育的步伐从未停止。

为了使读者能够高效地学习民法，加深对法条与判例的理解，本书编排了检验题、讨论题和综合练习问题，这些练习对巩固已学的民法学知识大有帮助。此外，书后附录的参考文献、条文索引、判例索引、资料（民法全部条文法院适用频度一览表、用语一览表、用语分析）等，无疑是准确把握科学概念的“精密仪器”，是体系化学习民法的宝贵线索，这也为进一步学习和深入研究民法的朋友提供了方便。

自二十世纪七八十年代改革开放以来，我国大力加强法治建设，特别是在民事法律领域表现出与世界各国共通发展的趋向，因此日本民法成功之经验于我们而言更显宝贵。在此背景下，特别值得一提的是，本书中使用的概念，除了“永佃权”“入会权”这两个连现代日本民法都几乎不用的术语外，其他术语基本与中国现行民法中使用的概念吻合。因此，通过本书的学习，读者不仅可以把握中日民法学共通的基本原理，还能在比较两国民法各自具体制度特征的同时，汲取日本民法在“本土化”过程中的有益经验，发现民事法律发展的普遍规律。

民法没有国界，因为它是由人们在社会生活中形成的规矩构成的。公权力只能维护它或破坏它，却无法“制造”它。谢怀栻教授认为，民法典是国家的经济和法学发展到一定水平的产物。民法学的基本原理是人类智慧与共同知识财富的结晶。生活在今天的每一个人，都应当把民法作为自己行为的座右铭，权利的护身符，做诚信、自律、自由之个人。本书为我们提供了一把打开民法大门的钥匙，认真读完本书，仔细做完练习题，就好似法官参与审理案件，能够真切体会到案件所适用法律条文的意义。在此过程中，将会培养我们的民法思维，这对我们进行民法理论研究或从事法律实务工作都大有裨益。而且，按照加贺山茂教授的期望，读者应在知识积淀的基础上，冲破民法的历史局限，找出“民法立法者逻辑上错误的地方，探讨应当如何进行修改”，因为“在社会经济正在发生巨大变化的现代，这已经成为所有市民应当具备的基本能力”（边码 39）。也就是说，每一位思想健全的公民都应该做私法自治的主人。

李昊教授主编的这套“法律人进阶译丛”，意在培养兼具扎实法律思维和国际学术视野的理想法律人，译者期待加贺山茂教授的这部专著能在中国法律人的培养中发挥应有的效用。以李昊教授为代表的当今民法学教研的中坚，他们无疑是站到了时代的高度，将对中国的法治国家建设产生深远的影响，希望他们的步伐迈得更扎实、更坚定！

于　敏

2023 年 10 月 15 日

中译本序

面对“从日本民法1050个条文中选出最重要的100个条文”这一命题时，其选择，肯定是因人而异、千差万别的。

本书通过筛选从民法制定那年（1898年）到本书出版前一年（2016年）期间被法院适用频度较高的前100个条文，客观地回答了这个问题。

不过，本书出版之后，由于2017年民法（债权关系）被修改，一些条文被删除或被移作别的条文，从而出现了本书所述的部分内容与现行民法发生龃龉的情况。

因此，为了应对这个问题，以下列出民法（债权关系）修改前和修改后的条文对照表。读者在现行民法中找不到本书所述条文时，能够通过下表确认现行民法条文的条数，以消解其中所生不便。

民法（债权关系）修改条数对照表

（1）①②③表示条文款数，一二三表示条文项数。

（2）修改前的条文被删除，修改后的条文没有与之相对应的场合，用“-”标记。修改前的条文被删除了，但修改后的条文有与之相对应的场合，用“→”表示对应条文。

（3）“修改前”这一列中没有记录的条文，表示该条文或无修改或被修改成其他无同一性的条文。

修改前	修改后	修改前	修改后
105	-	147	147, 148
106	105	148	153
107	106	149	147①一

修改前	修改后	修改前	修改后
150	147①二	439	删除→445
151	147①三	440	441
152	147①四	441	-
153	150	469	520 之 2
154	148, 149	470	520 之 10
155	154	471	520 之 18, 520 之 10
156	152②	472	520 之 6
157	147②, 148②, 152①	473	520 之 20, 520 之 6
167	166①②	476	-
169	-	477	476
170	-	480	删除→478
171	-	489	488④
172	-	490	491
173	-	491	489
174	-	499②	500
174 之 2	169	516	-
363	删除→520 之 17, 520 之 20	517	-
365	删除→520 之 7	521	523
432	436	522	-
433	437	523	524
434	-	524	525
435	438	525	526
436	439	526①	删除→522①
437	删除→445	526②	527
438	440	527	-

修改前	修改后	修改前	修改后
530①	529 之 3	570	562-564
530②	530	571	533
530③	529 之 2①	589	587 之 2③
534	删除→567	597②但书	598①
535	–	597③	598②
542	542①四	598	599
543	542①一，三，②一	599	597③
560	561	621	622
562	–	634①	636
563	561，565	635	636
564	566	638	–
565	563，564，566	639	–
566	565	640	–
567	570		

本书的表述，采用具有高度学术性的法律用语，因此，在翻译成中文时，必须对日本民法和中国民法都有深刻理解，二者缺一不可。

畏友于敏教授为我们承担起这一困难的工作，完成了将日本民法的精髓翻译成中文的任务。在此，对于敏教授表示衷心感谢，也衷心祝愿本书能对中国学者研究日本民法作出贡献。

最后，我想对曾在日本留学，归国之后活跃在中国的于敏教授，以及对今后希望或准备去外国留学的中国青年人传达我的心声，以此来结束我的中文版序。

曾经主导日本民事诉讼法学说的三月章教授在其代表作教科书的导言中介绍了自己结束德国留学回日本之际，聆听德国指导教授的三句话（从通说、恩师的学说、自己的学说获得自由）。这里，请允许我以自己的理解来解读。

1. 从通说获得自由

通说是重要的,但通说并非自始就是通说。而是顺应时代的要求,从少数说变成了通说。因此,当社会发生变化时,就要从通说获得自由。

2. 从恩师的学说获得自由

培育自己的恩师的学说,可能已经成为自己思维方式的构成部分。但如果没有超越恩师学说的觉悟,就无法成为一名真正的学者。

3. 从自己的学说获得自由

自己的学说,可能已经成为自己思想的一部分。因此,当自己的学说受到攻击时会感到很难受。但是,若对自己的学说的批判是中肯的,就应该毫不犹豫地接受。承认自己的学说的错误,改正错误的学说不是可耻的事情。人生中最重要的就是承认失败,重新开始。

我觉得,在以上三个自由之上,有必要再加上第四个自由。

即不仅从学说、判例获得自由,还要从重要条文获得自由。

作为其实例,在本书边码 36 至边码 40 谈到,日本民法第 85 条规定的“本法律所谓‘物’,是指有体物”是“立法的失败”。本书对这种错误在何种程度上阻碍了日本民法的发展进行了细致的解说。

衷心祝愿即将阅读本书的青年人,在热心学习专业领域条文、学说、判例的同时,能够把从中获得的自由也纳入自己的思考中,从而为科学的发展作出贡献。

加贺山茂

2024 年 1 月 5 日

前　言

本书的目的是从日本民法*的全部条文(第1条—第1044条)中选出被法院高频适用的100个条文,著者对这些条文在民法整体上的定位进行解说,同时,通过介绍关联判例(基本判例、最新判例)的概要,使读者理解这100个条文的意义(通过这100个条文学习民法)。

著者在选择这100个条文之际,首先利用市场上销售的法律数据库(TKC法律信息数据库·LEX/DB互联网),记录民法的所有条文被法院判决适用的次数。接着,利用微软公司的Excel表格工具将这些条文依被适用的频度顺序排列成表(边码196** 以下的卷末资料1)。然后,从该表选出排序靠前的10个,命名为"民法条文·适用频度表前10",标记三星(★★★)(边码14的图5)。同样,在"民法条文·适用频度表前20"上标记二星(★★)(边码11的图3),在适用频度排第20位至第30位的条文上标记一星(★)(边码16的表1,边码20的表2)。整理这些图表的目的在于使读者熟悉民法中具有代表性的条文。

社会上存在两种现象:一种是人们认为学习法律就"必须记住六法",从而使其对法律敬而远之;另一种则是受法学部教师们甜言蜜语的欺骗,学生被灌输了"没有必要记住条文"的思想。但是,这二者都不是真理。对重要的条文,应该一字一句地正确牢记。例如,"民法条文·适用频度"排第1位的民法第709条***,就是值得一字一句正确牢记的条文。因为其不仅适用

---

* 未经特别说明,本书中的规范性法律文件均指日本的规范性法律文件。如《日本民法》简称为"民法",《日本刑法》简称为"刑法",等等。——译者注

** 指原书页码,即本书页边码,后文同。——译者注

频度高，而且内容延续了《法国民法典》第1382条（经过最近的修改，已变更为第1240条）的传统，并与《德国民法典》第823条的内容几乎相同。若将其翻译成各国语言（例如用Google翻译）的话，不受社会、经济的变化影响，超越时代地具有世界通用的价值。

本书基于法院的适用频度这一客观基准，明确民法中应该最先学习、牢记“民法条文·适用频度表前10”的条文。并且学完这一部分后可以先挑战一下第15章的“适用频度表前10的学习目标达到程度的检验”检验题1—5（边码168以下），以及“适用频度表前10的相关讨论课题”讨论题1—5（边码171以下），就能知道是否已经掌握这些条文。通过这些问题，能够进行民法学习初级水平的训练。这之后，将学习“民法条文·适用频度表前100”的重点放在表前20、表前30上，反复学习，在完成综合练习问题（边码174以下）后，就能够达到系统地学习民法的水平。

基于此，读者在“民法条文·适用频度表前100”解说的引导之下，将会提高对其他条文的关注，这时再将学习范围扩展到这些条文，就能够让其在短期内高效地达成各自不同的民法学习目标。

目　录

导　言

1. 本书的目的

本书是尝试通过重点学习民法第 1 条—第 1044 条中频繁出现的 100 个条文来理解民法整体像的学习书。所谓频繁出现的 100 个条文，是基于判例数据库（TKC 法律信息数据库 · LEX/DB 互联网），从明治中期的大审院判例到今天（2016 年 11 月 30 日）的 100 多年间适用民法的约 5 万件（49820 件）裁判例（含地方法院、高等法院的判决例）中选取的，被最频繁适用的 100 个民法条文。 8*

就是说，本书选定“民法条文 · 适用频度表前 100”，是要通过这些条文概观民法整体的同时，重视这些条文之间的相互关系，进而体系性地理解民法。这是民法学及民法教育中最初的尝试。

2. 将民法的初学内容限定在 100 个条文的理由

将民法的初学内容限定在 100 个条文，是因为对学习民法的人而言，民法的条文（第 1 条—第 1044 条）太多。

由于条文过多，很多学生刚开始学习民法就打退堂鼓了，或者即使开始了民法的学习，也会因受到挫折半途而废。考虑到这一点，本书的目标是，通过学习选出的这 100 个民法条文，将学习者从这种挫折感中解放出来。

如果学习 100 个条文，就能够使人们在短期内理解民法整体像成为可能，也会使其对每个条文的理解及对各条文之间相互关系的理解变得比较容易。

---

* 日文版原书正文自第 8 页开始。——译者注

3. 100 个民法条文的选定基准

这里的问题是，到底是否存在选定适合学习的 100 个条文的客观基准，在依据该选定基准的场合，被选定的 100 个条文的内容是否适合从整体上理解民法。

在将民法的学习对象限定在民法全部条文的 1/10 左右时，选定的基准必须是客观且合理的。本书 100 个条文的选定基准在以下两点上是客观且合理的。

第一，本书所选定的条文，是经市场上销售的判例数据库验证过的被法院适用频度非常高的条文，这一点是客观的。

9 第二，本书所选定的 100 个条文，在民法全部条文（1057 个条文）的适用频度上几乎按比例覆盖了民法的全部领域（总则、物权、债权、亲属、继承），这一点是合理的。因此，学习本书的 100 个条文，不仅能够掌握被适用于裁判纠纷最多的重要条文，还能不偏不倚地鸟瞰民法整体。

4. 民法各领域条文数与被适用条文频度之间的偏差

民法由总则、物权、债权、亲属、继承这五个领域构成。其中，债权领域条文数较多，因此，教学上将其分为：①债权总论与其他内容；②债权各论。而对债权各论，很多情况下又分类为：契约，无因管理、不当得利，侵权行为。依据这种分类，计算出各自领域的条文数，将其用图表显示出来，如图 1。

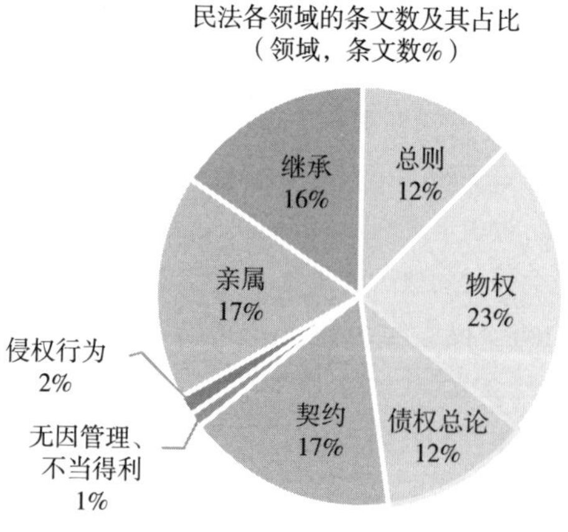

图 1　民法各领域的条文数及其占比

从图 1 可以清楚地看到，日本民法的条文分布在民法的各个领域。但是，这些条文中，有很多“死亡条文”在裁判中一次也没有被适用过。例如，物权法中的永佃权（第 270 条—第 279 条）。

根据本书所利用的判例数据库，自民法制定以来，法院一次也未适用过 10
的条文达到 142 个［详情参照卷末资料“1.民法全部条文 · 法院适用频度一览表”（边码 196）］。因此，关于民法的条文被法院适用的频度，通过判例数据库进行调查，我们可以清楚地看到，各领域的条文数与被适用的频度，二者存在相当大的偏差。

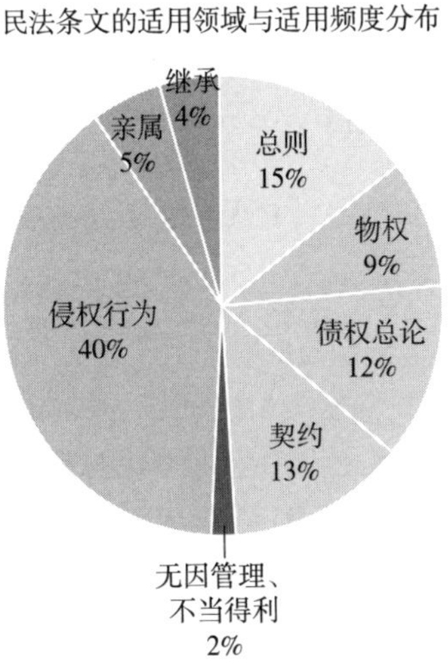

图 2　民法各领域条文适用频度

第一，关于物权，与条文数占比（占整体的 23%）相比较，其适用频度占比（占整体的 9%）相当少。其理由是，在物权中，如前所述，包含现在几乎不用的永佃权制度。

第二，与此形成对比的是，在侵权行为领域，其条文数只有 16 条（占民法整体的 2%），其适用频度却占民法判例整体的 40%。在民法中，有关侵权行为的条文被最频繁地适用。其理由是，当社会上发生新问题，出现纠纷时，在特别法被制定出来前，大家都试图依据侵权行为的条文解决纠纷。例如，因交通事故、公害、缺陷商品等造成人身损害的场合，还有因金融商品遭受财产损害的场合，也寻求通过裁判得到损害救济，这些纠纷首先都是适用侵权行为的条文来解决的。

从上述情况考虑，就自然会产生民法的最初学习对象，应该选择被法院适用最频繁的100个条文的构想。

11 **5. 民法条文·适用频度表前100的选定与前20的图式化**

我们使用前述判例数据库（TKC法律信息数据库·LEX/DB互联网），对民法全部条文进行了法院适用频度的调查。

因民法条文数量庞大，每个条文的适用频度的详细统计，以卷末资料的形成[1.民法全部条文·法院适用频度一览表（边码196）]归纳显示，这里将适用频度前20的条文图示如下：

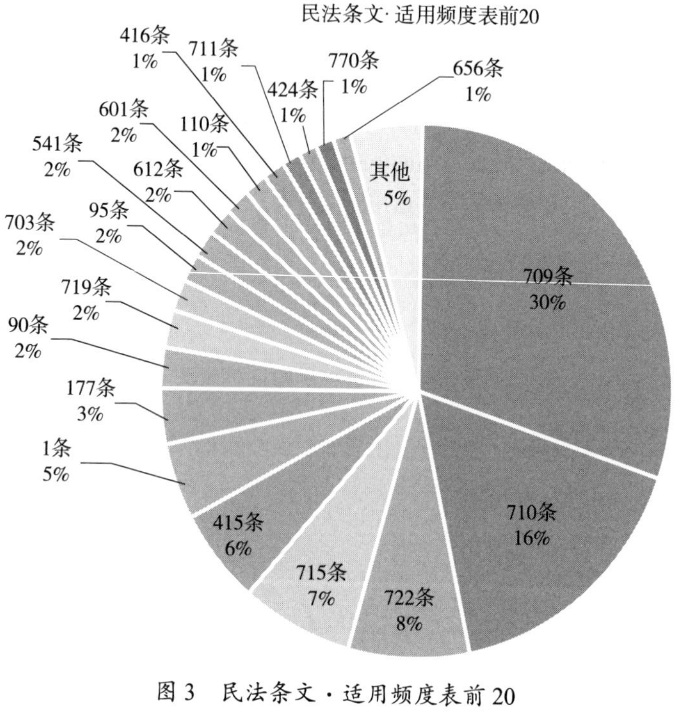

图3　民法条文·适用频度表前20

图 3 想展示的是各个条文被独立适用的频度,所以要注意不能进行 2 个以上条文的加算,此图对于了解每个条文在约 5 万件裁判例中的适用频度是有用的。

从图 3 可以看出,民法第 709 条在民法整体中发挥着何等重要的作用。 12
在民法裁判例中,有 30%的案件是通过适用民法第 709 条得到解决的,如果能够准确地理解民法第 709 条,就能够理解三成的民法裁判例。进一步地,若将图 3 和图 2 合起来参照,就可以看到,在民法裁判例中,如果理解了侵权行为法的 16 个条文,就能够理解四成的民法判例[关于侵权行为法的整体像,参照图 18(边码 140)]。

这样看来,作为民法的学习对象,如果选择被法院适用频度最高的 100 个条文,应集中地理解这 100 个条文各自的意义,理解适用这些条文的代表性裁判例及其与各条文之间的相互关系,这样应该就能够理解大多数被法院频繁适用条文背后的案件了。

6. 民法条文 · 适用频度表前 100 的适用领域(领域覆盖率)

我们对被法院高频度适用的 100 个条文,进行了是否覆盖民法各领域以及适用频度与民法整体的条文适用频度分布是否相对应的考察,其结果如图 4 所示。

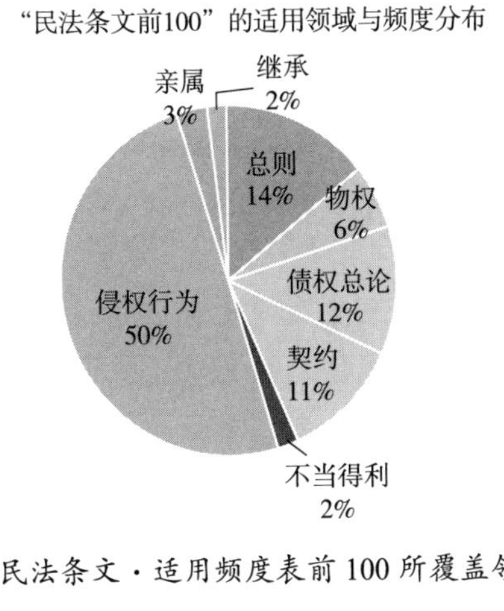

图 4 民法条文 · 适用频度表前 100 所覆盖领域

图 4 显示了民法条文 · 适用频度表前 100 所覆盖的领域。将图 4 与显
13 示民法全部条文各领域适用频度的图 2(母集团的分布)相比较,就可以看到,作为民法条文 · 适用频度表前 100 的条文与母集团(民法全部条文)的适用频度分布之间并没有很大差异。

因此,使用民法条文 · 适用频度表前 100 开始民法学习,意义在于能够通过法院适用频度高的条文学习各领域的内容。并且能够通过学习约占民法全部条文 1/10 的条文高效地学习整个民法,可以说其功效是非常高的。

7. 民法条文 · 适用频度表前 100 的阅读方法

第一,我们概观一下民法条文中被法院适用频度最高的 100 个条文的适用频度顺序。第二,我们将适用频度最高的 100 个条文按适用频度由高到低的顺序排列,看它们在民法各领域(总则、物权、债权总论、契约、不当得利、侵权行为、亲属、继承)中,被选定的是什么样的条文。第三,我们按条文顺序逐条解说民法条文 · 适用频度表前 100 的内容。

民法条文 · 适用频度表前 100 全部是被法院高频度适用的条文,所以集中了所有重要的条文。对于那些虽然被法院适用的频度低但是学习上重要且在阅读民法条文 · 适用频度表前 100 之际必须理解的条文,也一并进行学习,再适宜地参照一些能够加深理解民法的条文,就能够提高学习的兴趣。

为此,本书在介绍民法条文 · 适用频度表前 100 个条文之际,也介绍理解条文所必要的关联条文和关联判例,同时,对应注意的问题加以评论(著者对判例的注释等)。

遇到意义不明的用语等时,请充分利用卷末的参考文献(边码 180 以下),尤其是法律学辞典[(金子=新堂 · 法律学小辞典)]*和注释书[我妻=有泉=清水 · コンメンタール民法(2016)],还有判例集[(判例百選 Ⅰ Ⅱ Ⅲ),(家族法判例百選),(判プラ Ⅰ Ⅱ Ⅲ)]等,努力加深对条文的理解。

---

* 为便于读者查阅相关日文资料,本书对原著所注之日文文献保留原样,未进行翻译。——译者注

读者可以一边进行这种作业，一边稳步阅读本书颇具特色的解说（对通说、判例的透彻批判）。并且，当读者的学习进行到最后一章回答问题的阶段时，头脑中将会浮现出一个与过去的民法学体系不同的，避免了逻辑矛盾的崭新的民法全貌［关于民法的体系，请参照卷末资料 3. 财产法体系图（边码 256），4. 家族法体系图（边码 257）］。

第一部分

民法条文 · 适用频度表前100的概要

第 1 章　民法条文·适用频度表前 10 的介绍与学习方法

概观民法条文·适用频度表前 100 之前,预先概观一下适用频度最高的 14
条文群。关于民法条文·适用频度表前 20,已经在图 3 介绍过了,所以,这里根据图 5,再详细介绍一下适用频度表前 10。

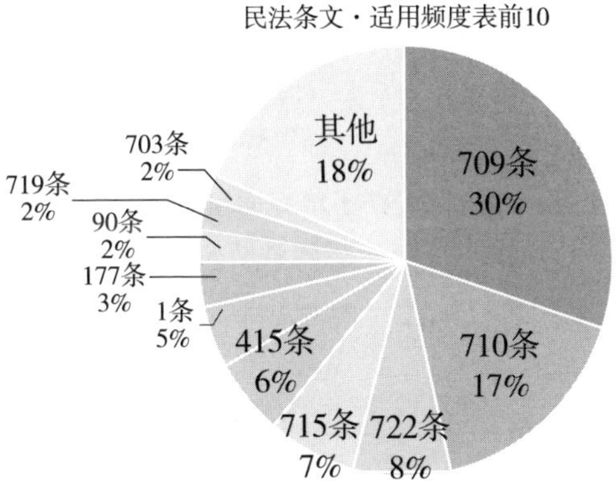

图 5　民法条文·适用频度表前 10

按民法条文的适用频度由高到低的顺序进行排列,排前 4 位的条文(第 709 条、第 710 条、第 722 条、第 715 条)为侵权行为法领域。而且,适用频度表前 10 中有 5 个条文是侵权行为法的条文,约占 4 成。由此可知,学习侵权行为领域的条文可以最高效地理解民法。并且,排第 5 位的第 415 条是关于债务不履行责任的条文,这与侵权行为责任一样,是有关民事责任的条文。

也就是说,有关民事责任(侵权行为责任与契约责任)的条文,涵盖了适用于民事判例的约半数条文。

如图表所示,从上位开始数,第6位才是民法基本原则,即私权对公共福祉的适合性原则、诚信原则和禁止权利滥用原则(民法第1条),第7位是不动产交易最重要的条文,即不动产物权变动的对抗要件(民法第177条),第8位是违反公序良俗的法律行为无效(民法第90条)。

15 第9位又回归侵权行为法,即复数加害人实施共同侵权行为的连带责任(民法第719条),第10位是作为债权关系最后兜底条文的不当得利返还义务(民法第703条)。

这样,通过调查民法各个条文被法院以何种频度加以适用,就理解了民法条文中适用频度高的10个条文,也就能够掌握解决民法半数以上具体问题的能力。

* * *

就条文的学习顺序而言,一般是第一步读条文,第二步依靠条文的注释书和辞书了解其意义,第三步通过判例来理解该条文被适用于何种事例,第四步在与已经学过的条文的相互关系上,对这些条文在整个民法体系中的定位进行考察(**自上而下式学习法**)。

但是,民法学习的终极性目标,在于培养面对实际发生的案件(接受法律委托时的事实关系),准确判断适用哪些条文的能力。为实现这一目标,就必须与前述学习顺序相反,从适当、贴切的条文着手进行练习(**自下而上式学习法**)。

因此,如果能够理解条文的意义与关联判例,但还不能达到目标,就最好检验一下面对判例原文,能否依靠自己的能力发现应该适用于该判例事实关系的条文。只有通过这种自下而上式学习的积累,才能一步一步地接近民法学习的目标【关于本书学习目标之一的法律家的思考方法[Issue, Rules, Analysis, Conclusion(IRAC)],表9(边码117),参照[加賀山·民法学習法入門(2007)33-36頁]】。

* * *

民法条文·适用频度表前100中,最初阶段概观了民法条文·适用频度表前10。在下一个阶段,第一步对照图3与表1,看到图3中的条文序号,脑海里就能够浮现出表 1 频度顺序表前 100 对应的条文标题,尤其民法条文·适用频度表前 20。

可以设想本书出版之后,图 5 民法条文·适用频度表前 10 与图 3 民法条文·适用频度表前 20 会在各种各样的场景中作为测验答题等被引用。届时,可能会要求根据民法条文·适用频度表前 20 的条文数立即说出对应的条文标题,为应对类似场合,请认真地进行练习。

第二步是这些内容学习终结之后,依照表 1,对其余 80 个适用频度高的条文,也需要沿着条文序号与条文标题,浏览其概要。

第 2 章　民法条文·适用频度表前 100 的概观(频度顺序)

16　现在,概观构成本书中心的民法条文·适用频度表前 100 的条文。民法条文·适用频度表前 100 中的适用频度表前 30 更是特别重要。所以,对本书中适用频度表前 30 附加如下星号(★)以引起注意。

★★★适用频度表 1—10:民法第 709 条、第 710 条、第 722 条、第 715 条、第 415 条、第 1 条、第 177 条、第 90 条、第 719 条、第 703 条

★★适用频度表 11—20:民法第 95 条,第 541 条,第 612 条,第 601 条,第 110 条,第 416 条,第 711 条,第 424 条,第 770 条,第 656 条

★　适用频度表 21—30:第 723 条,第 555 条,第 717 条,第 724 条,第 616 条,第 644 条,第 162 条,第 91 条,第 446 条、第 369 条

表 1　频度顺序表前 100

No.	条文	条文标题	适用数	频度%
1	709	因侵权行为的损害赔偿★★★	14984	30.1
2	710	财产以外的损害赔偿★★★	8206	16.5
3	722	损害赔偿的方法及过失相抵★★★	3797	7.6
4	715	使用人等的责任★★★	3482	7.0
5	415	因债务不履行的损害赔偿★★★	2890	5.8
6	1	基本原则★★★	2317	4.7
7	177	有关不动产物权变动的对抗要件★★★	1673	3.4

（续表）

No.	条文	条文标题	适用数	频度%	
8	90	公序良俗★★★	1231	2.5	
9	719	共同侵权行为人的责任★★★	1136	2.3	
10	703	不当得利的返还义务★★★	937	1.9	
11	95	错误★★	840	1.7	
12	541	因履行迟滞等的解除权★★	820	1.6	
13	612	借贷权的转让及转贷的限制★★	810	1.6	
14	601	租赁★★	782	1.6	
15	110	权限外行为的表见代理★★	735	1.5	
16	416	损害赔偿的范围★★	689	1.4	
17	711	对近亲属的损害赔偿★★	576	1.2	
18	424	欺诈行为撤销权★★	564	1.1	
19	770	裁判上的离婚★★	556	1.1	
20	656	准委任★★	542	1.1	
21	723	名誉毁损的原状恢复★	539	1.1	17
22	555	买卖★	486	1.0	
23	717	土地工作物等的占有人及所有人的责任★	476	1.0	
24	724	因侵权行为的损害赔偿请求权的期间限制★	473	0.9	
25	616	使用借贷规定的准用★	461	0.9	
26	644	受任者的注意义务★	458	0.9	
27	162	所有权的取得时效★	454	0.9	
28	91	任意性规定与不同意思表示★	438	0.9	
29	446	保证人的责任等★	425	0.9	
30	369	抵押权的内容★	424	0.9	
31	94	虚伪表示	421	0.8	
32	466	债权的转让性	421	0.8	

（续表）

No.	条文	条文标题	适用数	频度%
33	907	遗产分割的协议和审判等	397	0.8
34	467	指名债权转让的对抗要件	392	0.8
35	423	债权人代位权	370	0.7
36	92	任意性规定与不同习惯	352	0.7
37	623	雇用	337	0.7
38	99	代理行为的要件及效果	334	0.7
39	478	对债权准占有人的清偿	333	0.7
40	533	同时履行抗辩	326	0.7
41	587	消费借贷	319	0.6
42	666	消费寄托	313	0.6
42_2	395	对使用人的抵押建筑物交付缓期(旧・短期借贷的保护)	300	0.6
43	768	财产分与	298	0.6
44	505	相抵的要件等	291	0.6
45	166	消灭时效的进行等	289	0.6
46	708	不法原因给付	271	0.5
47	96	欺诈或胁迫	269	0.5
48	896	继承的一般效力	269	0.5
49	819	离婚和亲子关系确认场合的亲权人	261	0.5
50	86	不动产及动产	259	0.5
51	412	履行期与履行迟滞	256	0.5
52	643	委任	254	0.5
53	482	代物清偿	252	0.5
54	632	承包	249	0.5
55	545	解除的效果	248	0.5

18

（续表）

No.	条文	条文标题	适用数	频度%
56	570	卖主的瑕疵担保责任	240	0.5
57	167	债权等的消灭时效	233	0.5
58	192	即时取得	229	0.5
59	388	法定地上权	228	0.5
60	404	法定利率	227	0.5
61	696	和解的效力	226	0.5
62	760	婚姻费用的分担	223	0.4
63	540	解除权的行使	215	0.4
64	648	受任者的报酬	215	0.4
65	33	法人的设立等	214	0.4
66	249	共有物的使用	212	0.4
67	206	所有权的内容	211	0.4
68	147	时效的中断事由	206	0.4
69	180	占有权的取得	202	0.4
70	493	清偿的提供方法	197	0.4
71	109	因代理权授予表示的表见代理	186	0.4
72	820	监护及教育的权利义务	186	0.4
73	605	不动产租赁的对抗力	185	0.4
74	145	时效的援用	184	0.4
75	766	有关离婚后子女监护事项的规定等	182	0.4
76	906	遗产分割的基准	181	0.4
77	418	过失相抵	177	0.4
78	420	赔偿额的预定	176	0.4
79	752	同居、互助及扶助的义务	173	0.3
80	113	无权代理	172	0.3

（续表）

	No.	条文	条文标题	适用数	频度%
	81	787	亲子关系确认之诉	169	0.3
	82	494	提存	153	0.3
	83	704	恶意受益人的返还义务等	153	0.3
	84	295	留置权的内容	149	0.3
	85	651	委任的解除	148	0.3
	86	958	继承人搜索公告	148	0.3
	87	304	物上代位	146	0.3
19	88	506	相抵的方法及效力	146	0.3
	89	146	时效利益的放弃	144	0.3
	90	958_3	对特别缘故者的继承财产分与	144	0.3
	91	149	裁判上的请求	143	0.3
	92	93	心中（真意）保留	142	0.3
	93	695	和解	141	0.3
	94	372	留置权等规定的准用	140	0.3
	95	903	特别受益人的继承份	137	0.3
	96	176	物权的设定及转移	136	0.3
	97	501	因清偿代位的效果	136	0.3
	98	127	条件成就场合的效果	133	0.3
	99	716	订货人的责任	133	0.3
	100	714	无责任能力人的监督义务人等的责任	128	0.3

上述表1频度顺序表前100与卷末的表13民法全部条文·法院适用频度一览表（边码196以下），都是日本最早对民法条文按判例所适用频度顺序进行排列的表。虽然曾有过为检测民法条文重要性的主观性指标，但从没有通过客观指标重新排列的尝试。这一点，在民法研究及民法教育上，上述表1和卷末的表13导入了崭新的视点，可以期待对民法学的发展有所贡献。

学问上的贡献另说，上述表 1 作为在学习民法之际的小憩，也是以游戏感带来快乐的表。例如，朋友之间，“不看六法和表，说一下民法条文・适用频度表前 10”，“尝试背诵一下民法条文・适用频度表前 20”，只要下功夫，就可以做各种各样有趣的智力游戏。

再有，上述表 1，只是截至 2016 年 11 月 30 日的条文顺位。因此，本书出版一年之后，其顺序有可能发生一些变化【参照［加賀山・民法学習法入門(2007)8-9 頁，13 頁］】。著者打算每年重新制作一次频度表，读者若有机会，也可以自己对民法全文的适用频度进行调查。如果这样，读者自己就能够制作最新的民法条文・适用频度表前 100。

无论上述表 1，还是卷末的表 13，只要利用市场上销售的判例数据库，谁都能制作出来。无论谁通过一定努力都可以得到同样的结果，这是科学的特色。就此而言，本书的表，将可能成为法律学向“作为科学的法律学”［川島・科学としての法律学(1964)］再生的第一步。

第 3 章　民法条文 · 适用频度表前 100 的概观(条文顺序)

20　按适用频度由高到低的顺序概观了民法条文 · 适用频度表前 100 之后,我们再通过表 2 按民法条文顺序概观一下这 100 个条文,进而概观民法的各领域。

表 2　条文顺序表前 100

No.	频度顺序	条文	条文标题	件数	频度%
民法总则(22 个条文/174 个条文)					
1	〔6〕	1	基本原则★★★	2317	4.7
2	〔65〕	33	法人的设立等	214	0.4
3	〔50〕	86	不动产及动产	259	0.5
4	〔8〕	90	公序良俗★★★	1231	2.5
5	〔28〕	91	任意性规定与不同意思表示★	438	0.9
6	〔36〕	92	任意性规定与不同习惯	352	0.7
7	〔92〕	93	心中(真意)保留	142	0.3
8	〔31〕	94	虚伪表示	421	0.8
9	〔11〕	95	错误★★	840	1.7
10	〔47〕	96	欺诈或胁迫	269	0.5
11	〔38〕	99	代理行为的要件及效果	334	0.7
12	〔71〕	109	因代理权授予表示的表见代理	186	0.4

（续表）

No.	频度顺序	条文	条文标题	件数	频度%
13	〔15〕	110	权限外行为的表见代理★★	735	1.5
14	〔80〕	113	无权代理	172	0.3
15	〔98〕	127	条件成就场合的效果	133	0.3
16	〔74〕	145	时效的援用	184	0.4
17	〔89〕	146	时效利益的放弃	144	0.3
18	〔68〕	147	时效的中断事由	206	0.4
19	〔91〕	149	裁判上的请求	143	0.3
20	〔27〕	162	所有权的取得时效★	454	0.9
21	〔45〕	166	消灭时效的进行等	289	0.6
22	〔57〕	167	债权等的消灭时效	233	0.5
物权(6 个条文/104 个条文)					
23	〔96〕	176	物权的设定及转移	136	0.3
24	〔7〕	177	有关不动产物权变动的对抗要件★★★	1673	3.4
25	〔69〕	180	占有权的取得	202	0.4
26	〔58〕	192	即时取得	229	0.5
27	〔67〕	206	所有权的内容	211	0.4
28	〔66〕	249	共有物的使用	212	0.4
担保物权(优先清偿权)(5 个条文/125 个条文)					
29	〔84〕	295	留置权的内容	149	0.3
30	〔87〕	304	物上代位	146	0.3
31	〔30〕	369	抵押权的内容★	424	0.9
32	〔94〕	372	留置权等规定的准用	140	0.3
33	〔59〕	388	法定地上权	228	0.5
债权总论(18 个条文/122 个条文)					
34	〔60〕	404	法定利率	227	0.5

21

（续表）

No.	频度顺序	条文	条文标题	件数	频度%
35	〔51〕	412	履行期与履行迟滞	256	0.5
36	〔5〕	415	因债务不履行的损害赔偿★★★	2890	5.8
37	〔16〕	416	损害赔偿的范围★★	689	1.4
38	〔77〕	418	过失相抵	177	0.4
39	〔78〕	420	赔偿额的预定	176	0.4
40	〔35〕	423	债权人代位权	370	0.7
41	〔18〕	424	欺诈行为撤销权★★	564	1.1
42	〔29〕	446	保证人的责任等★	425	0.9
43	〔32〕	466	债权的转让性	421	0.8
44	〔34〕	467	指名债权转让的对抗要件	392	0.8
45	〔39〕	478	对债权准占有人的清偿	333	0.7
46	〔53〕	482	代物清偿	252	0.5
47	〔70〕	493	清偿的提供方法	197	0.4
48	〔82〕	494	提存	153	0.3
49	〔97〕	501	清偿代位的效果	136	0.3
50	〔44〕	505	相抵的要件等	291	0.6
51	〔88〕	506	相抵的方法及效力	146	0.3
契约(21 个条文/175 个条文)					
52	〔40〕	533	同时履行抗辩	326	0.7
53	〔63〕	540	解除权的行使	215	0.4
54	〔12〕	541	因履行迟滞等的解除权★★	820	1.6
55	〔55〕	545	解除的效果	248	0.5
56	〔22〕	555	买卖★	486	1.0
57	〔56〕	570	卖主的瑕疵担保责任	240	0.5
58	〔41〕	587	消费借贷	319	0.6

22

（续表）

No.	频度顺序	条文	条文标题	件数	频度%
59	〔14〕	601	租赁★★	782	1.6
60	〔73〕	605	不动产租赁的对抗力	185	0.4
61	〔13〕	612	借贷权的转让及转贷的限制★★	810	1.6
62	〔25〕	616	使用借贷规定的准用★	461	0.9
63	〔37〕	623	雇用	337	0.7
64	〔54〕	632	承包	249	0.5
65	〔52〕	643	委任	254	0.5
66	〔26〕	644	受任者的注意义务★	458	0.9
67	〔64〕	648	受任者的报酬	215	0.4
68	〔85〕	651	委任的解除	148	0.3
69	〔20〕	656	准委任★	542	1.1
70	〔42〕	666	消费寄托	313	0.6
71	〔93〕	695	和解	141	0.3
72	〔61〕	696	和解的效力	226	0.5
不当得利(3 个条文/6 个条文)					
73	〔10〕	703	不当得利的返还义务★★★	937	1.9
74	〔83〕	704	恶意受益人的返还义务等	153	0.3
75	〔46〕	708	不法原因给付	271	0.5
侵权行为(11 个条文/16 个条文)					
76	〔1〕	709	因侵权行为的损害赔偿★★★	14984	30.1
77	〔2〕	710	财产以外损害的赔偿★★★	8206	16.5
78	〔17〕	711	对近亲属的损害赔偿★★	576	1.2
79	〔100〕	714	无责任能力人的监督义务人等的责任	128	0.3
80	〔4〕	715	使用人等的责任★★★	3482	7.0
81	〔99〕	716	订货人的责任	133	0.3

（续表）

	No.	频度顺序	条文	条文标题	件数	频度%
	82	〔23〕	717	土地工作物等的占有人及所有人的责任★	476	1.0
	83	〔9〕	719	共同侵权行为人的责任★★★	1136	2.3
	84	〔3〕	722	损害赔偿的方法及过失相抵★★★	3797	7.6
	85	〔21〕	723	名誉毁损的原状恢复★	539	1.1
23	86	〔24〕	724	因侵权行为的损害赔偿请求权的期间限制★	473	0.9
	亲属(8 个条文/158 个条文)					
	87	〔79〕	752	同居、互助及扶助的义务	173	0.3
	88	〔62〕	760	婚姻费用的分担	223	0.4
	89	〔75〕	766	有关离婚后子女监护事项的规定等	182	0.4
	90	〔43〕	768	财产分与	298	0.6
	91	〔19〕	770	裁判上的离婚★★	556	1.1
	92	〔81〕	787	亲子关系确认之诉	169	0.3
	93	〔49〕	819	离婚和亲子关系确认场合的亲权人	261	0.5
	94	〔72〕	820	监护及教育的权利义务	186	0.4
	继承(6 个条文/163 个条文)					
	95	〔48〕	896	继承的一般效力	298	0.6
	96	〔95〕	903	特别受益人的继承份	137	0.3
	97	〔76〕	906	遗产分割的基准	181	0.4
	98	〔33〕	907	遗产分割的协议和审判等	397	0.8
	99	〔86〕	958	继承人搜索公告	148	0.3
	100	〔90〕	958_3	对特别缘故者的继承财产分与	144	0.3

以上,让我们结束第一部分民法条文·适用频度表前 100 的概要。以下,让我们在第二部分中,对严选的条文逐个进行仔细解读。

上述表 2，兼有以后将要解读的民法条文・适用频度表前 100 的目次，所以建议大家时常翻看参照。

对于初读民法条文的人来说，理解条文本身的意义是有些困难的，所以，本书在配置条文之前，主要围绕各个条文与条文整体之间的关系这个中心进行简单的解说。并且，为了深入理解条文，在有关联判例的场合，都整理了关联判例（基本判例、最新判例）的概要。

再有，遇到难理解的法律用语时，请参照参考文献中所列法律用语辞典[金子=新堂・法律学小辞典]，条文注释书[我妻=有泉=清水・コンメンタール民法(2016)]确认其意义。关于各个条文的相互关系，请阅读本书的解说，特别是重点阅读有助于促进体系性理解的重点 1-37，以加深对民法的理解。

第二部分

民法条文·适用频度表前100的内容（条文顺序）

在第一部分中,我们概观了民法条文·适用频度表前 100,在第二部分中,我们将按条文顺序对这 100 个条文的内容进行解读。将民法的 1057 个条文全部读懂是困难的,但阅读其 1/10 以下的 100 个条文,应该说并不困难。而且,如果理解了这 100 个条文,民法的裁判案例几乎都能够理解,所以,我们首先通过认真解读这 100 个条文,来接近民法的整体像。 24

条文前〔 〕内的数字表示的是条文适用频度顺位。但是,此处的民法条文·适用频度表前 100 与卷末资料“1. 民法全部条文·法院适用频度一览表”(边码 196 以下),两处条文发生了错位。

其理由如下,第一,2006 年制定的《有关一般社团法人及一般财团法人的法律》,删除了有关法人的民法第 38 条—第 84 条,民法条文·适用频度表前 100 已将这些条文排除。

第二,在实现民法现代语化时,于 2004 年修改了民法,短期租赁保护(民法第 395 条)制度已被废止,但因该条文本身被改写、融通,变为“抵押建筑物使用人的延期交付”,使判例数据库发生了混乱。即在判例数据库中若以“民法第 395 条”为检索词进行检索,被废止的“短期租赁保护”的判例与现行法“抵押建筑物使用人的延期交付”的判例会被混在一起检索出来。因此,本书将适用频度少的现行民法第 395 条排除在民法条文·适用频度表前 100 之外。

第三,将适用频度表前 30 标记★号,适用频度表前 20 标记★★号,适用频度表前 10 标记★★★号,以强调其重要性,最初将重点放在★★★部分,认真读透,接着把注意力转向★★部分再次阅读,而后一边注目于★部分一边通读全书,将会深刻理解其内容。

第四,对适用民法条文·适用频度表前 100 的最高法院判例,即“基本判例”以及判例集中大多尚未登载的平成 25 年* 以后的“最新判例”分别介绍其要旨，可以将其合并阅读。

* * *

本书的正文，将着力点置于理解民法条文 · 适用频度表前 100 所必要之体系性解说，以及迄今为止教科书的解说尚未阐释的理论性说明。

其理由是，日本民法学说存在对最高法院判决非常顺从的倾向，即使在最高法院判决无视民法的体系性，存在逻辑上破绽的场合，很多学者也错误地认为对这些判例在体系上进行整合性的说明是学说的任务。在这种状态
25 下集积起来的通说，被最高法院判决引偏了方向，既无体系性又无逻辑性可言，陷入了仅依靠权威强迫学生背诵的腐败状态。于是，对于习惯了逻辑思维的人们而言，理解那些学说是就成了至难的事情。

因此，本书从应该使民法学从逻辑体系性上再生的观点出发，对过去那些存在逻辑破绽的通说、判例，毫不客气地进行批判。我想本书的这些说明对于具备了逻辑思维能力的学生而言，不仅毫无违和感，而且会远比通说更容易理解。

但是，对于习惯了权威主义教育的法学部本科生，以及为参加资格考试而学习民法的通说、判例的人们而言，本书正文的阐述(不允许例外的彻底逻辑主义)恐怕是有害的。

因此，受权威主义熏染的法学部本科生，以及目标是资格考试合格只学习民法通说、判例的人们，选择学习本书的客观阐述部分(统计分析，判例介绍)，暂且跳过对通说、判例的彻底批判应当是明智的。

* * *

不过，对这些人而言，在短期内理解民法的全部条文也并非冒失的尝试，本书只在民法全部条文中，客观地选择了 1/10 以下的条文，而且本书作为最先在日本实现通过对所有条文的适用频度分析表明条文顺位的专著，虽然读起来可能会有困惑，但也一定魅力无穷。

对于以通过资格考试为目标的人而言，也可以先学习民法条文 · 适用频

---

* 关于日本年号与公历年的对照，请参见本书文后所附“日本年号与公历年对照表”。——译者注

度表前 10,然后可以延伸学习适用频度表前 20 出现的亲属编,再将适用频度表前 30 的条文与判例理解结合,最后集中学习民法条文 · 适用频度表前 100,从而在最短时间内取得资格考试合格,也是有可能的。

仔细想来,对于喜欢判例、通说的人而言,学习以判例的适用频度选定的 100 个条文,说不定更有亲和力。虽然对本书采取何种使用方法是读者的自由,但先学习民法适用频度表前 100 的方法,对任何学习者来说都会成为一种福音。

* * *

无论何种情况,通过本书的学习,对妙趣横生的民法感兴趣的人,若尝试参照卷末的表 13"民法全部条文 · 法院适用频度一览表"(边码 196 以下),自己编辑民法条文 · 法院适用频度表前 200 的话,就能够加深对民法的理解。

若本书得到好评,著者也打算将本书增补至 300 页,在该范围内对适用频度表前 100 的所有条文追加解说并补充基本判例,升级最新判例,完善主要文献。

第4章　民法通则

26 第1节　总则与通则的区别

日本民法排在最前面的是第一编总则。民法总则,本来是贯穿民法全部条文加以适用的。

日本民法总则对第二编"物权"和第三编"债权"可以原原本本地适用,但对第四编"亲属"和第五编"继承"(有人将第四编和第五编合称为"家族法")却不能原封不动地加以适用。

因此,关于民法体系[参照卷末资料3(边码256),资料4(边码257)],就存在两种对立的观点:第一种把民法总则看作是民法整体的总则;第二种认为民法总则只是财产法的总则,而不能适用于家族法。

若依第二种观点,例如,民法总则中的"撤销"(民法第121条),规定"被撤销的行为视为自始无效",撤销的"溯及效力"得到承认。但是,第四编"亲属"中"婚姻的撤销"(民法第748条)则规定"婚姻的撤销,仅对将来发生效力"。就是说,婚姻的撤销,不发生"溯及效力",实质上婚姻的撤销与婚姻无效不同,倒不如说是使之发生与离婚同样的结果。这样一来,对于亲属编、继承编,民法总则的规定就不能原封不动地适用。

表3　关于民法体系的对立观点

将总则作为民法整体的总则的观点	将总则作为财产法的总则的观点
第1编　总则	·财产法
·财产法	第1编　总则
第2编　物权	第2编　物权

（续表）

将总则作为民法整体的总则的观点	将总则作为财产法的总则的观点
第 3 编　债权	第 3 编　债权
· 家族法	· 家族法
第 4 编　亲属	第 4 编　亲属
第 5 编　继承	第 5 编　继承

此外,民法总则中关于“撤销权”的规定“从能够追认之时起经过 5 年不行使而消灭。从行为时起经过 20 年时亦同”(民法第 126 条),时效期间跨度是 5 年或者 20 年的长期时效。

但是,亲属编中,例如,在“因欺诈或胁迫的婚姻撤销”的场合,规定其 27
“撤销权在当事人发现欺诈或摆脱胁迫后 3 个月内,或者追认之时消灭”(民法第 747 条),时效期间只有 3 个月,非常短。

这样,关于民法总则是否是民法整体的共通规定(总则),存在不能简单予以肯定的情况。关于这一点,民法总则最前面的“通则”(〔6〕民法第 1 条★★★及民法第 2 条),是贯穿民法整体被适用的规定,是真正意义上的民法“总则”。另外,了解“通则”的意义,建议大家概观“关于法适用的通则法”(全部 43 个条文)的规定,或者参考商法第 1 章“通则”,特别是商法第 1 条第 2 款“关于商事,本法律未规定事项依商事习惯,无商事习惯时,依民法的相关规定”等规定。

如前所述,即使民法中没有明文规定,考察民法的目的,体系性地理解民法也是非常重要的。本书以独立的思维方式,对民法体系作如下思考。

重点 1　民法的体系

民法的体系(本书的立场)

　　通则(〔6〕民法第 1 条★★★,民法第 2 条)

　　　　(解释为民法之目的被默示性地表现出来)

　　　　财产法

　　　　　　第 1 编　总则(民法第 3 条—第 174 条之 2)

第 2 编　物权(民法第 175 条—第 398 条之 22)

第 3 编　债权(民法第 399 条—第 724 条)

家族法

第 4 编　亲属(民法第 725 条—第 881 条)

第 5 编　继承(民法第 882 条—第 1044 条)

第 2 节　民法通则规定了民法的目的

几乎所有的法律都采用了在第 1 条规定该法律的“目的”或者“宗旨”，在第 2 条设置定义的形式。

然而,历史悠久的民法,却欠缺最重要的规定民法“目的”“宗旨”的条文。但是,如同所有法律均有其制定目的一样,民法也存在其制定目的,通过解释导出民法的目的,成为理解民法体系不可或缺的前提。为此,我们在这里尝试通过解释导出民法的目的。

28 解释的启示,在第二次世界大战后制定日本国宪法时,作为市民基本法的民法也同时被大规模修改,那时追加的现行民法第 2 条(解释的基准)可以成为重要参考。

> **第 2 条**(解释的基准)
> 本法律,以个人的尊严与两性本质上的平等为宗旨进行解释。

不过,民法第 2 条(解释基准)的适用频度非常低,排第 395 位。其原因是,法官的人权意识低下,即使是最高法院的法官也是如此,参照[瀬木・ニッポンの裁判(2015)],很多法官在自己的人权受到侵害时都没有意识到,或者即便意识到了也不谋求改善,所以,民法的目的——实现“个人的尊严与两性本质上的平等”并没有得到正确的理解。

当判断最新的话题——民法第 750 条(夫妇的姓氏)是否违反“个人的尊严及两性本质上的平等”(最高法院大法庭平成 27 年 12 月 16 日判决“损害赔偿请求事件”驳回),以及民法第 733 条(女性的再婚禁止期间)是否违反“两性本质上的平等”(最高法院大法庭平成 27 年 12 月 16 日判决“损害赔偿请求事件”驳回)的问题时,尽管它们都应该由民法第 2 条(解释的基准)进行判断,但是最高法院对这些事件,都作出了与民法第 2 条相反的解释(追认男女差别的解释)。这也是民法第 2 条被适用频度极低的原因。

尽管存在以上情况,而且民法第 2 条(解释的基准)被适用频度确实很低,但在考虑民法目的是什么时,该条仍然占有重要地位,理由如下:

第二次世界大战后,现行民法受日本国宪法第 29 条委托,追加了“私权必须适合公共福祉”(民法第 1 条第 1 款)的条文。同样,依据日本国宪法第 24 条,日本民法规定了“本法律必须以个人的尊严与两性本质上的平等为宗旨进行解释。”(民法第 2 条)。这正是民法第 2 条的重要部分“个人的尊严与两性本质上的平等”,并非仅规定了单纯的“解释基准”,而是真正体现了关于“民法目的”的启示。

重点 2　民法的目的(解释)

民法的目的

在规定私权的主体(自然人、法人),私权的客体(物)的同时,通过法律行为以下的规定,规定私权的发生、变更、消灭的要件与效果,并通过这些规定,实现个人的尊严与两性本质上的平等。

也就是说,民法在规定私权的主体(自然人、法人),私权的客体(物)的同时, 29
还通过法律行为以下的规定,规定了私权的发生、变更、消灭。并且,通过这些规定,民法在赋予所有市民私权的同时,也明确提出依民法第 1 条对其私权的行使进行限制(依公共福祉的限制、依诚信原则的限制、权利滥用的限制)。

综合考察这些情况,就可以解释为:民法依其第 2 条的规定,必须实现“个人的尊严与两性本质上的平等”这一“民法的目的”,即“其宗旨”的解释。所以,著者认为,民法作如下修改是最理想的:新设第 1 条(目的),现行第 1 条作为第 1 条之 2,并将第 2 条原原本本地加以适用。

重点 3　基于民法通则新解释的立法建议

第 1 条　(民法的目的)

本法律,通过规定享受私权的主体及私权的客体,以及私权的发生、变更及消灭,以实现个人的尊严与两性本质上的平等为目的。

第1条之2 （私权的行使及其限制）

①私权必须适合公共福祉。

②权利的行使及义务的履行，必须遵守诚实信用原则。

③权利的滥用，不被允许。

第2条 （解释的基准）

本法律必须以个人的尊严与两性本质上的平等为宗旨进行解释。

基于以上新视点，重新阅读一下民法通则。那么，民法第1条事实上作为民法的通则，是限制市民所有被赋予的私权的规定，上述所示“民法的目的”，可以理解为暗含在其下规定的民法第2条中。

也就是说，民法为实现其目的（民法第2条所暗示），在其第3条以下赋予了市民各种各样的私权。但是，明确这种私权也要受①公共福祉，②诚实信用原则，③禁止权利滥用法理的限制。例如〔6〕民法第1条★★★，其中适用频度最高的是民法第1条第2款（受限于诚实信用原则）。为理解此条文的整体情况，可参考[平田・信義則の基層にあるもの(2006)]。

* * *

民法条文・适用频度表前100的每个条文，在有适当贴切的“基本判例”或者“最新判例”的场合，都将其附记于条文之后，以便于对条文的深刻理解。

30 所谓“基本判例”，是以民法学习之际最常用的判例集（判例百選ⅠⅡⅢ）和（判プラⅠⅡⅢ）上刊载的判决为中心，公认的在学习上重要的判决及其要旨。

所谓“最新判例”，则多为上述判例集中尚未刊载的平成25年以后的最高法院判决及其要旨。

这些判例，是理解条文意义和条文被适用在何种事例上的重要参考，所以希望读者进一步阅读判例集以及其原典来加深理解。

* * *

本书介绍的民法条文・适用频度表前100之中，法院适用频度显著高的表前10几乎被侵权行为的规定所占据。因此，能够想象得到，会有认为即使理解了民法条文・适用频度表前100，特别是只理解了表前10，也不可能理解民法整体的批判观点。

但是,民法条文 · 适用频度表前 10 中也包含着应该适用于民法整体的“〔6〕民法第 1 条★★★”。并且,根据本条文的私权限制机制,即违反公共福祉的权利行使,违反诚实信用原则、构成权利滥用的权利行使等均产生侵权行为责任承担的机制,人们就能够理解民法第 1 条之精神是与侵权行为的过失相关联的。

即不能只单纯地理解为“所谓过失,是对可能预见的结果(损害)懈怠了结果回避义务”这种仅存在于民法世界的概念,要把过失的意义放在与社会之间的关系上。例如,置于“懈怠了将社会费用(注意费用与损害额的合计)缩小到最小限度的注意”这种“法与经济学”的见解[クーター=ユーレン · 法と経済学(1997)352-384 頁]之上进行理解,就不仅理解了民法条文 · 适用频度表前 10,还使理解民法体系概要成为可能。

因此,对民法条文 · 适用表前 10 的条文的意义,希望大家能够阅读[我妻=有泉=清水 · 注释民法(2016)]以确认其意义,再一边参照(判例百選ⅠⅡⅢ),以及(判プラⅠⅡⅢ)等判例集,努力阅读条文下面介绍的“基本判例”和“最新判例”以加深理解。

这种努力,首先针对民法条文 · 适用频度表前 10,次之对表前 20、表前 30 进行。最后,若对表前 100 的所有条文作出这种努力,那么民法体系的整体构造即可一览无遗。

若付出了那样的努力,则未必需要事先理解民法全部条文,在生活中接触到其他条文时,若在与表前 100 的比较中进行理解,很快就能够理解民法整体,再针对具体事例思考,就能体会到将哪个条文如何加以适用,能够得到解决问题的启示。

条文 1　〔6〕第 1 条(基本原则)★★★ 31

第 1 条(基本原则)

①私权必须适合公共福祉。

②权利的行使及义务的履行,必须遵守诚实信用进行。

③权利的滥用,不被允许。

{民法第1条1款(公共福祉)关系}

基本判例1 最二判昭25·12·1民集4卷12号625页(水利权确认等请求上告事件)

原判决强调电力事业在日本二战后经济复兴再建中的重要性(公共福祉),判示道:若被上告公司(日本发送电株式会社)从该堤坝(发电用水坝)为上告人等(流水利用权者)放流其流材所需必要河水量,将对该公司的事业造成重大障碍,而未必可以说是对上告人等造成如同与生死相关的特别重大事态的本件损害(特别是只要如原判示所述补偿契约确切存在),上告人等必须忍受这些情况。原判决存在理由不备,审理不尽等违法未予认定的事例(在居住地域进行放流取得习惯上的河川使用权,不涉及地域的上流)。

基本判例2 最一判平12·1·27判时1703号131页(车挡撤去请求事件)

就通行道路拥有日常生活上不可或缺的利益者而言,在道路通行被该土地的所有人妨害或有被妨害之虞时,除非土地所有人由于忍受通行遭受显著高于通行者的通行利益的损害等特殊情况,就对该地所有人享有请求排除(违反公共福祉的)妨害行为以及禁止将来的妨害行为的权利(人格权的权利)。(但在本案的情况中,土地所有人虽然设置了妨碍机动车通行的金属构件,但该道路是专供徒步和二轮车通行的未铺装道路,与道路连接的土地所有人没有利用该土地,而是以作为租赁停车场加以利用的目的要求撤去该金属构件的请求,但乘坐机动车在该道路上通行并不能说具有日常生活上不可或缺的利益,没有认可撤去请求的事件)。

{民法第1条第2款(诚实信用原则)关系}

基本判例3 大判大14·12·3民集4卷685页(损害赔偿请求事件·深川渡事件)

在判定双方已将物品交付场所约定在"深川渡"的场合,只要卖主作出了向特定仓库交付的准备,并对买主发出了准备完毕的通知,即使没有指示该仓库的所在地,但买主基于诚实信用原则,也可以通过联系询问卖主或其他方法知晓该场所时,可以说卖主提供了有效的履行的事例。[判プラⅠ第68事件][参照条文47〔70〕第493条(弁済の提供の方法)(116頁)]

基本判例 4 最一判平 14・3・28 民集 56 卷 3 号 662 页(建筑物清交等请求事件) 32

以转租形式的租赁,尽管宅地及楼房所有人与楼房的租赁、管理公司之间的租赁契约因期满而终结,但依诚实信用原则,转借人仍可以对抗租赁人,租赁人对转借人的清交请求被否定的事例。[判例百選 I 第 3 事件]

{民法第 1 条第 3 款(权利滥用)关系}

基本判例 5 大判昭 10・10・5 民集 14 卷 1965 页(排除妨害请求事件・宇奈月温泉事件)

只要存在所有权侵害或侵害危险,所有人为消除或禁止这种状态就可以请求裁判上的保护。但是,在因侵害所发生的损失非常轻微,且侵害的消除是显著困难的,即使可以消除也必须付出巨大费用的场合,第三人看到这种情况认为奇货可居,借以谋求不当得利,在特意买收了与侵害有关系的物件之后。一方面,逼迫侵害者消除侵害状态;另一方面,又提出让对方以相当巨额价款收买该物件及自己所有之其他物件的要求,而对此外其他一切协调均不予回应。这种消除请求,仅具有所有权行使的外观,而并非真正谋求权利的救济。因为这种行为,从整体来看,是专门以获取不当利益为目的,只是将所有权作为工具,这违背了社会观念上所有权的目的,已经超脱了作为其机能应该得到允许的范围,构成权利的滥用。因此,判定诉求消除该侵害状态及禁止将来侵害的诉讼请求,无论其外观如何,在实体上均没有应当给予保护的正当利益的事例。[判例百選 I 第 2 事件][判プラ I 第 11 事件]

基本判例 6 大判大 8・3・3 民录 25 辑 356 页(损害赔偿请求事件・信玄公旗挂松事件)

本案件中的松树,生长在比散种于铁道沿线的树木遭受煤烟损害更严重的位置,而且并非没有预防该损害的方法,所以,可以说铁道公司不实施预防煤烟损害的措施,放任烟害的发生,致使该松树枯死,是其火车运行的结果,超越了社会观念上一般应该认容的范围,被认定为未以相关适当的方法行使权利的事例。[判例百選 I 第 2 事件][判プラ I 第 11 事件]

最新判例1　最一判平28·4·21民集70卷4号1029页(损害赔偿请求事件)撤销自判

判定依未决拘留进行的拘禁关系,不是应当对对方承担诚实信用原则上的安全关照义务的特别社会性接触关系,国家对被收容在拘留所中的被拘留者,不负其不履行致使损害赔偿责任发生的情况所构成诚实信用原则上的安全关照义务的事例。(参照条文〔6〕民法第1条★★★第2款,〔5〕民法第415条★★★)

第 5 章　民法总则

民法总则,以通则为前提,规定了享受私权的主体及私权的客体,并规定 33
了私权的发生、变更及消灭的原则。

重点 4　民法总则概要

民法总则概要

私权的主体(自然人,法人)

私权的客体(物)

私权的变动(法律行为及因时效致私权发生、变更、消灭)

第 1 节　私权的主体

私权的主体,是自然人与法人,但民法条文 · 适用频度表前 100 中,却没有自然人的有关规定。

这并非表示自然人的有关规定不重要。同时,民法关于自然人的规定,包含具有不当侵害自然人(特别是高龄者)行为能力的危险(参照"联合国残疾人权利公约"第 12 条第 4、5 款)。这些规定暗含着应当慎重地加以适用(该制度本身比较新,也是使用频度低的原因)。

民法条文 · 适用频度表前 100 中,关于私权的主体,只选定了法人设立的有关规定。其理由是,在民法现代语化以前,存在有关法人的详细规定,但这些规定的主要部分,被转移到"一般社团法人及一般财团法人的有关法律"中,该部分民法条文(民法第 38 条—第 84 条)均被删除。

第 33 条(法人的成立等)

①法人,必须依本法律及其他法律规定成立。

②关于学术、技艺、慈善、祭祀、宗教及其他以公益为目的的法人,以经营营利事业为目的的法人及其他法人的设立、组织、运营及管理,依本法律及其他法律的相关规定。

基本判例 7 最三判平 8・3・19 民集 50 卷 3 号 615 页(请求确认选举权、被选举权停止处分无效等事件)

具有公性质的税理士会,即使依据多数表决原理作出团体的意思决定,也不能给成员强加对这种政治献金行为予以协助的义务。

34 并且,税理士会进行这种活动,是法律上完全没有规定的,税理士会对政党等廉正法上的政治团体提供金钱的行为,即使是为了实现有关税理士法令的制定或改废,也不得不说其是该法第 49 条第 2 款所定税理士会目的范围之外的行为。因此,本决议是以南九州税理士会目的范围外行为为目的决议,被认定为无效的事例(法人目的外行为无效的事例)。[判例百選 I 第 7 事件][判プラ I 第 32 事件]

最新判例 2　最一判平 26・2・27 民集 68 卷 2 号 192 页(所有权转移登记程序等请求事件)驳回

无权利能力社团,就归属于成员全体所有的不动产,谋求对其所有权登记名义人向该社团代表者以个人名义实施所有权转移登记程序的行为提起诉讼,具有原告适格。(参照条文〔65〕民法第 33 条)

在民法条文・适用频度表前 100 中,以上这种直接调整权利主体的条文,只存在与法人有关的条文。但是,若详细地探讨民法条文・适用频度表前 100 的条文内容,就可以了解到,如以下表 4 所示,构成权利的主体包括 38 种人。

通过此表,可以特定某问题事例出场的人物属于哪种类型,检索与其关联的条文,能使其与问题的解决结合起来成为可能。

这是因为，第一，民事纠纷的当事人，均为民法规定的民法主体（出场人物）的某个角色，所以只要特定当事人属于哪种民法主体，就可以限定所适用条文的范围。第二，接着对所述纠纷客体进行特定。第三，参照卷末资料刊载的“2. 民法条文 · 适用频度表前 100 全用语一览表”（边码 221），特定当事人谋求的法律效果，从而锁定应该适用于该纠纷的民法条文［参照「ボトム・アップ式の学習法」（15 頁）］。

表 4　民法条文 · 适用频度表前 100 出现的人物（汉字代码顺序）

No.	用语	频度	条文
1	因其行为接受了利益的人	1	424 Ⅰ
2	管理者	1	644
3	管理人	2	395 Ⅰ 二，958
4	从拍卖程序开始前使用或收益的人	1	395 Ⅰ 一
5	共有人	1	249
6	强制管理或担保不动产收益执行的管理人由拍卖程序开始后所实施租赁进行使用或收益的人	1	395 Ⅰ 二
7	建筑物的使用人或收益人	1	395
8	权利人	1	166 Ⅱ
9	代位债权人的人	1	501
10	债务人	18	304 Ⅰ Ⅱ，369 Ⅰ，412 Ⅰ Ⅱ Ⅲ，415，423 Ⅰ，424 Ⅰ，446 Ⅰ，467 Ⅰ Ⅱ，482，505 Ⅰ
11	受益人	5	703，704，708，903
12	使用他人的人	1	715 Ⅰ
13	使用人	4	715
14	主债务人	1	446 Ⅰ
15	准占有人	2	478

35

（续表）

	No.	用语	频度	条文
	16	所有人	1	206
	17	先取特权人	1	304 Ⅰ
	18	占有的人	2	162 Ⅰ Ⅱ
	19	占有人	6	166 Ⅱ,295 Ⅰ,717
	20	他人	18	109,113 Ⅰ,162 Ⅰ Ⅱ,295 Ⅰ,446 Ⅲ,703,709,710,711,715,717,719,723
	21	向他人表示了给予代理权意思的人	1	109
	22	他人物的占有人	1	295 Ⅰ
	23	无代理权者	1	113 Ⅰ
	24	代理人	7	99 Ⅰ Ⅱ,110,113 Ⅰ,724,787
	25	第三人	20	91,92,127 Ⅲ,145,176,388,416 Ⅱ,420 Ⅰ,466 Ⅱ,505 Ⅱ,506 Ⅰ,533,540 Ⅰ,541,545 Ⅰ,555,587,601,623,632,643,651 Ⅰ Ⅱ,695,696,768 Ⅱ Ⅲ
	26	第三人(占有标的物-)	1	166 Ⅱ
	27	抵押建筑物的使用人	3	395
	28	抵押权人	2	369 Ⅰ,395 Ⅰ
36	29	转受益人	1	424 Ⅰ
	30	当事人之一方	16	
	31	已清偿的人	1	478
	32	能够进行清偿的人	1	494
	33	清偿人	2	494
	34	保证人	11	372,446,501 一,二,四,五
	35	法定代理人	2	724,787

（续表）

No.	用语	频度	条文
36	本人	4	99 Ⅰ,113 Ⅰ
37	以公益为目的的法人	1	33 Ⅱ
38	法人	5	33 Ⅰ Ⅱ

第 2 节　私权的客体

民法条文·适用频度表前 100 中,有关权利客体的规定,只有〔50〕民法第 86 条。这一规定对作为有体物典型例子的动产与不动产,以及以即时取得为目的而将权利视为动产的无记名债权作出规定。

条文 3　〔50〕第 86 条(不动产及动产)

第 86 条(不动产及动产)

①土地及其定着物为不动产。

②不动产以外的物均为动产。

③无记名债权视为动产。

基本判例 8 大判昭 10·10·1 民集 14 卷 1671 页(请求确认所有权并清交房屋的事件)

判定建筑物中供住宅用的房屋,在屋顶上铺了瓦、对底墙进行涂装后,即使还没有地板和天花板,也可认定为可以进行登记的房屋的事例。[判例百選Ⅰ第 11 事件]

基本判例 9 大判大 13·10·7 民集 3 卷 476 页(不动产买卖登记注销请求事件)

判定即使在履行分宗程序以前,所有人也可以将该宗土地的一部分进行转让的事例。[判例百選Ⅰ第 10 事件]

包括〔50〕民法第 86 条的规定在内,民法对私权的客体(私权的标的),

在第1编(总则)第4章(物)中设置了一系列规定。其最早的条文,是下面这样规定的。

第85条(定义)

本法律所谓"物",是指有体物。

37 这一规定,是民法中罕见的明文上的定义性规定,但将权利的客体限定在有体物(气体、液体、固体),将无体物(权利等)排除,是立法上的失败。这样说的理由如下:例如,〔33〕第906条(遗产分割)规定的客体是"物和权利",包含作为无体物的权利。但是,权利不能称为"物",因此,〔86〕民法第896条对继承的客体,就不得不规定为"被继承人一身专属的东西",未用汉字,而是使用日语平假名的"もの(mono)"来表述。

再有,因在现行民法中,对权利不能使用"标的物"这一用语,所以,例如〔30〕民法第369条★已在其第1款中规定,抵押权的标的"先于其他债权人接受清偿",但同时在第2款中,对抵押权的客体又规定了"地上权及永佃权也可以作为抵押权的标的",从而陷入"标的"与"标的物"的混同。

假如民法第85条能够活用旧民法(财产编第6条第1款)的精神,作出"物,指有体物及无体物,但所有权的标的物限于有体物"的规定的话,对抵押权的客体,就可以将权利包含在"标的物"中,也就不会发生抵押权的"标的"与"标的物"的混同。

表5 关于私权的客体的规定(不被限定为有体物)

No	用语	频度	条文	性质
1	属于遗产的物和权利	1	906	客体(含无体物)
2	一切权利义务	1	896	客体(含无体物)
3	共有物	2	246	客体(有体物)
4	所有物	1	206	客体(有体物)
5	他人之物	3	162 Ⅰ Ⅱ,295	客体(有体物)
6	定着物	1	86 Ⅰ	客体(有体物)
7	土地	5	86 Ⅰ,388,717,	客体(有体物)
8	土地工作物	2	717	客体(有体物)

（续表）

No	用语	频度	条文	性质	
9	土地及其上存在的房屋	1	388	客体（有体物）	
10	土地及其定着物	1	86 Ⅰ	客体（有体物）	
11	动产	5	86,192	客体（有体物）	
12	被继承人一身专属之物	1	896	客体（含无体物）	
13	被继承人的财产	1		客体（含无体物）	
14	不动产	16	86,177,369,395 Ⅰ 二，501 一，三，六,605	客体（有体物）	38
15	不动产以外之物	1	86 Ⅱ	客体（有体物）	
16	不动产（不转移占有提供债务担保的-）	1	369 Ⅰ	客体（有体物）	
17	清偿的标的物	1	494	客体（有体物）	
18	标的物	5	166 Ⅱ，304 Ⅰ Ⅱ，494,570	客体（有体物）	
19	标的物（权利的-）	1	166 Ⅱ	客体（有体物）	
20	标的物（先取特权的-）	1	304 Ⅱ	客体（含无体物）	
21	标的物（清偿的-）	1	494	客体（有体物）	

若基于以上考察，作为所谓私权客体的物，将所有权的客体限定在有体物（五官可感知的固体、液体、气体）是被允许的，但对其他权利(例如，债权转让、继承等)的客体，就应该考虑包含通过智能才能认识的无体物（权利是其代表性例子）。

民法将物限于有体物的弊害还表现在刑法中，除盗窃外，不得不为惩罚盗窃能源而专门设置了“对于此章的犯罪，电气视为财物”（刑法第 245 条）的规定。

重点 5　私权的客体

私权的客体

　　有体物(通过五感能够感知的固体、液体、气体)

　　　　动产、不动产(〔50〕民法第 86 条);主物、从物(民法第 87 条);本物、果实(民法第 88、89 条)

　　无体物(只能通过智能认识的物)

　　　　能源、权利[物权、债权、知识产权(无体财产权)等]

这样考虑,民法条文在多处发生的“标的”与“标的物”的混同就都能够避免。这是因为,关于所有权的标的物,若承认“债权的所有权”这一概念,就存在瓦解物权与债权区别的风险,但若将标的物限定在有体物,对于其他权利,即使将标的物扩张到无体物也不会有任何问题。

39 ### 重点 6　标的与标的物的区别

标的与标的物的区别(民法学基础理论)

　　标的

　　　　债权的标的

　　　　　　实施某行为(作为),或者不实施某行为(不作为)。

　　　　　　这些合称为“给付”

　　　　物权的标的

　　　　　　进行有体物的使用、收益或处分

　　　　物的担保(担保物权)的标的

　　　　　　通过担保标的物(含无体物),先于其他债权人接受清偿

　　标的物

　　　　有体物(在物权中,所有权的标的物被限定为有体物)

　　　　无体物(债权的标的物中,除有体物外也可以是无体物)

搞清楚了民法中“标的”与“标的物”的区别,就可以从与民法条文·适用频度表前 100 各条文间的关联入手,指出民法条文逻辑上的破绽,并促进其修改。找出民法立法者逻辑上错误的地方,探讨应当如何进行修改,在社

会经济正在发生巨大变化的现代,这已经成为所有市民应当具备的基本能力。

前面已指出问题的条文是〔30〕民法第 369 条★,下一个具有逻辑错误的条文是民法第 370 条(抵押权效力所及范围)。

正如我们看到的,只要民法第 85 条作出了"所谓'物'是指有体物"的定义,那么,〔30〕民法第 369 条★第 2 款,关于其客体,作出"地上权及永佃权也可以作为抵押权的标的"的规定,从某种意义上说也有不得已的一面。但是,在民法第 370 条的规定中,因为抵押权的客体被限定为不动产,所以并不存在"标的物"这一用语不能使用的情形。因此,民法第 370 条应当作以下订正。

表 6 民法第 370 条立法上错误的订正(提案)

误(现行民法第 370 条)	正(民法第 370 条修正案)
抵押权,除存在于抵押地的房屋,其标的不动产(以下称"抵押不动产")及于附加一体之物。	抵押权,除存在于抵押地的房屋,其标的物不动产(以下称"抵押不动产")及于附加一体之物。

民法第 370 条(抵押权效力所及范围)的"标的"应当订正为"标的物"的 40
理由进一步详述如下。

第一,抵押权的"标的",根据其开头条文〔30〕民法第 369 条★第 1 款,明确了"先于其他债权人接受清偿"。

第二,抵押权的"标的物",根据抵押权开头条文〔30〕民法第 369 条★第 1 款,在除第 2 款情形外的通常场合,"提供担保的是不动产(有体物)"。这一规定,若通过依据〔94〕民法第 372 条对抵押权也被准用的〔87〕民法第 304 条(物上代位)来看,则"先取特权〔对抵押权也得准用〕,其'标的物'的出售、租赁、灭失和损伤,对债务人应接受的金钱及其他物,亦得行使"的规定是没有疑义的。

因此,不得不说在抵押权客体是不动产的场合,民法第 370 条将抵押权的"标的物"作为"标的"是错误的。

与这一点相关联,在债权总论领域,现代语化实现以前的民法旧条文中,存在"标的"与"标的物"的混同(旧条文第 402 条第 2 款、第 419 条第 1 款、

第 422 条)。但是,在民法现代语化之际,这些混同得到解决。尽管如此,在物权领域,至今仍然有多处“标的”与“标的物”之间的混同被搁置(民法第 302 条、第 333 条、第 335 条第 2 款、第 343 条、第 356 条、第 369 条 2 款、第 370 条、第 387 条、第 395 条 1 款等)。

就是这样,连民法的立法者,都出现上述初级错误,意味着日本一流的学者和实务家都没有正确理解民法用语的基础,这显示出对于所有民法学习者,扎扎实实地学好民法基础理论的重要性,要真正地学习包括现行民法的立法理由在内的立法进程,可参考[佐野・明治民法基盤(2016)]。

发生以上那种混同的原因,如前面论述的那样,是民法第 85 条将“物”定义为有体物。这一定义,在财产权、知识产权等无体物的重要性与日俱增,各种各样的权利作为保险“商品”、金融“商品”等流通的现代,已经落伍,必须作如下改正。

重点 7　物的定义改正提案

第 85 条物的定义的改正提案(私案)

(1)物,指有体物和无体物。

①有体物,指固体、液体和气体。

②无体物,指人能够管理的前项以外的物。

(2)所有权的标的物,限定在有体物。

(3)所有权以外的权利的标的物,不仅可以是有体物,还可以是无体物。

41 第 3 节　法律行为

A. 法律行为总论

作为意思表示的构成要素,带来私权发生、变更、消灭的“法律行为(Rechtsgeschäft)”这一概念,是在德国生成、发展起来的,但现在已被包括法国在内的许多国家所采用。

法律行为,是以契约为中心的,但也包含不以当事人合意为必要的情况,如非契约的遗嘱、撤销、解除等,法律行为在处理复杂问题时发挥着重要的作用。

重点 8 法律行为的种类

法律行为的种类(新思考)

单独行为

遗嘱、撤回、撤销、解除等

契约(最近的学说,有将合同行为也包含在契约中的倾向)

要约与承诺等,通过对立的当事人的合意成立的契约

赠与、买卖、交换、消费借贷、使用借贷、租赁、雇用、承包、委任、寄托、终身定期金、和解

多数当事人在合意的框架内加入的契约(所谓"合同行为")

社团、财团的设立、组合、劳动契约

民法条文 · 适用频度表前 100 中,在法律行为总论中,有关于法律行为与制定法之间关系的规定。

在制定法是"强行性规定"的场合,违反强行性规定的法律行为无效(〔8〕民法第 90 条★★★)。但是,在制定法中与公的秩序无关的"任意性规定"的场合,则由当事人意思成立的法律行为,事实上的习惯(交易习惯等)和制定法(任意性规定)优先得到适用。

民法的适用顺序(〔28〕民法第 91 条★,〔36〕民法第 92 条)

①法律行为(意思表示)>②事实上的习惯>③任意性规定

如上所述,由于任意性规定的适用顺序在最后,所以一直被称为"补充规定""解释规定",而受到不当的对待。

但是,最近为保护消费者,制定了"任意性规定",在法律行为单方面侵害消费者的场合,与这种法律行为相比较,任意性规定更为优先(消费者契约法第 8 条—第 10 条)。

关于消费者契约的适用顺位(参照消费者契约法第 10 条) 42

①任意性规定>②单方面侵害消费者权利的法律行为(意思表示)>③单方面侵害消费者权利的事实上的习惯

因此,在消费者与商家进行交易的场合,必须留意〔28〕民法第 91 条★、〔36〕民法第 92 条规定的关于法律行为与事实上的习惯、任意性规定在适用

上的顺位并不是绝对的。因为任意性规定有变成强行性规定的可能。

条文4 〔8〕第90条(公序良俗)★★★

第90条(公序良俗)

以违反公的秩序和善良风俗的事项为目的的法律行为无效。

基本判例10 大判昭9・5・1民集13卷875页(损害金请求事件)

出借人利用借主的无知和窘迫,约定特别短的清偿期,若借主未能清偿时,要作出高达贷款金额两倍的显著过当的财产给付,该法律行为〔暴利行为〕被认定为无效的事例。[判例百選Ⅰ第15事件]

基本判例11 最二判昭35・3・18民集14卷4号483页(赊购货款请求事件)

判定未依《食品卫生法》第21条〔管制法规〕与获得肉食销售营业许可者缔结条款,违反〔管制法规〕的,肉食购入契约并非无效的事例。[判例百選Ⅰ第16事件],[判プラⅠ第62事件]

基本判例12 最三判昭56・3・24民集35卷2号300页(请求确认雇佣关系存续等的事件)

当公司在就业规则中将退休年龄规定为男子60岁,女子55岁时,若存在以下情况:所担任职务范围相当广泛;无依据将全体女性员工视为对公司贡献度较低的员工;未出现劳动质量未提升但实质工资上涨的不均衡现象;至少在60岁前后,男女员工执行该企业常规职务时均具备履职能力;不存在必须将员工统一视为不适格而排除至企业外的理由等情形,且无法证明企业在经营层面存在必须对女性采取退休年龄差别待遇的合理理由时,该就业规则中将女性退休年龄设定低于男性的条款,将被认定为基于性别的无理差别待遇,依据《民法》第90条规定无效。[判例百選Ⅰ第14事件]

基本判例13 最一判昭61・11・20民集40卷7号1167页(遗嘱无效确认等请求事件)

在有妻子的男士对处于半同居关系的女士,作出将遗产的1/3概括性地赠予的场合,该遗赠是在男士与其妻子的婚姻事实某种程度上处于已丧失状态下作出的。并且遗赠是在半同居关系持续 6 年之后作出的,专为保全该女士与其子女的生活,并非以继续维持不正当男女关系为目的。另外,在遗嘱 43
中,作为继承人的妻子、子女也分别获得遗产的 1/3,并没有发生因该遗赠使继承人的生活基础受到了威胁等情形时,判定支持该遗赠不能说是违反公序良俗的事例。[判例百選 I 第 12 事件][判プラ Ⅱ 第 331 事件]

基本判例 14　最二判平 15・4・18 民集 57 卷 4 号 366 页(约定金,寄托金返还请求权)

法律行为是否因以违反公的秩序为目的而无效,应该参照法律行为实施时的公的秩序进行判断,根据证券交易法第 42 条第 2 第 1 款第 3 项的规定,包含基于平成 3 年法律第 96 号同法修改前已缔结的以损失保证和提供特别利益为内容的契约请求其履行的场合,禁止为填补损失和利益追加对顾客等提供财产上的利益,不违反宪法第 29 条的事例。[判例百選 I 第 13 事件][判プラ I 第 65 事件]

条文 5〔28〕第 91 条(任意性规定与不同意思表示)★

第 91 条(任意性规定与不同意思表示)

法律行为的当事人作出与法令中无关公的秩序规定不同的意思时,从其意思。

基本判例 15 最二判昭 62・2・20 民集 41 卷 1 号 159 页(保险金请求事件)

在人身事故的场合,如果事故发生之日起 60 日内未收到事故通知,只要不属于例外情况,根据保险约款的规定,通常解释为保险者得免除损害的填补责任是不相当的事例。[判例百選 I 第 20 事件]

基本判例 16　最三判平 11・2・23 民集 53 卷 2 号 193 页(垫付金返还等请求事件)

判定组合契约中即使有不得已的事由也不允许任意退出的约定无效的事例(也可以解释为任意性规定的强行性法规化的一个事例)。[判例百選

Ⅰ第 17 事件][判プラⅡ第 260 事件]

最新判例 3　最三判平 28・1・12 民集 70 卷 1 号 1 页(保证债务请求事件)撤销发回重审

在信用保证协会与金融机关之间签订的信用保证基本契约中约定,金融机关“违反保证契约时”,信用保证协会得免除其保证债务的一部分或全部。两当事人在缔结各个保证契约及融资之际,作为该基本契约的附随义务,在该时点相互负有先要参照被一般调查方法等认可的相当方式,调查主债务人是否为反社会性势力的义务。当金融机关违反这一义务,使反社会性势力成为主债务人,信用保证协会与其缔结了保证契约,相当于免责条款规定的“违反保证契约时”,综合考虑信用保证协会的调查状况等决定其免责范围是适当的。(参照条文〔28〕民法第 91 条★)

44 **条文 6　〔36〕第 92 条(与任意性规定不同的习惯)**

> **第 92 条(与任意性规定不同的习惯)**法令中有与公的秩序无关的规定和不同习惯的场合,法律行为的当事人有依该习惯的意思表示时,从该习惯。

基本判例 17　大判大 10・6・2 民录 27 辑 1038 页(损害赔偿请求事件・塩釜轨道引人事件)

存在可资意思解释的事实上的习惯的场合,法律行为的当事人知道该习惯的存在,并未特别地表示反对时,推定为有依此事实上习惯的意思是相当的。因此,判定主张依该习惯意思存在的人,不负该举证责任的事例。[判例百選Ⅰ第 19 事件][判プラⅠ第 67 事件]

B. 意思表示

意思表示是法律行为的重要构成要素。在意思表示中的内心意思与表示不一致的场合,由于欠缺意思表示[意思不存在(参照民法第 101 条第 1 款)],意思表示无效。

意思表示无效,即表意者明知意思不存在故意作出意思表示的情形(表意者恶意),包括以下三种情形:①内心保留;②虚伪表示,以及表意者没有注意到意思与表示不同的场合（表意者善意）；③错误。

重点 9　意思不存在（法律效果为无效）的分类

意思不存在（内心的意思与表示之间相矛盾的场合）

　　表意者认识到意思不存在的场合（表意者恶意的场合）

　　　　内心保留（〔92〕民法第 93 条）

　　　　虚伪表示（〔31〕民法第 94 条）

　　表意者未认识到意思不存在的场合（表意者善意的场合）

　　　　错误（〔11〕民法第 95 条★★）

再有，意思与表示虽然一致，但在意思表示的形成过程中，受到对方不当干涉的场合，这被称为“有瑕疵的意思表示”，与意思不存在相区别。并且，有瑕疵的意思表示中有：①被欺诈的意思表示；②被胁迫的意思表示。其效果在于被欺诈、受胁迫的表意者，享有对法律行为的撤销权。

重点 10　有瑕疵的意思表示（效果可撤销） 45

有瑕疵的意思表示（内心意思与表示之间无矛盾，但受到对方的不当干涉作出意思表示的场合）

　　欺诈或胁迫（〔47〕民法第 96 条）

条文 7　〔92〕第 93 条（内心保留）

第 93 条（内心保留）

意思表示，即使是在表意者知道不是其真意时作出的，也不会因此而妨碍其效力。但对方知道或者能够知道表意者的真意时，其意思表示为无效。

基本判例 18　最一判昭 42・4・20 民集 21 卷 3 号 697 页（赊购货款请求事件）

代理人为谋求自己或第三人的利益而在权限内实施了行为〔代理权滥

用的场合],若对方知道或者应当知道代理人的意图,则类推适用民法第93条但书的规定,解释为本人对该行为不负责任是适当的(有不同意见)。[判例百選Ⅰ第26事件][判プラⅠ第132事件]

条文8 〔31〕第94条(虚伪表示)

> **第94条(虚伪表示)**
>
> ①与对方通谋作出的虚伪意思表示为无效。
>
> ②依前款规定的意思表示无效,不得对抗善意第三人。

基本判例19 最三判昭45·9·22民集24卷10号1424页(排除占有妨害清交房屋等请求事件)

不动产所有人甲,明知在乙不知情期间发生了甲向乙的不实所有权转移登记的事情经过,但因经费的缘故和之后与乙成为结婚同居的关系,所以,在长达4年多的时间里,放任该情况而未启动注销登记程序。其间,甲为担保其债务从别处接受金融贷款,用乙的名义对该不动产进行了最高额抵押权设定登记,类推适用民法第94条第2款,判定甲不能以不动产所有权没有转移给乙来对抗之后从乙处买受了该不动产的善意第三人丙的事例。[判例百選Ⅰ第21事件][判プラⅠ第83事件]

基本判例20 最一判平18·2·23民集60卷2号546页(所有权转移登记注销登记程序请求事件)

不动产所有人X将该不动产租赁相关的事务和其他土地所有权转移登
46 记程序委任给A,利用该不动产登记完毕证、印鉴登录证明书等向A进行所有权转移的不实登记,在X没有合理的理由在长达数月间将上述登记完毕证让A保存,并按A所说将上述印鉴登录证明书交付给A,并且A就当着X的面在登记申请书上盖上X的实印,而X却不确认其内容也不问明其用途,淡然地看着这些事情发生的情形下,可以视为X积极参与了不实所有权转移登记以及虽然知道这些情况却故意放任场合同等程度的严重归责性,判定X不能类推适用民法第94条第2款、第110条,以A没有取得该不动所有权来对抗善意无过失的第三人Y(民法第94条第2款与民法第110条的类推

得到认定的事例）。[判例百選Ⅰ第22事件][判プラⅠ第89事件]

条文9 〔11〕第95条（错误）★★

> **第95条（错误）**
>
> 意思表示，当法律行为的要素有错误时无效。但表意者有重大过失时，表意者不得自己主张其无效。

基本判例21 大判昭19·6·28民集23卷387页（买卖契约不成立确认请求事件）

契约中，只规定了甲将享有生丝制造权利的价款额度转让给乙，但鉴于当时的情况，一般该权利的转让也包含相关缫丝釜权利的转让。伴随该转让，甲将从全国制丝业组合联合会受领的补偿金，解释为前述转让价款的一部分是合理的场合，甲理解为不包含该内容，与乙对该契约内容中当然包含这样的内容的理解相反。此为法院判定各自在作出缔结契约的意思表示时，因不合意契约不成立的事例（在意思不一致的场合，认定契约不成立的事例）。[判例百選Ⅰ第18事件]

基本判例22 最一判平1·9·14判时1336号93页（建筑物所有权转移登记注销登记程序请求事件）

伴随协议离婚，缔结了夫将自己的不动产全部转让给妻的财产分与契约。在日后判明夫被罚两亿多日元转让所得税的场合，在缔结此契约时误认为只向妻课税的夫表示自己非常担心，妻也理解为是夫向自己课税等事实关系之下，只要没有其他特别的情况，与夫的课税负担错误相关的动机，应认定妻构成默示的意思表示的内容的事例（动机错误被认定为要素错误的事例）。[判例百選Ⅰ第24事件][判プラⅢ第21事件]

最新判例4 最三判平28·1·12民集70卷1号1页（保证债务请求事 47
件）撤销发回重审

在金融机关与信用保证协会之间缔结保证契约之后，判明主债务人是反社会性势力的情况，主债务人不是反社会性势力也并非当然构成保证契约的内容。并且，在保证契约等未规定该场合应如何处理时，两当事人,也不能说主债务人不是反社会性势力的误认,但事后被判明的场合构成否定保证契约效力的前提。再加上,从社会责任的立场来看,对金融机关与信用保证协会之间的保证契约,也不能说主债务人不是反社会性势力应成为契约的前提和内容,否则其效力就当然被否定,主债务人不是反社会性势力的信用保证协会的动机,即使以明示或默示的方式表示过,在当事人的意思解释上,也不能认为已构成保证契约的内容,信用保证协会的保证契约的意思表示没有要素的错误。(参照条文〔11〕民法第 95 条★★)

条文 10 〔47〕第 96 条(欺诈或胁迫)

第 96 条(欺诈或胁迫)

①被欺诈或胁迫的意思表示可以撤销。

②在向对方所做意思表示是第三人实施欺诈的场合,限于对方知道该事实时,该意思表示可以撤销。

③依前两款规定的因欺诈所做意思表示的撤销,不能对抗善意第三人。

基本判例 23 最一判昭 49・9・26 民集 28 卷 6 号 1213 页(所有权转移登记请求事件)

判定乙欺骗甲购入其农地,在得到了以农地法第 5 条的许可为条件的所有权转移假登记*的情况下,将买卖契约上的权利转让给善意的丙实施了假登记转移的附记登记的场合,丙相当于民法第 96 条第 3 款所谓的第三人事例。[判例百選 I 第 23 事件][判プラ I 第 102 事件]

* 假登记:在进行本登记(终局登记)必要的形式性或实质性要件不完备的场合,为保全将来本登记的顺位而预先进行的登记(不动产登记法第 2 条),是预备登记的一种。若假登记之后要件完备进行了本登记,则依假登记的顺位排序,产生与上溯至假登记之时发生对抗力同样的结果。须进行假登记的情况,法律中有详细的具体规定。主要依据〔日〕竹内昭夫等编:《法律学新辞典》,有斐阁平成 2 年 4 月第三版,第 179 页。——译者注。

统一理解“对抗不能”用语的尝试

关于无效和撤销“不能对抗第三人”的意义，学说上有争论。但是，本书基于统一的视点分析民法条文·适用频度表前100中出现的“对抗不能”的法律效果，明确哪些情况所表示“不能对抗”的意义是可以进行整合性解释的。

表7　统一解释“对抗不能”概念的尝试 48

No.	领域	用语	频度	条文
1	全	对抗不能	9	94Ⅱ，96Ⅲ，113Ⅱ，177，395Ⅰ，466Ⅱ，467ⅠⅡ，505Ⅱ
2	部则	对抗不能(对对方-)	1	113Ⅱ
3	总则	对抗不能(对善意第三人-)	2	94Ⅱ，96Ⅲ
	债权		2	466Ⅱ，505Ⅱ
4	物权	对抗不能(对第三人-)	1	177
5	物权	对抗不能(对抵押权人-)	1	395Ⅰ
6	债权	对抗不能(债务人或其他第三人-)	1	467Ⅰ
7	债权	不得损害第三人的权利	1	545Ⅰ

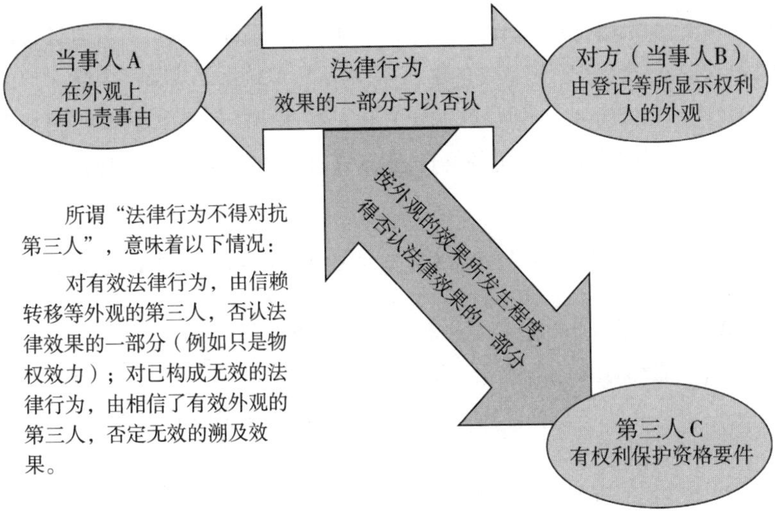
当事人A
在外观上
有归责事由
法律行为
效果的一部分予以否认
对方（当事人B）
由登记等所显示权利
人的外观
按外观的效果所发生程度，
得否认法律效果的一部分
第三人C
有权利保护资格要件
所谓“法律行为不得对抗第三人”，意味着以下情况：
对有效法律行为，由信赖转移等外观的第三人，否认法律效果的一部分（例如只是物权效力）；对已构成无效的法律行为，由相信了有效外观的第三人，否定无效的溯及效果。

图6　“对抗不能”的一般意义

“对抗不能”这一用语如〔7〕民法第 177 条★★★的对抗问题代表的那样，是以物权变动的对抗要件为中心展开论述的。但纵观民法整体，“对抗不能”这一用语无论总则、物权、债权、亲属、继承都有出现，在广泛的领域中被使用着（在民法条文・适用频度表前 100 中虽然只出现了 9 处，但在民法整体中却有 38 处被使用）。

49 过去，“对抗不能”这一用语，比如，在〔48〕民法第 96 条第 3 款“欺诈的撤销不能对抗善意第三人”的场合，因欺诈的撤销不能对抗善意第三人的结果，一直被理解为是“有效”的意思。与此相对，〔7〕民法第 177 条的“不能对抗第三人”的场合，不能对抗先进行登记的第三人的结果，一直被理解为是“不发生物权变动”的意思。这样，“对抗不能”这一用语一直被理解为依场合不同而意义不同。

但是，追溯对抗不能制度的渊源（法国民法的对抗不能“inoppsabilité”概念）考察其意思，统一地理解“对抗不能”意思的观点，最近成为有力学说，参照［加賀山・対抗不能の一般理論（1986）6-22 頁］。

也就是说，“不能对抗第三人”这一用语的意思，如下所示，是通过替换为“第三人可以否认”而得到明确的思考，其方法如下：

第一，使主语反转为第三人；第二，将动词“不能对抗”置换为“可以否认”；第三，明确限定宾语，做以下替换。即将“不能对抗第三人”，通过替换得到“具备权利保护资格要件的第三人，限于法律效果之中第三人受保护的范围（此部分依场合的不同，可以分为有无效、撤销、有溯及效力的场合，有契约效力之中物权转移效力的场合，责任转移效力的场合等，各种各样的变化）可以否认”得到明确。

重点 11　“不能对抗第三人”与“第三人可以否认”的替换法则

不能对抗（对抗不能）的意义（通常两者可以替换）

（不能对抗）A 不能以其法律行为 B 的效力，对抗 C。

（一部分否认）C 可以否认 A 的法律行为 B 的效力中的一部分。

以上替换原则对民法中所有“对抗不能”的场合均可有效地发挥机能。因此，不擅长理解“对抗不能”意义的人，可以从民法条文中检索“对抗不能”

用语，尝试以上替换法则。

下面，我们将民法规定“对抗不能”的代表性事例（〔31〕民法第 94 条（虚伪表示），〔47〕民法第 96 条（欺诈或胁迫），〔7〕民法第 177 条★★★（有关不动产物权变动的对抗要件），还有，和这些相反的“对抗不能”与破产法上的“否认”具有同样意思，表现为“撤销”的〔18〕民法第 424 条★★（欺诈行为撤销权）加以归纳整理。

重点 12　为明确对抗不能意思而用否认加以替换的具体例子 50

不能对抗（对抗不能）的具体例子的意思

①无效、撤销的对抗不能（〔31〕民法第 94 条，〔47〕民法第 96 条）

（对抗不能）A 不能以虚伪表示的无效、欺诈撤销，对抗善意第三人 C。

（溯及效力的否认）善意第三人 C 可以否认 A 无效、撤销的溯及效力（从意思表示之时向将来发生复归的物权变动）。

②不动产物权变动的对抗不能（〔7〕民法 177 条★★★）

（对抗不能）A 不能以所有权的转移对抗第三人 C。

（物权行为的否认）第三人 C 只能否认 A 的买卖契约中所有权转移的效果。

③欺诈行为的对抗不能（〔18〕民法第 424 条★★）

（对抗不能）债务人 A 与受益人 B 之间的欺诈行为不能对抗债权人 C。

（欺诈行为的否认）债权人 C 可以否认 A 与 B 之间的欺诈行为，对已转移给 B 的财产，可作为名义尚未转移的财产予以强制执行。

上述这种“对抗不能”的意思，可以解释为“就当事人法律行为的效力而言，在实现应受保护的第三人保护的必要范围内，其效力的一部分被否认”。具体而言，所谓“无效、撤销不能对抗”只是指其溯及效力被否认，无效、撤销的效力不溯及既往，只向将来发生原状恢复的效力。再有，所谓“物权变动不能对抗”，意思是在有效契约中只是物权转移的效力被否认。

这样一来，若将“对抗不能”的意思统一解释为“只是法律行为效力的一部分得由应受保护的第三人否认”，则一直难以理解的民法第 424 条因欺诈行为的撤销也与过去相反，通过解释“欺诈的法律行为不能对抗总债权人”，就可以将其理解为“债权人可以仅否认欺诈法律行为中从责任财产逸出的效果”。即“债权人对已向名义受益人之类的获利者转移的逸出财产，通过解释使强制执行成为可能”。这些处理，将发生对破产法上的否认权（破产法第 160 条以下）的思考，在民法上也实现同样的结果（再有，民法“债权关系”修正案，更进一步地谋求使欺诈行为的撤销权发生与破产法上的否认权同样的效果）。

* * *

根据具体情况对法律用语进行灵活地解释是必要的，同时，对看上去不
51 同的现象，能够进行统一性解释，对法律家而言也是一种重要的能力。可以说，对“不能对抗第三人”这一用语，首先，进行统一性的思考，然后，在理解了“法律行为的效力之中，应受保护的第三人，仅在值得保护的范围内，否认法律效果的一部分”的基础之上，针对具体问题提出整合性的解决方案，这才是作为法律家应具备的解决问题的能力。

C. 代理

所谓代理（〔38〕民法第 99 条），是指在本人基于委任契约选任代理人（任意代理），或者依法律规定选定代理人（法定代理）的场合，代理人与对方（第三人）之间所约定事项，直接对本人与对方发生效力的制度。

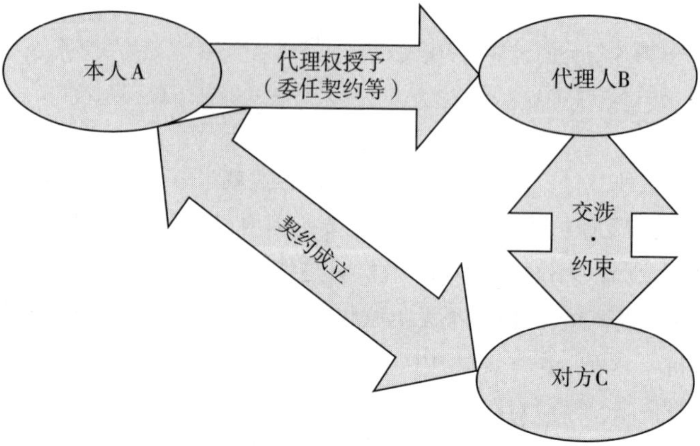

图 7　任意代理

代理人与对方,只进行交涉,不发生直接的法律关系。因此,迄今为止有关代理的见解,都将焦点集中在本人与对方之间的法律行为等发生的法律关系方面,而不怎么论及代理人与对方的关系。

但是,若关注代理人与对方之间的关系,则作为有代理权的代理人与对方交涉结果的约束,对本人直接发生效力(〔38〕民法第 99 条)也是有可能的,那么从这种观点来看,代理权发生在本人与对方之间的法律关系,可以理解为广义的“约束的第三人效力”(stipulation pour autrui)。

无论依哪种见解,代理均以代理人享有代理权为前提,无代理权却与对方做了约定的场合,超越代理权的范围与对方作出约定的场合,代理权消灭后与对方作出约定的场合,其约定对本人不发生任何效力,这称为“无权代理”(〔80〕民法第 113 条)。不过,无权代理若经本人事后追认,发生溯及起始的效力(民法第 116 条)。 52

再有,在本人对无权代理的发生,有过失(归责事由)但对方善意且无过失的场合,为保护对方,不能以无权代理对抗对方,这被称为“表见代理”。

重点 13　代理的种类

代理
- 有权代理(〔38〕民法第 99 条—第 107 条)
- 无权代理(民法第 108 条—第 118 条)
  - 能够向对方主张无权代理的场合
    - 狭义的无权代理(〔80〕民法第 113 条—第 118 条)
  - 无权代理不能对抗善意且无过失的对方的场合
    - 表见代理(〔71〕民法第 109 条,〔15〕民法第 110 条**,民法第 112 条)

表见代理的效果,民法第 117 条的无权代理人的责任(履行和损害赔偿的责任)不仅涉及无权代理人,还涉及有归责性的本人。在这种意义上,所谓表见代理可以解释为,对有归责性的本人与代理人的共同侵权行为(边码 147),本人与代理人连带负履行责任或者损害赔偿责任参照［浜上・表見代理不法行為説(1966)］［加賀山・契約法講義(2007) 98-100頁］。

在民法条文・适用频度表前100中，相当于第三类型的民法第112条(代理权消灭后的表见代理)未出现，可以作为关联条文来理解。表见代理有以下三种类型。

重点14　表见代理的种类

表见代理(不能以无权代理对抗对方的场合)

①本人作出了授予代理权的表示但却未授予代理权的场合

〔71〕民法第109条(因代理权授予表示的表见代理)

②代理人行为超越本人授予的代理权范围，代理人与善意、无过失的对方作出约定的场合

〔15〕民法第110条★★(权限外行为的表见代理)

③本人懈怠通知，代理权消灭期间已丧失代理权的人仍与对方作出约定的场合

民法第112条(代理权消灭后的表见代理)

53

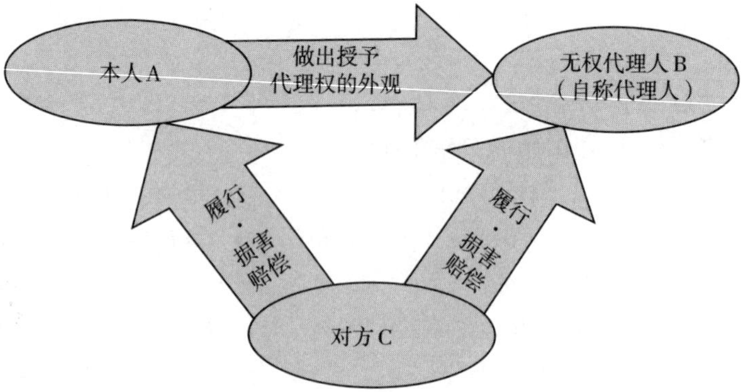

图8　表见代理与无权代理人、本人的共同侵权行为责任之间的关系

条文 11　〔38〕第 99 条(代理行为的要件及效果)

> **第 99 条(代理行为的要件及效果)**
>
> ①代理人在其权限内为本人作出的意思表示,直接对本人产生效力。
>
> ②前款规定,准用于第三人对代理人作出的意思表示。

条文 12　〔71〕第 109 条(因代理权授予表示的表见代理)

> **第 109 条(因代理权授予表示的表见代理)**
>
> 本人对第三人表示了授予他人代理权,在代理权范围内对该他人与第三人之间作出的行为负责任。但第三人知道该他人未被授予代理权,或因过失未知时,不在此限。

基本判例 24　最二判昭 35・10・21 民集 14 卷 12 号 2661 页(外壳赊账款请求事件・东京地方法院厚生部事件)

判定平常被冠以表示官厅部局文字的"部"之名,使用一部分法院厅舍,由现职职员执掌事务的"东京地方法院厚生部",应该被认为具有作为东京地方法院一个部门的表示力,只要东京地方法院当局认可其继续处理同部事务,据此就应该说该法院作出了"厚生部"实施的交易如同自己实施的交易的外观,应就"厚生部"所实施交易,对善意无过失的对方,承担责任的事例 54
(有少数不同意见)。[判例百選Ⅰ第 28 事件][判プラⅠ第 108 事件]

基本判例 25　最二判昭 39・5・23 民集 18 卷 4 号 621 页(登记注销请求事件・空白委任状事件)

债务人甲与债权人乙之间就甲所有之不动产设定抵押权签订契约,即使为设立抵押权进行登记,甲向乙交付了空白委任状等文件以委任其实施登记程序的场合,只要不是以何日行使均可的意思交付该文件,乙又将该文件交付给丙,丙滥用该文件就该不动产以甲代理人的名义与丁之间设定抵押权签订契约时,甲就不属于民法第 109 条所谓"对第三人,表示了向他人授予了代

理权者”的事例。[判例百選Ⅰ第27事件][判プラⅠ第109事件]

基本判例26　最三判昭45·7·28民集24卷7号1203页(所有权转移登记程序请求事件·民法第109条、第110条重叠适用的事例)

判定甲将其所有之不动产出售给乙,并向乙的代理人即中介丙交付了空白委任状、抬头空白的出售证书等相关登记文件。丙又受该不动产所有权人乙的委任,将此不动产与丁所有之不动产进行交换,但接收了相关文件的丙却滥用这些文件,以甲代理人的名义与丁缔结交换契约。该事例中,只要丁有正当理由相信丙有甲的代理权,甲就应当依据民法第109条、第110条对乙承担该契约责任。[判例百選Ⅰ第27事件][判プラⅠ第109事件]

条文13　〔15〕第110条(权限外行为的表见代理)★★

> **第110条(权限外行为的表见代理)**
>
> 前条〔因代理权授予表示的表见代理〕规定,在代理人实施其权限外行为的场合,准用于第三人有正当理由相信代理人有权限的情况。

基本判例27　大连判昭19·12·22民集23卷626页(贷款请求事件·民法第110条、第112条重叠适用的事例)

在代理权消灭后,以前的代理人仍称自己是代理人,实施了不属于以前代理权范围行为的场合,关于该代理权的消灭,善意无过失的对方对该行为有正当理由相信代理人有该权限的,判定本人对该行为,向对方承担责任的事例。[判例百選Ⅰ第33事件][判プラⅠ第129事件]

基本判例28　最二判昭35·2·19民集14卷2号250页(贷款请求事件)

公司利用推销员向一般人推销,曾借入金钱的公司推销员甲,事实上一
55 直让其长子乙代替其实施一切推销行为,在民法第110条适用之际,因须以基本代理权为必要,所以判定不能将乙作为甲的代理人而适用民法第110条(有少数不同意见)。[判例百選Ⅰ第29事件][判プラⅠ第118事件]

基本判例 29　最二判昭 51・6・25 民集 30 卷 6 号 665 页(约定汇票金等请求事件)

判定在电气器具销售公司与为对交易对象进行债权担保与保证人的代理人缔结了保证契约的场合,该保证是从继续性商业交易产生的对一切债务不规定保证期间及保证限额的连带保证,在该代理人是主债务人交易对象的总经理,且在对方提出了要求却未请其父亲做连带保证人的情况下,尽管该代理人持有盖着本人实印的本人名义的契约书和本人的印鉴证明书,仅以此,还是不能说对方相信该保证契约是基于本人意思符合民法第 110 条所说的正当理由的事例。[判例百選 I 第 30 事件][判プラ I 第 124 事件]

基本判例 30　最二判昭 60・11・29 民集 39 卷 7 号 1760 页(土地所有权转移登记程序请求事件)

判定在第三人即使不是水产业协同组合法第 45 条准用民法第 54 条[现行法——一般法人法第 77 条第 5 款(对一般社团法人代表权限的限制)]所称善意的场合,在第三人对渔业协同组合的理事实施的该具体行为,相信具有代表同组合的权限,并且就这一行为具有正当理由时,类推适用民法第 110 条,认定同组合对该行为负责的事例。[判例百選 I 第 31 事件][判プラ I 第 39 事件]

条文 14　〔80〕第 113 条(无权代理)

第 113 条(无权代理)

①无代理权者作为他人的代理人缔结的契约,若无本人追认,对本人不生效力。

②追认和拒绝,若未向对方作出,不能对抗对方。但对方已知该事实时,不在此限。

基本判例 31　最二判昭 37・8・10 民集 16 卷 8 号 1700 页(抵押权设定登记注销等请求事件)

甲将乙的权利作为自己的权利作出处分的场合,乙对此作出了追认时,

认定该处分类推适用民法第116条,追溯至处分之时,对乙发生效力的事例。[判例百選第38事件]

基本判例32　最三判昭62·7·7民集41卷5号1133页(保证债务履行请求事件)

判定关于无权代理人责任的民法第117条第2款所谓的"过失",并非限定在重大过失的事例。[判例百選Ⅰ第34事件][判プラⅠ第144事件]

D. 条件及期限

56 条件及期限被称为"法律行为的附加条款",影响法律行为发生和消灭的时期。其中,将是否发生不确定的事由作为法律行为附加条款的是"条件",将确定发生的事由作为法律行为附加条款的是"期限"。

重点15　条件的种类

条件(〔98〕民法第127条—第134条)
　　停止条件(〔98〕民法第127条第1款)
　　　　条件成就是法律行为效力停止的条件
　　　　　　(例)若入学考试合格了,就给你这辆车。
　　解除条件(〔98〕民法第127条第2款)
　　　　法律行为已发生效力,但条件成就则法律行为的效力丧失的条件
　　　　　　(例)若留级了,则停止奖学金的发放。

在"如果你考试合格了就赠与奖学金"的场合,考试是否合格并不知道,"若考试合格了"是赠与的附加条款,是条件。

与此相对,说"如果我死了,就将财产赠与你"的场合,所有的人确实都会死,所以"如果我死了"附在赠与上的附加条款不是条件,是期限。不过,如前述"如果我死了,就将财产赠与你"那种确实会发生,但其时期不确定的场合,称"不确定期限";像"2017年3月9日将这本书赠与你"那样,时期确定的期限,称"确定期限"。

重点 16　期限的种类

期限(民法第 135 条—第 137 条)

确定期限

期限届满的日期确定的期限

(例)始期:2017 年 3 月 9 日给这本书。

(例)终期:2017 年 3 月 1 日清偿借款。

不确定期限

期限届满的日期不确定的期限

(例)始期:若我死了,这份财产给你。

(例)终期:若我死了,这份财产返还给你。

民法条文·适用频度表前 100 中,出现了有关条件的条文,然而关于期限的条文却没有出现。但是,如后面相抵部分所述,期限、期限利益的放弃 57
(民法第 136 条、第 137 条)具有重要意义,所以最好一并学习。

条文 15　〔98〕第 127 条(条件成就场合的效果)

第 127 条(条件成就场合的效果)

①附停止条件的法律行为,自停止条件成就之时起生效。

②附解除条件的法律行为,自解除条件成就之时起失效。

③当事人表示了将条件成就场合的效果追溯到其条件成就以前的意思时,从其意思。

基本判例 33　最三判平 6·5·31 民集 48 卷 4 号 1029 页(对付与执行文异议事件)

依条件成就享受利益的当事人故意使条件成就时,依民法第 130 条类推适用,对方可视为条件未成就的事例。[判例百選 I 第 39 事件][判プラ I 第 148 事件]

最新判例5　最一判平26·6·5民集68卷5号403页(红利异议事件)撤销自判

关于别除权*行使等的协定(再生债务人与别除权人之间规定的内容是:对作为别除权标的之不动产规定比起其被担保债权额度减额了的接受返还价格,再生债务人对别除权人就此进行分割清偿,再生债务人将该分割清偿实施完时,别除权人的担保权消灭)中有将受到废止启动再生程序的决定等情况作为同协定解除条件的合意,即使没有把在再生计划未履行完之前不经决定再生程序废止就被决定开始破产程序的情形明记为解除条件,只要没有应当将此解释为从解除条件除外的情形,就应解释为包含了从再生债务人收到上述破产程序开始的决定之时起,同协定之效力丧失。(参照条文〔98〕第127条)

第4节　时效

法律行为依意思表示使法律关系发生变动,与此相对,时效则与人的意思无关,依时间经过而使法律关系发生变动。

不过,人对时间的经过无法干涉,因为人无法让时间停止。但是,在法律制度中,能够使用使时间停止和让时间追溯分离的技术。

前述撤销通过“视为自始无效”的规定,就发生与使时间追溯了相同的
58 效果(民法第121条)。可以说,关于时效,也是依裁判上的请求等的时效中断(〔68〕民法第147条),发生时效的停止或者重新起算等情况,这是一种法律上能够依人力停止或者重新起算时间的意味深长的制度。

时效制度存在如下两种:取得时效与消灭时效。

---

* 别除权:可以从破产财团中的特定财产先于破产债权人接受债权满足的权利。关于别除权的享有和行使,相关法律中有详细的规定。主要依据〔日〕竹内昭夫等编:《法律学新辞典》,有斐阁平成2年4月第三版,第1267页。——译者注

重点 17　时效的制度目的与时效的种类

时效(防止因时间的经过证据丢失,证明困难的制度)

时效总则[民法第 144 条(时效的效力),〔74〕民法第 145 条(时效的援用),〔89〕民法第 146 条(时效利益的放弃),〔68〕民法第 147 条(时效的中断事由),民法第 148 条(时效中断的效力与所及者的范围),〔91〕民法第 149 条(裁判上的请求),民法第 150 条—第 161 条]

取得时效(〔27〕民法第 162 条★—第 165 条)

在确定权限者之际,采用长年间平稳、公然占有状态作为确实的证据,切断之前的历史探索的制度

消灭时效(〔45〕民法第 166 条,〔57〕民法第 167 条—第 174 条之 2)

当确定债务是否因清偿等消灭之际,在长年不行使债权的场合,视为债权人已接受债权清偿或债务已免除,从而解消债务人长年保留已清偿证据之不便的制度

A. 时效总论

条文 16　〔74〕第 145 条(时效的援用)

第 145 条(时效的援用)

若当事人未援用时效,法院不得依此进行裁判。

基本判例 34　最二判昭 61・3・17 民集 40 卷 2 号 420 页(所有权转移请求权保全假登记注销登记程序等本诉,所有权转移请求权保全假登记本登记程序请求反诉事件)

债权因时效消灭的效果,并非伴随时效期间的经过而确定地发生,而是解释为时效被援用时才确定地发生是合理的,农地买主对卖主所享有对县知事提起许可申请协助请求权因时效消灭的效果,也并非伴随 10 年时效期间的经过而确定地发生,只有卖主援用对该请求权的时效时才确定地发生,所以,应该解释为直至该农地变为非农地时,在该时点上,该农地的买卖契约当

59 然生效,该所有权转移至买主,其后即使卖主援用对县知事的许可申请协助请求权的消灭时效,其效力也不发生的事例(对时效的效力采用不确定效果说的事例)。[判例百選 I 第 40 事件][判プラ I 第 155 事件]

基本判例 35　最一判平 11・10・21 民集 53 卷 7 号 1190 页(最高额抵押权注销登记程序请求事件)

后顺位抵押权人,不能援用先顺位抵押权被担保债权的消灭时效的事例。[判例百選 I 第 41 事件][判プラ I 第 165 事件]

最新判例 6　最一判平 25・2・28 民集 67 卷 2 号 343 页(最高额抵押权设定登记注销登记程序请求本诉,贷款请求反诉事件)一部分撤销自判,一部分撤销发回重审

(1)为使已在清偿期的自动债权与定有清偿期的受动债权处于适合的相抵状态,对受动债权,不仅期限利益可以放弃,并且要通过期限利益的放弃或丧失等,而使其清偿期现实地到来。

(2)为将已因时效消灭的债权作为自动债权进行相抵,援用消灭时效的自动债权,要在消灭时效期间经过以前与被动债权已经处于适合相抵状态。(参照条文民法第 136 条、〔74〕民法第 145 条、〔44〕民法第 505 条、民法第 508 条)

条文 17　〔89〕第 146 条(时效利益的放弃)

第 146 条(时效利益的放弃)

时效利益,不得预先放弃。

基本判例 36　最大判昭 41・4・20 民集 20 卷 4 号 702 页(请求异议事件)

在消灭时效完成后承认了债务的场合,不允许据此推定该承认是在知道该时效已完成的情况下作出的。但债务人在消灭时效完成后对债权人承认该债务的场合,即使当时不知道时效完成的事实,之后也不允许援用该时效〔时效援用权丧失〕的事例。[判例百選I第 42 事件][判プラI第 166 事件]

第 147 条(时效的中断事由)时效依下列事由中断。

①请求

②扣押,假扣押*或假处分**

③承认

最新判例 7 最三判平 27·2·17 民集 64 卷 1 号 1 页(求偿金等请求事件)驳回 60

以事前求偿权作为被保全债权的假扣押,也具有中断事后求偿权消灭时效的效力。(参照条文〔68〕民法第 147 条 2 号、民法第 154 条、民法第 459 条第 1 款、民法第 460 条)

最新判例 8 最一判平 27·11·19 民集 69 卷 7 号 1988 页(求偿金等请求事件)驳回

保证人对主债务人取得的求偿权,即使在有消灭时效中断事由的场合,对共同保证人之间的求偿权也不发生消灭时效中断的效力。(参照条文〔68〕民法第 147 条、民法第 442 条、民法第 465 条)

---

* 假扣押:为对金钱债权或者可换成金钱债权的请求权,确保债务人的财产,保全将来的强制执行程序。在直至取得债务名义着手强制执行之间,在有因债务人隐匿财产、逃亡、频繁转居等事实,致使好不容易得到的债务名义发生不能执行或者执行困难的场合,一时性地确保债务人的财产,预防这样的危险,使强制执行可能进行的制度。假扣押制度的适用,法律中有详细的具体条文规定。主要依据〔日〕竹内昭夫等编:《法律学新辞典》,有斐阁平成 2 年 4 月第三版,第 175 页。——译者注

** 假处分:以金钱债权以外的特定物的给付、交付及其他的特定的给付为目的的请求权的执行保全为目的(关于系争物的假处分),或者对有争执的权利关系决定假定地位为目的(决定假定地位的假处分)的程序。假处分包含发出假处分命令程序(假处分诉讼)和将假处分命令以债务名义进行假处分的执行程序(假处分执行)两者,分别对应假扣押命令的程序和假扣押执行的程序,前者规定在民事诉讼法中,后者规定在民事执行法中。假处分命令在被保全债权及假处分理由存在的场合予以发出。假处分命令专属本案管辖法院管辖,但限于紧迫的场合,系争物所在地的地方法院或者审判长也可以发出。主要依据〔日〕竹内昭夫等编:《法律学新辞典》,有斐阁平成 2 年 4 月第三版,第 177 页。——译者注

第 149 条(裁判上的请求)

裁判上的请求,在诉讼被驳回或者撤诉的场合,不发生时效中断的效力。

关于裁判上的请求,其特色在于若能够得到确定判决,即使是应罹于短期消灭时效的权利,不仅时效被中断,其债权时效也可以被延长到 10 年。[参照民法第 174 条之 2(判决确定的权利之消灭时效)]。

B. 取得时效

条文 20 〔27〕第 162 条(所有权的取得时效)★

第 162 条(所有权的取得时效)

①20 年间以所有之意思,平稳且公然地占有他人之物者,取得该所有权。

②10 年间以所有之意思,平稳且公然地占有他人之物者,其占有开始时是善意的,且无过失时,取得该所有权。

基本判例 37 最二判平 24·3·16 民集 66 卷 5 号 2321 页(第三人异议事件)

在不动产的取得时效完成后,未进行所有权转移登记,第三人从原所有权人接受抵押权设定并进行抵押权设定登记开始,作为上述不动产时效取得者的占有人,其后接着为时效取得继续必要的期间占有。那么在该期间经过后援用取得时效时,只要占有人没有承认上述抵押权的存在等妨碍抵押权消灭的特别情况,上述占有人因时效取得上述不动产的结果是,上述抵押权归于消灭(存在补足意见)。(参照条文〔27〕民法第 162 条★,〔7〕民法第 177 条★★★,民法第 397 条)

C. 消灭时效 61

条文 21 〔45〕第 166 条(消灭时效的进行等)

第 166 条(消灭时效的进行等)

①消灭时效,自权利能够行使时起进行。

②前款规定,第三人为占有附始期权利和附停止条件权利标的物的,不妨碍其自占有开始之时起取得时效。但权利人,为中断该时效,随时得要求占有人承认。

基本判例 38 最三判平 6・2・22 民集 48 卷 2 号 441 页(损害赔偿并依民诉法第 198 条第 2 款的返还及损害赔偿请求事件・因罹患尘肺的损害赔偿请求事件)

安全关照义务是雇佣契约上的附随义务,但由于与使用人对劳动者所负雇佣契约上本来的债务履行不具有同一性,所以使用人基于安全关照义务违反的损害赔偿义务的消灭时效,不是从劳动者退职之时起进行,而是从该劳动者的尘肺症状发症之时起进行的事例。[判例百選Ⅰ第 43 事件][判プラⅠ第 384 事件]

最新判例 9 最一判平 28・3・31 民集 70 卷 3 号 969 页(交付提存金附认可义务等请求事件)撤销自判

在宅地建筑物交易业法第 30 条第 1 款前段所定事由发生的场合,同本条第 2 款所定公告未发出时,营业保证金退还请求权的消灭时效,自该事由发生经过 10 年时起进行。(参照条文〔45〕民法第 166 条第 1 款,〔57〕民法第 167 条第 1 款)

条文 22 〔57〕第 167 条(债权等的消灭时效)

第 167 条(债权等的消灭时效)

①债权 10 年间不行使时消灭。

②债权或所有权以外的财产权,20 年间不行使时消灭。

债权原则上10年罹于消灭时效，但是，一方面，存在依据特别法的很多例外；另一方面，即使有特别规定的场合，也有适用民法第167条第1款的事例[关于依瑕疵担保的损害赔偿请求权，请参照后述(边码125)的“基本判例96最三判平13·11·27民集55卷6号1311页(损害赔偿请求事件)”]。

关于民法第167条第2款的“财产权”是否包含抵押权等担保物权，民法第396条对抵押权作不与被担保债权同时就不罹于消灭时效的处理。据此，对其他担保物权也可做同样解释。另请参照“基本判例37最二判平24·3·16民集66卷5号2321页(第三人异议事件)”。

第6章　物　权

物权是与债权并列的私权的代表性权利，具有以下完美的体系。 62

重点18　物权的体系

物权的体系

占有权(〔69〕民法第180条—第205条)

(无论物权、债权，进行本权的证明、取得与本权的调整)

物权本权(民法第206条—第398条之22)

所有权(完全物权)

单独所有权(〔67〕民法第206条—第248条)

共有(含合有、总有)(〔84〕民法第295条—第264条)

限制物权(不完全物权、将来将向债权转移)

用益物权(民法第265条—第294条)

地上权、永佃权、地役权、入会权

担保物权(〔84〕民法第295条—第302条、民法第303条—第341条、民法第342条—第368条、〔30〕民法第369条*—第398条之22)

留置权、先取特权、质权、抵押权

物权虽然具有以上完美的体系，但在现代，其体系的有用性仍然存在疑问。理由如下：

第一，占有权，在日本被作为物权分类，但其实际状态却是既非物权又非债权，只是用于证明和保护构成其占有权限根基的“本权”制度，因此，将占有权限定为“物权”会产生各种各样的矛盾。

例如,租借人、受托者等,虽然占有他人之物,但其权限基于租赁契约或者寄托契约之类的本权,任何人都不会将租借人和受托者考虑为物权人。若占有是物权,那么租借人、受托者,处理他人事务时占有他人之物的受任者,甚至连运送人都成为物权人,作为民法前提的物权与债权的区分就丧失殆尽了。

因此,占有权,不应按物权分类,应当是不区分物权与债权,作为证明这些本权和取得本权的制度,并作为设置在民法总则中的权利【[加贺山·民法体系1(1996)171-194頁],日本最早将占有权定位于民法总则进行解说的教科书】。

第二,用益物权(地上权、永佃权、地役权)均为依契约设定的权利,原则上不登记不能对抗第三人。

63 这一点,租赁也同样,依契约设定,登记后才能对抗第三人(〔73〕民法第605条)。因此,用益物权并不必然地定位于物权。倒不如,将所有用益物权均定位为与租赁类似的契约,让租赁人一方负担协助登记的义务,这样所有问题都能得到解决,从未使用的永佃权的近代化也几乎能够在契约法理之下得以实现。

第三,担保物权(留置权、先取特权、质权、抵押权),用于在债权被任意不予清偿时强化债权的效力,对特定的债权,给予先于其他债权人接受清偿的权利,但因具有债权消灭其担保物权亦必然消灭的性质(附从性),所以不过是附从于债权的权利,是否应当认定为独立的物权让人产生疑问,详细请参考[加賀山·担保法(2009)][加賀山·債権担保法講義(2011)]。

从以上观点出发,物权编可以只规定所有权,所有权的中心作用是基于所有权的请求权,所以使这种基于所有权的请求权规定(相邻关系规定)充实起来是物权法今后的课题。

第1节　物权总论(含物权、债权法律行为的对外效力)

物权总论只有5个条文,对物权的设定、变更、消灭,规定了其总论。

在民法条文·适用频度表前100中,只选定了其中关于物权变动的总论,特别是因意思表示的物权变动,以及不动产物权变动的对抗要件,这两个规定。

第1款 综合民法第176条、第533条、第555条考察的物权转移时期

关于物权变动的两个条文(〔96〕民法第176条及〔7〕民法第177条★★★),只有将其与后面探讨的〔40〕民法第533条(同时履行抗辩),以及〔22〕民法第555条★(买卖)四项规定进行综合考察,才能理解其意思。

首先,〔96〕第176条(物权的设定及转移)规定,物权变动"只依意思表示发生其效力"。意思是将意思表示作为构成要素的法律行为,并且作为实现物权转移的法律行为,有赠与、遗赠、买卖、交换,其典型的例子是买卖,这里就以买卖为例进行分析。

根据〔22〕第555条★(买卖),民法规定,"买卖通过约定当事人之一方(卖主)将财产权(含物权、债权)转移给对方(买主),对方(买主)对此支付价款,发生其效力"。

若将此规定套用在〔96〕民法第176条上,就是物权仅依买卖契约生 64
效。但买卖契约是双务契约,依据〔40〕民法第533条(同时履行抗辩),可以考虑财产权(这里限定考察所有权)的转移与价款支付的联系,因为同时得到履行是通常的交易形态,所以所有权的转移是在买卖价款支付之时发生。

基于这一点,在土地建筑物买卖契约书的雏形中,几乎都将买卖价款支付之时作为所有权转移的标志,这可以考虑为日本不动产买卖的交易习惯。

不过,〔96〕民法第176条规定,物权变动,所有权的转移依意思表示而发生。所以所有权转移的标志,除买卖价款支付之时外,对在契约成立时,或者在价款支付一部分之时,又或者在登记之时,以及当事人合意的某个时点,均无任何限制。但所有权转移时若无合意,其标志则按照交易习惯推定,或依民法第533条为价款支付之时(请参照基本判例39,边码67)。

第2款 买卖中债权行为(有效买卖)与物权行为(所有权转移)的关系

根据〔96〕民法第176条,缔结买卖契约,通常只需支付价款,所有权即可转移。在这一点上,日本民法采用了与德国的为转移不动产所有权,以作为

物权行为的不动产登记行为为必要根本不同的制度。

那么,在日本,是不是就没必要为使所有权转移而提出与以发生债权关系为目的的“债权行为”不同的“物权行为”概念呢?回答是否定的。这是因为,其后考察〔7〕民法第 177 条★★★(有关不动产物权变动的对抗要件)时,可以看到将作为债权行为的买卖与作为所有权转移的物权行为加以区分是有用的。

考虑不动产二重转让的结果,其理由就会非常清楚。所谓不动产的二重转让,是指这种情况:A(第一买主)从不动产卖主(B)购入不动产物件(甲),支付了 3000 万日元的价款,依〔96〕民法第 176 条接受了所有权的转移。但在卖主 B 向第一买主 A 登记转移之前,出现了第三人 C,因为登记人仍是 B,所以 C 相信卖主 B 是所有人,并想以 4000 万日元购买甲不动产。卖主 B 想这是个好机会,于是就以 4000 万日元将甲不动产出售给了 C(第二买主),并且进行了登记转移。这种场合,第一买主 A,尽管依据〔96〕民法第 176 条接受了所有权的转移,但依据〔7〕民法第 177 条★★★,不能对抗先具备了登记的第二买主 C,第二买主 C 取得所有权。当然,第一买主 A 可以向卖主 B 请求基于债务不履行的损害赔偿 3000 万日元,以及迟延赔偿的相应金额,但不能取得甲不动产的所有权。

这种场合,第一买卖是有效的,作为民法第 555 条的效果,应当发生从买
65 卖契约的当事人卖主 B 向买主 A 的所有权转移。但在结果上,所有权的转移,被先获得登记的第二买主 C 所否认,A 不能取得所有权。对此结果,虽然没有争议,但法律上存在有效债权行为(买卖),所有权转移(物权行为)却没有发生。所以,区别债权行为与物权行为的实益仍然是存在的。

第 3 款　不动产二重转让中民法第 176 条与民法第 177 条的关系

尽管〔96〕民法第 176 条规定了所有权仅依买卖契约(无登记的转移)就转移,但若在不动产买卖的买主 A 从卖主 B 进行转移之前,第三人 C 从持有该不动产登记的 B 购入该不动产并先完成登记。那么,依据〔7〕民法第 177 条★★★,只有第二买主 C 取得所有权,而第一买主 A 失去所有权。

对这种情况怎样才能整合性地加以说明呢?

【不完全物权变动说】　第一种思维方式是,将〔96〕民法第 176 条与〔7〕民法第 177 条作为规定了一系列进程的条文来把握,依〔96〕民法第 176 条取

得所有权的不过是不完全所有权，依〔7〕民法第 177 条进行登记后才能取得完全的所有权。但这里所谓“不完全”的意义较难懂。这是因为，依据民法第 176 条取得的所有权，的确不能对抗先获得登记的第三人，但可以对抗不法占据者那样的侵权行为人（基本判例 42，边码 67）。而且，即使是先获得登记的第三人，如果其是背信恶意者，依据民法第 176 条取得所有权的人也能够对抗获得登记的第三人（基本判例 48，边码 68）。这么一来，在没有产生取得登记的第三人的场合，或者即使产生了但其是背信恶意者，买主即便没有取得登记，也取得完全所有权。而作为依民法第 176 条取得的所有权是不完全的，以不登记就不能取得完全所有权的学说，来说明采用了与德国不同制度的日本的制度不能成立。

【公信力说】　第二种思维方式是，与德国同样承认登记的公信力，依登记相信卖主 B 有所有权的善意、无过失的第三人，与动产交易场合的即时取得（〔58〕民法第 192 条）同样，取得登记的第三人依〔7〕民法第 177 条★★★，原始取得不动产。但是，这种思维方式，排除第三人背信恶意的场合，不仅与有过失的善意者也受第 177 条保护的现行交易实务的观点相悖，还与将不动产原始取得限定在根据长年占有的取得时效（〔27〕民法第 162 条★）的日本制度之间欠缺整合性。

【否认说】　著者根据前面介绍的“对抗不能的一般理论”［加賀山・対
抗不能の一般理論（1986）6-22 頁］对〔96〕民法第 176 条与〔7〕民法第 177 66
条★★★的关系做以下说明。

仅依〔96〕民法第 176 条，所有权完全地从卖主 B 转移到买主 A。该原则被破坏的是卖主 B 对他人物的买卖［所有权从 B 转移到 A，但 B 依据民法第 561 条以下的规定，仍然能够有效地出售他人之物（债权行为）］，购入同一不动产的特定承继人第三人 C，因先取得登记，而攻击了 A、B 间的有效买卖，但只能否认物权的效力。

也就是说，就不动产买卖而言，登记既不是效力要件，又不是义务，而是否定先发生物权效力的要件（权利保护资格要件），因为若 C 先取得登记，C 就可以在第一买卖未失去有效性的状态下，溯及开始否认物权的效力，所以 C 能够从 B 承继取得已复归到 A 的所有权。

但是，即使依物权行为的否认，债权行为的第一买卖也不受影响，仍然有效，所以买主 A 对卖主 B，可以基于民法第 561 条以下的追夺担保责任规定，对卖主追究解除和损害赔偿的相关责任。

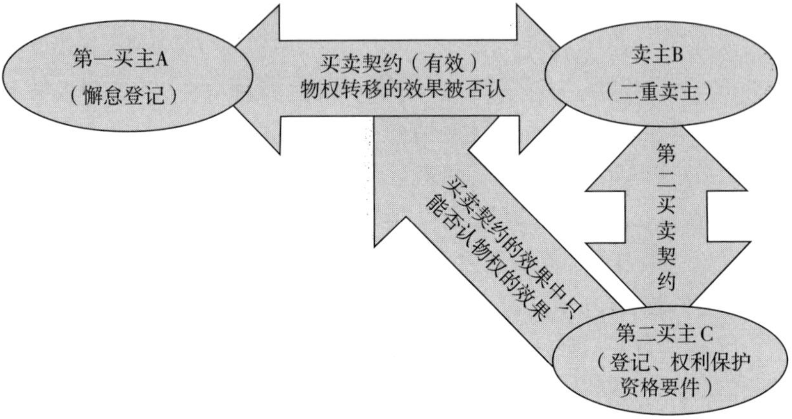

图 9　第一买主不能对抗第二买主的不动产二重转让机制

在理解了以上观点的基础上，让我们参照〔22〕民法第 555 条，仔细阅读〔96〕民法第 176 条及〔7〕民法第 177 条★★★的规定，然后再重读上述文本，以加深对从买卖契约的债权行为产生的物权行为及其否认的理解吧。

67 **条文 23　〔96〕第 176 条(物权的设定及转移)**

第 176 条(物权的设定及转移)

物权的设定及转移，仅依当事人的意思表示发生其效力。

基本判例 39　最二判昭 33・6・20 民集 12 卷 10 号 1585 页(不动产所有权转移登记程序等请求事件)

在以属于卖主所有之特定物为标的的买卖中，只要(依特约或交易习惯)不存在所有权的转移应该在将来被实施的特别约定，就对买主直接发生所有权转移效力的事例。［判例百選 I 第 50 事件］［判プラ I 第 222 事件］

条文 24 〔7〕第 177 条(有关不动产物权变动的对抗要件)★★★

第 177 条(有关不动产物权变动的对抗要件)

关于不动产物权的得丧及变更,不依不动产登记法(平成 16 年法律第 123 号)及其他关于登记法律的规定进行登记,不能对抗第三人。

基本判例 40 大连判明 41・12・15 民录 14 辑 1301 页(所有权转移登记注销请求事件)

判定民法第 177 条的物权变动范围不限定于依意思表示的物权变动的事例。[判例百選Ⅰ第 52 事件][判プラⅠ第 239 事件]

基本判例 41 大判昭 17・9・30 民集 21 卷 911 页(登记注销请求事件)

判定因欺诈的撤销为对抗善意第三人,须以作为对抗要件的登记(作为权利保护资格要件的登记)为必要的事例。[判例百選Ⅰ第 53 事件][判プラⅠ第 229 事件]

基本判例 42 最三判昭 25・12・19 民集 4 卷 12 号 660 页(房屋清交请求事件)

判定民法第 177 条的第三人(有主张登记欠缺的正当利益的第三人),不包含不法占据者的事例。[判例百選第 59 事件][判プラⅠ第 241 事件]

基本判例 43 最三判昭 35・11・29 民集 14 卷 13 号 2869 页(登记注销请求事件)

判定解除权人为对抗解除后出现的第三人,以登记(作为权利保护资格要件的登记)为必要的事例。[判例百選Ⅰ第 54 事件]

基本判例 44 最二判昭 38・2・22 民集 17 卷 1 号 235 页(登记注销登记程序请求事件)

判定对依继承的不动产,取得享有份额的共同继承人,对来自其他共同继承人的第三取得者主张其所享有份额时,不需要登记的事例。[判例百選Ⅰ第 56 事件][判プラⅠ第 234 事件]

基本判例45　最二判昭46・11・5民集25卷8号1087页(土地所有权确认等所有权取得登记注销登记程序本诉并建筑物收去清交反诉请求事件)

68 判定不动产的时效取得者,即使没有登记也能够对抗时效完成前取得了不动产的第三人的事例。[判例百選Ⅰ第55事件][判プラⅠ第196事件]

基本判例46　最三判平8・10・29民集50卷9号2506页(公道确认等请求事件)

判定受让于背信恶意者的人,可以成为民法第177条的第三人的事例。[判例百選Ⅰ58事件][判プラⅠ第245事件]

基本判例47　最二判平10・2・13民集52卷1号65页(通行地役权设定登记程序等请求事件)

判定未登记而继续性地作为通路利用地役权承役地受让人,不相当于民法第177条的第三人(有主张登记欠缺的正当利益人)的事例。[判例百選Ⅰ第60事件][判プラⅠ第246事件]

基本判例48　最三判平18・1・17民集60卷1号27页(所有权确认请求本诉,所有权确认等请求反诉,土地所有权确认等请求事件)

将背信恶意者排除在民法第177条规定的第三人外的事例。[判例百選Ⅰ第57事件][判プラⅠ第233事件]

最新判例10　最三判平25・2・26民集67卷2号297页(道路通行权确认等请求事件)撤销发回重审

在通行地役权的承役地因担保不动产拍卖被出售的场合,最先顺位的抵押权设定时,已经设定了通行地役权的相关承役地被用役地的所有人继续性地作为通路使用,从其位置、形状、构造等物理状况来看是明确的,且上述抵押权的抵押权人已认识到,或者能够认识到这种情况时,通行地役权人,只要没有特殊情况,即使没有登记也可以对买受人主张该通行地役权。(参照条文〔7〕民法第177条★★★、民法第280条)

第2节　占有权（具有证明、取得、调整本权机能的权利）

民法从保护平稳、公然的事实状态之必要出发，对物的占有事实(〔69〕民法第180条)赋予以下效力。

第一，推定占有样态(自主、善意、平稳、公然)(民法第186条)，使享有本权的法律上的推定发生(民法第188条，本权证明机能)。

第二，通过占有之继续，使赋予本权的时效取得(〔27〕民法第162条、第163条)，即时取得实现(〔58〕民法第192条)的机能(本权取得机能)。

第三，民法，为与本权分离，保护占有本身，赋予占有人占有诉权(民法第197条—第202条)。

第四，调整占有权与本权，为保护本权人，对占有人设置作为不当得利特 69
别类型的侵害不当得利规定(第189条—第191条)，与之相对，赋予占有人对本权人的费用偿还请求权(第196条)。

重点19　占有的机能

> 占有的机能
> ①本权证明机能(平稳、公然、善意推定，占有继续推定，适法推定)
> ②本权取得机能(取得时效，即时取得)
> ③为保护占有自身的机能(占有诉权)
> ④占有权与本权的调整机能(占有不当得利)

占有权不只服务于物权，也有取得债权的情况。比如，通过占有的继续，租借权的时效取得得到承认(民法第163条，最二判昭62・6・5判时1260号7页)。因此，占有，如前所述，不是作为物权进行学习，而要围绕与总则中时效的关系，债权各论中伴随占有的契约关系，还有与不当得利类型(给付不当得利、侵害不当得利、支出不当得利，参照边码132)之间的关系进行学习。

条文 25　〔69〕第 180 条(占有权的取得)

> **第 180 条(占有权的取得)**
>
> 占有权,通过以为自己的意思而持有之物取得。

基本判例 49　最二判昭 32・2・15 民集 11 卷 2 号 270 页(土地交付及损害金请求事件)

判定在公司代表机关的所持被认定的场合,公司是直接占有人,而作为机关代表的个人不相当于直接占有人的事例。[判例百選 I 第 63 事件][判プラ I 第 264 事件]

条文 26　〔58〕第 192 条(即时取得)

> **第 192 条(即时取得)**
>
> 依交易行为,平稳且公然地开始占有动产的人,是善意且无过失时,即时对该动产行使权利。

基本判例 50　最一判昭 35・2・11 民集 14 卷 2 号 168 页(动产所有权确认同交付等请求事件)

判定依占有改定(民法第 183 条)的占有取得,被认定为不满足民法第 192 条即时取得要件的事例。[判例百選I第 65 事件][判プラI第 278 事件]

70 第 3 节　所有权（唯一与生俱来的物权）

具有作为物权的所有机能,即具有使用、收益、处分机能(民法第 205 条)的是所有权。

其他物权之中,用益物权(地上权、永佃权、地役权)通过进行登记作为具有与租赁类似对抗力的债权加以构成的方式来适应现代社会。还有,担保物权不过是强化了债权本来具有的执行力(债务人任意地不履行债务时可以对债务人的全部财产予以强制执行,并从中接受债权清偿的权能),可以先于其他债权人接受清偿的权利。也就是说，担保物权只规定了债权人之间的清偿顺位，并未依物权总则的规定。并且若债权消灭，则担保物权也因附从性而归于消灭，所以不能称为独立的物权。

正当地具有作为物权权能的，只有所有权。而关于所有权，最重要的权能，是基于所有权的请求权[排除妨害请求权、预防妨害(停止侵害)请求权、所有物返还请求权]，这些权利主要都被设置在相邻关系的规定(民法第209条—第238条)中。

共有，是指一物之上存在复数所有人的权利，与作为物权一般理论的一物一权主义相反。其实态是享有复数所有权以相互限制的形式存在的“享有份额权”这一权利的关系，按照对享有份额权的限制，被分类为狭义的共有(〔66〕民法第294条—第264条)，合有性共有关系，即组合财产的共有(民法第668条)、夫妇财产的共有(民法第762条)以及继承财产的共有(民法第898条)。

重点20　共有的分类

共有的分类

①狭义的共有(享有份额处分、分割请求自由)

　　〔66〕民法第294条—民法第264条

②合有(所享有份额处分、分割请求受限制)

　　组合财产的共有(民法第668条)

　　夫妇财产的共有(民法第762条)

　　继承财产的共有(民法第898条)

③总有(享有份额本身不存在)

　　入会财产共有(民法第263条)

合有的场合，以狭义的共有得到认可，关于享有份额的处分，共有物的分割请求(民法第256条)，被加以严格限制[例如，民法第676条(组合成员享
有份额处分及组合财产分割限制)，民法第677条(禁止由组合的债务人进 71
行相抵)等]。

关于总有，民法第263条(具有共有性质的入会权)规定的入会团体是其典型例子。不过，只要成员的享有份额得不到承认，其团体，就应该被看作

是与成员相区别的另外的主体。在采用法人准据主义的日本，现状是很难将其考虑为法人，学说上也发生了混乱。

条文 27　〔67〕第 206 条（所有权的内容）

> **第 206 条（所有权的内容）**
>
> 所有人，在法令限制内，享有自由地行使、使用、收益及处分其所有物的权利。

基本判例 51　最二判昭 39・1・24 判时 365 号 26 页（对假扣押的第三人异议事件）

判定金钱的所有权人，只要没有特别情况，应作与其占有人一致解释的事例。[判例百選 I 第 74 事件][判プラ I 第 299 事件]

条文 28　〔66〕第 249 条（共有物的使用）

> **第 249 条（共有物的使用）**
>
> 各共有人，可以按照其所持份额，使用全部共有物。

基本判例 52　最一判昭 41・5・19 民集 20 卷 5 号 947 页（土地所有权确认等请求事件）

判定共有人为享有其固有的使用、收益权的持有份额者，原则上不承认共有人相互间的清交请求的事例。[判例百選 I 第 71 事件][判プラ I 第 310 事件]

基本判例 53　最三判平 6・5・31 民集 48 卷 4 号 1065 页（所有权确认等请求事件）

判定入会团体，对属于全员总有的不动产，享有以争讼此不动产的人为被告，追溯行使确认总有权请求诉讼原告适格的事例。[判例百選 I 第 75 事件][判プラ I 第 322 事件]

基本判例 54　最二判平 15・7・11 民集 57 卷 7 号 787 页(享有份额全部转移登记注销登记程序等请求事件)

判定共有人中的一人,对就共有不动产并不享有实体上的权利却正在经由(履行着)享有份额转移登记的人,得单独地请求启动其所享有份额转移登记的注销登记程序的事例。[判例百選 I 第 72 事件][判プラ I 第 301 事件]

第 7 章　作为优先清偿权的债权的物的担保(事实上不是物权)

72　民法第 295 条—第 398 条之 22,教学上称为“担保物权”,但民法本身并不存在“担保物权”这一用语。

而且,若看一下被称为“担保物权”的权利(留置权、先取特权、质权、抵押权)的开头条文(定义规定),就可以发现,每一种都是以债权的优先回收为标的之权利。即所谓担保物权,除留置权人(只不过是直至债权接受清偿时拒绝交付的抗辩权,事实上只具有作为优先清偿权的机能)以外,先取特权、质权、抵押权的权利人都“享有先于其他债权人接受清偿的权利”[民法第 303 条(先取特权),第 342 条(质权),第 369 条(抵押权)]。“接受清偿的权利”这一表述,本身就是债权的定义,所谓担保物权并不是物权是非常明确的。

重点 21　债权担保(人的担保与物的担保)的分类

债权担保的分类

①人的担保(民法第 432 条—第 465 条之 5)(执行力之量的扩大:保证人)

　　保证(民法第 446 条—第 465 条之 5)

　　连带债务(民法第 432 条—第 445 条)

②物的担保(民法第 295 条—第 398 条之 22)(执行力之质的扩大:优先清偿权)

　　伴随占有的物的担保(剥夺设定者的使用、收益权)

留置权(民法第 295 条—第 302 条)
质权(民法第 342 条—第 368 条)
不伴随占有的物的担保(不剥夺设定者的使用、收益权)
先取特权(民法第 303 条—第 341 条)
抵押权([30]民法第 369 条*—第 398 条之 22)

关于这一点,过去的观点都认为,一般债权人在强制执行债务人财产的场合,依据债权人平等原则,各债权人不过是依债权额接受按比例的清偿。与此相对,抵押权人等债权人,可以先收回与自己的债权额相应的部分,所以其效力是债权以外的效力。而且,从民法编别考虑,其也属于物权编【参照[清水元 · 担保物権法(2009/11)]】。

本来,物权应该处理的并不包含债权人以外的第三人的关系问题。但这里的问题是,在债权人内部,给予债权人中的谁优先受清偿权,所以,这不是物权,说到底是个债权问题。

而且,债权人之间优先清偿的权利,被说成独立物权,但实际上,其对债权具有附从性这一通有性的情况是不言自明的。这就意味着,假如使担保物权成立的债权(被担保债权)消灭,则担保物权也自动消灭,所以就意味着担 73
保物权这一权利,不是独立于债权的权利。

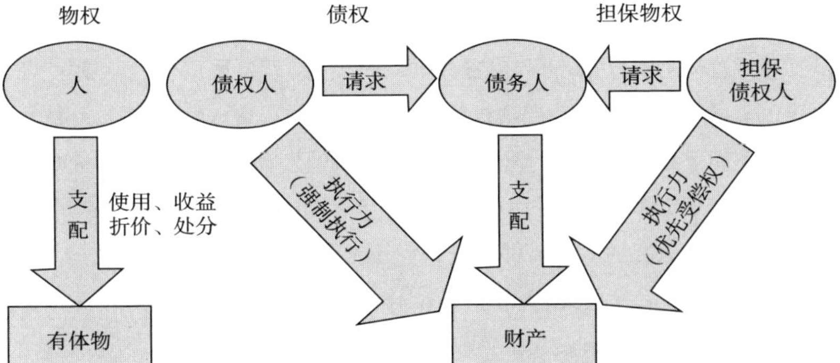

图 10　物权与债权的严格区别及担保物权的定位

因此,将民法第 295 条—第 398 条之 22 的权利(所谓担保物权)考虑为独立于债权的物权,即使日本所有的学说都这样认为,但也是完全错误的认识。

基于这种错误思维方式进行民法教育的结果,就是导致大量学生不能理解甚至学不好担保物权。其原因是,若将所谓担保物权作为物权考虑,那么,如下所述,留置权(质权亦同)、先取特权、抵押权也将陷入无法解决的矛盾之中,因为这根本不是通过教育能够解决的问题。

第 1 节　留置权（基于拒绝交付抗辩权的事实上的优先清偿权）

留置权[参照〔84〕民法第 295(留置权的内容)],其编别定位在物权,所以一般被作为物权考虑。

但是,留置权,在《德国民法典》中不是物权,而是作为“拒绝交付的抗辩权”,被定位为债权上的权利[《德国民法典》第 273 条“Zurückbehaltungs recht”,在《法国民法典》中,其定位既不属于人的担保(2287-1—2322),也不属于物的担保(2323—2488-5)的债权担保之一(《法国民法典》第 2286 条“droit de rétention sur la chose”]。

74 在日本,留置权不具有物权本质“使用、收益、处分”中的任何一项,并且,如下所述,从完全不遵从物权总则的对抗要件规定,也不能将留置权定位为物权。

若留置权是物权,不动产留置权的对抗要件,就要适用物权总则〔7〕民法第 177 条★★★(有关不动产物权变动的对抗要件),应该“登记”。但是,留置权是不能登记的(不动产登记法第 3 条)。而且,动产留置权的对抗要件,要适用民法第 178 条(关于动产物权转让的对抗要件),应该是动产的“交付”,但动产留置权的对抗要件仅交付尚不充足,而是“占有的继续”。之所以如此,是因为留置权人若丧失占有,作为本权的留置权本身即归于消灭[民法第 302 条(因占有丧失留置权消灭)]。再有,留置权人,对所占有标的物的使用、收益、处分均被禁止(民法第 298 条第 2 款第 3 项)。我们看到,无论从哪一点来看,留置权都不能说是物权,尽管如此,仍然有学生因受到留置权是物权的教育而不能理解担保物权心存苦恼。

留置权,例如,在机动车修理承揽人修理他人机动车的场合,只不过是为担保修理的报酬债权(修理价款债权),在被订货人或第三人提出机动车返还请求时,可以拒绝机动车的交付(交付拒绝抗辩权),直至收到报酬债权的清偿。在这一点上,与其说是物权,不如说是与同时履行抗辩权(〔40〕民法第 533 条)的法律性质相似。

此例的场合,承揽人的报酬债权与机动车交付处于同时履行的关系(民法第 633 条)。因此,承揽人,除留置权外同时享有履行抗辩权。不过,留置权(交付拒绝抗辩权)与同时履行抗辩权之间也存在不同。

第一,同时履行抗辩权的样态丰富,有价款的支付拒绝、标的物的交付拒绝等,各种各样,而留置权的抗辩权种类,却仅限定于"标的物的交付拒绝"。

第二,在上述事例中,机动车的修理有无瑕疵?订货人在取回机动车进行检查后,发现了修理上的瑕疵,订货人请求损害赔偿的场合,订货人依据民法第 634 条第 2 款,获得同时履行抗辩权,所以订货人直至损害赔偿请求得到支付时止,可以拒绝修理价款的支付。与此相对,机动车修理承揽人,因为已经失去了占有,所以无法主张留置权的抗辩。

这样,关于留置权与同时履行抗辩权的要件,二者虽有不同,但就其效果而言,都归结为谋求交换给付(在裁判中谋求交换给付判决)。在这一点上两个权利是共通的,著者认为,与其将二者的不同视为物权与债权的对立,不如着眼于同时履行抗辩所具有的共性特征——在相互关联的债权债务关系中,于一方债务获得清偿之前,对方可抗辩拒绝履行债务。这样一种共通性的学习,对留置权的理解更有益。

重点 22　留置权与同时履行抗辩权的异同 75

留置权与同时履行抗辩权的异同

　　要件[两个对立的权利之间有牵连关系(双方的权利由一个法律关系发生关系)]

　　　　留置权(〔84〕民法第 295 条—第 302 条)

　　　　　　与关于他人之物的债权(关于物的修理报酬请求权,关于物的保存费用偿还请求权,物的瑕疵等产生的损害赔偿请求权等)和物的返还请求权之间有牵连关系。

占有是效力要件且是第三人对抗要件，所以丧失占有，则留置权消灭。

同时履行抗辩权［〔40〕民法第533条，第546条（准用规定），第571条，第634条第2款，第692条］

双务契约上的两个债权，或者与其类似有牵连性的两个债权相对立即可，占有不是要件。

对第三人的对抗要件，依存于状况（例如，在因第三人的契约发生的场合，依民法第539条，通过同时履行抗辩权对抗第三人）

效果［拒绝对方请求的同时谋求交换给付（判决）］

留置权：被限定于"物的交付债务"的拒绝履行。

同时履行抗辩权："对他方债务"拒绝履行，未必限定于交付债务。

条文29　〔84〕第295条（留置权的内容）

第295条（留置权的内容）

①他人之物的占有人，享有由该物发生的债权时，直至该债权接受清偿时止，可以留置该物。但该债权不在清偿期的，不在此限。

②前款规定，不适用于占有由侵权行为开始的场合。

｛民法第295条第1款关系｝

基本判例55　最一判昭47·11·16民集26卷9号1619页（建筑物清交请求事件）

判定在留置权成立之后从债务人受让了该标的物者，债权人亦可主张其留置权，是明显参照了留置权是物权理论的事例。［判例百選Ⅰ第76事件］

76 注：此判例，从先例，从物权性质导出留置权的对抗力。但这一思维方式有以下两点破绽，不能因为是最高法院的判例就草率地予以接受。

第一，留置权的对抗力，是依据占有的本权公示力，所以将留置权考虑为物权的想法未免过于轻率。即使是所有权，在欠缺公示的场合，也不发生对第三人的对抗力。

第二,留置权若丧失占有则归于消灭(民法第302条),所以,留置权本就不能称为物权本权。民法编别是便宜性地安排的,不应盲从[占有权不是物权,已如前述(请参照第6章物权,边码63、边码68)]。

也就是说,留置权是为保护与标的物(例如,修理标的物)有牵连性的债权(修理价款债权:承包报酬请求权),是给予该债权的拒绝交付抗辩权(民法第295条第1款),依靠该抗辩权,对其适法成立的债权确保了事实上的优先清偿权(民法第295条第1款)。

这个债权被给予的拒绝交付抗辩权(留置权)之所以可以对抗第三人,是因其占有得到了公示。留置权,是"物之间有牵连关系(正确地说,是与物的交付请求权有牵连关系)的债权被给予拒绝交付抗辩权",不过是据此而具有实现事实上的优先清偿权的机能。

的确,日本民法,是将留置权设置在物权编中,但如民法第295条的内容"直至债权接受清偿时,可以留置该物"所述,是作为债权被给予了拒绝交付的抗辩权而构成的。这个抗辩权之所以对第三人有对抗力,是因为该债权与物之间具有适法的牵连关系,通过占有的公示力,其抗辩权被给予对第三人的对抗力。

如上所述,留置权是附从于债权的权利,不是独立的物权,并且是因占有的丧失而消灭的权利,所以不是物权本权。无论是通说还是判例,当它在逻辑上存在破绽的场合,绝不能盲从。由于这种盲从者太多,使很多人对法律抱有不信感。

著者认为,为使法律学向"作为科学的法律学([川島・科学としての法律学(1964)],[川島・科学としての法律学の発展(1987)])"再生,第一步就是所有学习法律的人们身上都具备一种态度,即在包括通说、判例在内逻辑上有破绽的场合,不盲从所有权威,去创造逻辑上无矛盾的学说。

{民法第295条第2款关系}

基本判例56　最二判昭46・7・16民集25卷5号749页(房屋清交等请求事件)

关于债务不履行后支出的有益费偿还请求权,依民法第295条第2款的 77

类推适用,判定留置权主张不能的事例。[判例百選Ⅰ第77事件][判プラⅠ第329事件]

注:本事例是通过民法第295条第2款的类推解释解决问题的,但类推解释在有些场合是伴随着危险性的解释,在有可以直接适用条文的场合,不得随便进行类推解释。本件是向建筑物支出了有益费的事案,因为民法有依所有者基于民法第299条第2款的请求可以使留置权消灭的规定,所以应该适用该条文。

第2节 先取特权(依据债权性质的优先清偿权)

关于先取特权,特别是,一般先取特权(民法)不是物权的情况,得到一些学者的认可[鈴木·物権法講義(1994)367頁]。其理由是,一般先取特权,是针对债务人的全部财产,并非针对特定标的物,也没有物权特有的追及力,所以毋宁考虑为是对特定种类债权赋予比一般债权优先效力的特殊制度(正因如此,被认为是债权人平等原则的例外)更容易明白。

先取特权,除一般先取特权外,还存在动产先取特权、不动产先取特权,均未遵从物权变动的对抗要件,与留置权同样,都不能说是物权。

重点23 先取特权的种类

先取特权的种类

①一般先取特权(民法第306条—第310条)

共益费用,雇佣关系,殡仪费用,日用品的购入

②动产先取特权(民法第311条—第324条)

不动产租赁,旅馆住宿,旅客或货物运输,动产保存,动产买卖,种苗和肥料供给,农业、工业劳务

③不动产先取特权(民法第325条—第328条)

不动产保存,不动产工程,不动产买卖

先取特权,并非物权,将其理解为是相对于一般债权人给予应该受到更优厚保护的债权人(对维持或者增加债权标的物价值作出贡献的债权人),先于其他债权人接受清偿的权利(有优先权的债权)的制度,远比现在的通

说容易理解。

若这样考虑,则过去的通说,在说明包含先取特权在内的担保物权之际,一方面,作出担保物权是强于债权的物权,对一般债权人享有优先清偿权的说明;另一方面,又说若债权消灭,作为其附从,担保物权也归于消灭。关于所有担保物权的共通之处是"附从性",一直进行着相互矛盾的说明,所以新的说 78
明能够从这种矛盾下彻底地解放出来。这是因为,将担保物权考虑为不过是给予权利人比一般债权更应得到保护的债权优先清偿,若债权消灭,其优先清偿权也当然归于消灭,从而使陷入矛盾的"附从性"说明也变得简单明了。

如下所述,关于先取特权及抵押权的"物上代位(〔87〕民法第304条)",过去的学说表示物上代位的对象,不是有体物,而是债权(买卖价款债权,租赁费债权和损害赔偿债权),却将那种以"无体物"为对象的权利作为物权是可能的情况在理论上表述出来。毋宁说,现行民法的立法者考虑的是,物上代位,其对象是债权,不可能是物权。如下所述,物上代位的权利并非物权是清晰的。

"第304条〔物上代位〕,第306条—第310条〔一般先取特权〕,第314条〔对借贷权转让、转借场合的租赁费债权的先取特权〕,第320条〔公吏保证金先取特权・删除〕的场合,先取特权存在于债权及其他有体物以外物上时,先取特权并非物权"[梅・民法要義(二)(1896)285頁]

现在,物上代位的执行程序仍然是作为对债权的执行程序实施的(民事执行法第193条第1款第2句),不经物权定义的全面变更,消除物权与债权的区别这一过程,将物上代位考虑成物权是不可能的。

因此,著者认为,承认包括物上代位,以债权为对象的权利是债权,再进一步,若将先取特权的法律性质(本质)考虑为"有优先权的债权",物上代位就可以考虑为由有优先权的债权人行使的"债权人代位权(〔35〕民法第423条)",关于先取特权的矛盾均可得到解消。

条文30 〔87〕第304条(物上代位)

第304条(物上代位)

①先取特权,对因其标的物的出售、租赁、灭失和损害债务人应接受

的金钱〔金钱债权〕,对其他物〔交付债权〕,也可以行使。但先取特权人必须在其支付或交付之前进行扣押。

②对债务人就先取特权标的物所设定物权对价,亦与前款同样。

基本判例 57　最二判昭 60・7・19 民集 39 卷 5 号 1326 页(红利异议事件)

关于"先取特权人为行使物上代位权,必须在支付或交付作为物上代位
79 对象的金钱及其他物之前进行扣押"这一民法第 304 条第 1 款但书的意义,判示:在一般债权人只不过对标的债权执行了扣押或假扣押时,并不能妨碍其后先取特权人对标的债权行使物上代位权的事例。[判例百選第 79 事件][判プラ Ⅰ 第 331 事件]

基本判例 58　最三决平 10・12・18 民集 52 卷 9 号 2024 页(对债权扣押命令及转付命令执行抗告驳回决定的许可抗告事件)

判定动产买卖先取特权的物上代位,原则上,不涉及承包价款债权,但参照该动产所占承包价款整体价额的比例和承包契约中承包人的债务内容等,认为有承包价款债权的全部或一部分与其动产转卖价款债权类似的特殊情况,可以对承包价款债权行使物上代位权的事例。[判例百選第 78 事件][判プラ Ⅰ 第 333 事件]

基本判例 59　最一决平 22・12・2 民集 64 卷 8 号 1990 页(对执行债权扣押命令抗告驳回决定的许可抗告事件)

判定在构成让与担保标的集合动产〔养殖鱼〕灭失的场合,为填补该损害,以集合动产变动的构成部分为标的设定的集合物让与担保权的效力,及于让与担保权设定人所支付相关损害保险金请求权的事例。(参照条文〔87〕民法第 304 条,〔30〕民法第 369★条)

第 3 节　抵押权（不剥夺标的物使用、收益权的优先清偿权）

第 1 款　抵押权的对抗要件，是否遵从民法第 177 条规定的登记？

怀疑先取特权，特别是，一般先取特权的物权性的学者并不怀疑抵押权的物权性。这是因为在抵押权的对抗要件是登记这一点，一直遵从着物权总则的规定(〔7〕民法第 177 条)。

但是，抵押权的对抗要件之所以是登记，并非因为遵从民法第 177 条，而是因为在抵押权的规定中，存在关于登记的条文(民法第 373 条、第 374 条第 2 款、第 375 条第 1 款、第 376 条第 2 款、第 393 条、第 398 条之 4 第 3 款、第 398 条之 6 第 4 款、第 398 条之 6 第 4 款、第 398 条之 16、第 398 条之 17、第 398 条之 21 第 2 款、第 398 条之 22 第 2 款)。

并且，关于抵押权的对抗要件，若进行详细地研究，就会发现，抵押权处分的对抗要件，并非仅限于登记：

第一，关于抵押权顺位的变更，与物权总则相反，法律明确规定，登记不是对抗要件，而是效力要件(民法第 374 条第 2 款)。

第二，令人惊讶的是，抵押权处分的对抗要件，依据民法第 377 条，不是登记，而是准用债权转让的对抗要件(〔34〕民法第 467 条)。

如果关于抵押权的物权变动最重要的对抗要件不是登记，而是债权转让
的对抗要件“对债务人的通知”，或者是“债务人承诺”，那么就无法将抵押权 80
的对抗要件考虑为遵从物权总则，从而使人产生这样的疑问：实际上抵押权不也只是通过公示被担保债权与标的物(登记或者通知、承诺)，而给予该权利人先于其他债权人接受清偿的权利吗？也就是说，与先取特权是法定优先清偿权相对，把抵押权看作是通过公示被担保债权与标的物，该被担保债权被给予优先清偿机能，这种思维能够更好地说明抵押权对抗要件的本质。

第 2 款　抵押权的放弃，为何不是抵押权的消灭，而是与一般债权人立于平等关系？

关于抵押权的处分，若探讨其内容，就会知道，民法第 376 条第 1 款抵押权的放弃并不带来抵押权的消灭，而是意味着将抵押权人置于与一般债权人平等的立场。

若抵押权是物权,则抵押权的放弃应该意味着抵押权的消灭。但若认为抵押权不是物权,只不过是通过公示被担保债权与标的物(登记或者通知、承诺),给予被担保债权优先清偿权。那么,所谓抵押权的放弃(民法第376条第1款),不过是优先清偿权的放弃,所以其结果,抵押权人失去优先清偿权,被置于同一般债权人平等立场的情况,就可以在理论上得到说明(对其他抵押权的处分也同样,使无矛盾地加以说明成为可能)。

这样,我们发现,在抵押权制度理论中,若把抵押权看作通过公示被担保的债权与标的物,被担保的债权被赋予优先清偿权。而把抵押权作为物权来考虑时说明不了的种种问题,此时就逐个得到顺利解决。

这样一来,就把抵押权从优先于债权的"独立物权"魔咒中解放出来,而若将抵押权的法律性质考虑为"通过公示债权与标的物(登记或者通知、承诺),给予其债权人(抵押权人)就该标的物,先于其他债权人接受清偿的权利的制度",我们就会发现,抵押权的附从性,以及抵押权处分的对抗要件不是登记,而是准用债权转让的对抗要件的理由,还有抵押权的放弃,并非抵押权本身消灭,而是优先清偿权的消灭等,过去在理论上很难说明的问题都得到了解消。

若使用这种思维解读抵押权规定,一直难解的抵押权规定的意义就变得容易理解了。

第3款　以无体物地上权、永佃权为对象的抵押权能否称作物权?

所谓物权,如字面所示,是对物的权利,其物,依据民法第85条定义,必须是有体物。若将对无体物(权利等)的权利也称之为物权,那么"债权之上
81 的所有权"概念也将被承认。这样一来,所谓债权就成为可以称为债权之上所有权的权利,债权也成为所有权的一部分,这就无法区分物权和债权了。现行民法的立法者,担心这种情况发生,就将物权的对象、物的概念限定于有体物【参照[民法理由書(1987)]第1編(総則)第三章(物)の立法理由】。

但是,这件事做过头了。因为债权的客体,不是有体物,而是无体物并没有什么不妥。例如,债权转让的"标的"是转移债权这一财产权,将债权转让的"标的物"考虑为债权也不会出现任何问题。说债权是无体物,就不能说是构成客体的标的物,为避免仅因所有权而产生的不便,这是必要的。

民法中规定了“债权卖主的担保责任(民法第 569 条)”,承认买卖客体是债权。所以,关于债权,无体物作为标的物在观念上是没有问题的。以下我们对有问题的抵押权的内容(〔30〕民法第 396 条)进行考察。

〔30〕民法第 369 条*第 1 款,将抵押权的标的物规定为有体物的不动产,考虑抵押权是物权也不发生任何问题。但是,〔30〕民法第 369 条*第 2 款抵押权的客体是地上权和永佃权,这些是无体物,所以不能作为物权的客体。被允许将无体物作为客体的物权只有权利质权(民法第 362 条—第 366 条)(现行民法的立法者明确表示:权利质权是以无体物为客体的权利,所以不是物权[梅·民法要義(二)(1896)438 頁]。

那么,民法不承认以地上权和永佃权为质权的客体,但其为什么能成为抵押权的客体呢?其理由是质权具有剥夺质权设定者使用、收益权能的效力。与此相对,抵押权具有不剥夺抵押权设定者使用、收益权的有利之处。地上权和永佃权,因为其权利本身是使用、收益权,所以若在此设定质权,实质上地上权、永佃权就被剥夺了。在所有人设定质权的场合,即使剥夺使用、收益权,处分权仍然留在所有人手中,可以设定担保权。但是,若地上权人或永佃权人设定质权,就全部都被剥夺了,所以,立法者不允许这样,只允许设定抵押权。

但是,这一情况,给予抵押权的物权性一个重创。这是因为〔30〕民法第 369 条*第 2 款的抵押权,与物权只以有体物为对象,能以无体物为对象的只有债权的原则是相反的。

关于这一点,抵押权,若考虑为通过公示被担保债权与标的物,而给予债权人优先清偿权,那么债权就可以成为权利的客体,这样关于〔30〕民法第 369 条*第 2 款,与抵押权相关的法律性质问题亦均得到解消。

第 4 款　抵押权与租借权的调和是否可能 82

抵押权存在的最大问题在于,迟于抵押权设定的不动产租赁权不能对抗抵押权,若抵押权得到实行,租赁人就会被买受人从土地、建筑物中赶出去,通说、判例均支持这一观点。

的确,直至借地借家法(借地借家法曾是不同的法律)制定出来,不动产租赁权,一直是只要未依〔73〕民法第 605 条进行登记,就不能对抗第三人,若不动产因买卖而导致租赁人交替,则租赁人将因不能对抗新租赁人而被赶出去。但是,借地借家法规定土地租赁人即使未对土地进行租赁契约的登记,若自己所有之建筑物有登记,则得以土地租赁权对抗第三人,若建筑物的租赁人接受了建筑物的交付,则可对抗第三人,从而解决问题。

但是,在抵押权的情形下,在租赁人取得对抗要件前抵押权已经设定的场合,若抵押权得到实行,则被解释为买受人可以将租借人赶出去。但是,不能忘记,抵押权与质权不同,抵押权既不能剥夺抵押权设定者的占有,又不能剥夺抵押权设定者进行使用、收益的权利。通说在将抵押权作为价值支配权的同时,又将其本质思考为物权,考虑的是先登记的抵押权,推翻后得到对抗要件的租赁(担保物权=物权说的最恶结论)。

这样,应该解释为,抵押权人对抵押标的物,只不过是享有通过其出售价款优先清偿的权利,并不享有打破依借地借家法受保护的租赁的权利。抵押不动产的买受人,依抵押权登记,或者通过现场调查能够知道设定的租赁权的情况,所以认为依借地借家法受到保护的租赁权可通过拍卖而被推翻的想法,既违反特别法的精神,又违反不剥夺标的物使用、收益权这一抵押权的精神。

再有,设定抵押权的抵押权人在空地上设定抵押权的场合,也是能够预测该处建造建筑物的情况的,认为依抵押权的实行,享有收去抵押权设定后建造的建筑物权限的思考,是违反抵押权不剥夺标的物使用、收益权这一本质的。因此,应该考虑为抵押权人可以在不破坏抵押标的建筑物的限度内回收债权。在这种意义上,以建筑物保护为目的的法定地上权应该得到广泛承认,应该谋求依抵押权的实行,而租赁人不受损害的解释。

条文 31 〔30〕第 369 条(抵押权的内容)★

第 369 条(抵押权的内容)

①抵押权人,对债务人或第三人不转移占有提供债务担保的不动产,享有先于其他债权人接受对自己债权清偿的权利。

②地上权及永佃权,亦可作为抵押权标的。在此场合,准用本章〔抵押权〕规定。

基本判例 60　最二判昭 44・7・4 民集 23 卷 8 号 1347 页(土地建筑物所有权转移登记注销登记程序等请求事件) 83

判定即使关于被担保债权的贷款行为无效,只要债务人参与贷款的原因,且抵押权设定的宗旨,被认定为具有担保出借人的不当得利返还请求权的意义时,债务人不得主张依附从性抵押权无效的事例。[判プラ Ⅰ第 30 事件]

条文 32　〔94〕第 372 条(留置权等规定的准用)

> **第 372 条(留置权等规定的准用)**
>
> 第 296 条〔留置权的不可分性〕,第 304 条〔先取特权的物上代位〕及第 351 条〔物上保证人的求偿权〕规定,准用于抵押权。

基本判例 61　最二判平 1・10・27 民集 43 卷 9 号 1070 页(不当得利返还请求事件)

判定在抵押权标的不动产被租赁的场合,抵押权人,依民法第 372 条、第 304 条规定的宗旨,对标的不动产租赁人所提存租赁费的给付请求权,也可以行使抵押权的事例。[判例百選 Ⅰ第 84 事件]

基本判例 62　最二判平 10・1・30 民集 52 卷 1 号 1 页(往取债权请求事件)

判定参照民法第 372 条中准用第 304 条第 1 款但书的宗旨,抵押权人,在物上代位标的债权被转让,已具备对第三人的对抗要件后,也可以自己扣押标的债权,行使物上代位权的事例。[判例百選 Ⅰ第 85 事件][判プラ Ⅰ第 349 事件]

基本判例 63　最三判平 14・3・12 民集 56 卷 3 号 555 页(红利异议事件)

判定对构成抵押权的物上代位标的债权的转付命令〔实质性债权转让〕,直至送达第三债务人时,若该债权仍未被抵押权人实施抵押,则其效力不受妨碍的事例。[判プラ Ⅰ第 352 事件]

第 388 条(法定地上权)

在土地及其上所存建筑物属同一所有人的场合,对该土地或建筑物设定了抵押权,并因其实行变更使所有人不同时,对该建筑物,视为已设定地上权。在此场合,土地费依当事人请求,由法院定之。

现行民法第 388 条在 2005 年实施民法现代语化之际,进行了实质性的变更。在那以前,法定地上权,对该建筑物视为其抵押权设定人已设定了地上权,是为保护拍卖之际的买受人,而使抵押权设定人负担义务。

84 旧**第 388 条**〔法定地上权〕

在土地及其上所存建筑物属同一所有人的场合,只有在土地或建筑物设定了抵押,抵押权设定人进行拍卖的场合,才视为设定了地上权,但土地费依当事人请求由法院定之。

对此,现行民法将条文的目的从保护买受人,变更为保护建筑物。地上权的设定对象,不仅包括所有建筑物的买受人,还包括为所有建筑物设定抵押权的人。因此,在以下判例之中,一直没有“保护建筑物”的观点,否定法定地上权成立的判例,在现代,应该认为其作用已经终结。

{民法现代语化以前判例}

基本判例 64　最三判平 6·12·20 民集 48 卷 8 号 1470 页(建筑物收去土地清交等请求事件)

判定共有人是各自对共有物享有与所有权性质相同的独立按份额度,并且,因为对共有地整体的地上权是由共有人全员负担的,所以,即使仅对土地共有人中的 1 人,发生了应该视为依据民法第 388 条本文设定地上权的事由,但只要没有其他共有人事实上放弃其基于按份额度的土地使用收益权,委任给土地共有人处分等可以视为预先容认法定地上权发生的那种特别情况,对共有土地不成立法定地上权的事例。[判例百選 I 第 90 事件]

基本判例 65　最三判平 9・2・14 民集 51 卷 2 号 375 页(短期租赁解除等请求事件)

判定所有人在土地及地上建筑物上设定了共同抵押权后,该建筑物拆除,在该土地上建筑起新建筑物的场合,只要不是新建筑物所有人与土地所有人同一,且新建筑物在建的时点土地抵押权人对新建筑物接受了与土地抵押权同顺位的共同抵押权的设定时等特别的情形,为新建筑物的法定地上权不成立的事例。[判例百選 I 第 89 事件][判プラ I 第 359 事件]

{民法现代语化以后的判例}

基本判例 66　最二判平 19・7・6 民集 61 卷 5 号 1940 页(建筑物收去土地清交请求事件)

判定以土地为标的设定了先顺位甲抵押权和后顺位乙抵押权,甲抵押权因所设定契约的解除而消灭,之后又因乙抵押权的实行致使土地和地上建筑物的所有人不同的场合,该土地和建筑物,即使甲抵押权设定时并不属于同一所有人,但在乙抵押权设定时属于同一所有人,认定法定地上权成立的事例。[判例百選 I 第 88 事件],[判プラ I 第 360 事件]

最新判例 11　最一判平 28・12・1 法院网站(损害赔偿、境界确定等请求事件)

对地上建筑物的假抵押付诸执行且已进入强制拍卖程序的场合,在假抵 85
押的时点土地及地上建筑物所有人是同一时,即使土地在抵押的时点被转让给第三人,法定地上权亦成立。(参照条文〔59〕民法第 388 条)

条文 33_2　〔42_2〕第 395 条(抵押建筑物使用人的交付缓期)

> **第 395 条(抵押建筑物使用人的交付缓期/旧・短期租赁的保护)**
>
> (1)因租赁不能对抗抵押权人,下列抵押权标的建筑物的使用或收益者(次款称"抵押建筑物使用人"),自该建筑物拍卖中买受人买受时起经过 6 个月止,该建筑物不必交付买受人。
>
> ①从拍卖程序开始前使用或收益的人。

②从强制管理或担保不动产收益执行的管理人依拍卖程序开始后的租赁使用或收益的人。

(2) 前款规定,关于买受人自买受时起,之后使用了同款建筑物的对价,在买受人对抵押建筑物使用人规定相当期间并催告其 1 个月以上的,在该相当期间内未履行的场合,不适用。

〔42_2〕民法第 395 条,过去,关于短期租赁的保护曾有以下条文。

旧第 395 条【短期租赁保护】

未超过第 602 条规定期间的租赁,抵押权登记后进行租赁登记的,亦可以此对抗抵押权人,但其租赁给抵押权人带来损害时,法院得依抵押权人的请求解除其租赁合同。

这一条文,因损害抵押权人而被恶意使用的事例有所增加,所以在民法现代语化之际被删除了。本来被删除的条文,像"民法第 208 条【建筑物区分所有】删除(昭和 37 年法 69)"那样,作为"删除条文",留在民法中,应该是现行民法第 395 条之 2。若不那样做,就会像前文所述,要想统计适用判例数,在判例数据库中就连旧第 395 条的判例也会被一起检索出来,导致没法正确统计(新条文,在 2016 年 12 月底的阶段,只有 8 件适用例)。

为此,在本书中,将民法第 395 条的顺位表记为〔42_2〕,不是实质的统计,而是将次顺位条文上调,选定在实质性的表前 100 中。

第8章　债权、债务总论

第1节　债权、债务的标的物 86

关于债权、债务的“标的”与“标的物”，被加以严密区别。所谓债权的“标的”，并不是在通常用法“目的”(意图、目标之类)的意义上被使用，而是作为债务(-必须)这一助动词(ought to)的宾语，即债务对象(object)的意义上被使用。就是说，债权、债务的标的是“做-事情或者不做-事情”的意义(标的与标的物的区别请参照边码39)。

以买卖为例。卖主可以向买主请求支付“价款”。这种场合的“支付”行为就是债权的“标的”，其行为的客体“价款”就是债权的“标的物”。与此相对，买主可以请求标的物，例如，“交付”“书”。这种场合的“交付”行为就是债权的“标的”，其行为的客体“书”就是债权的“标的物”。

关于会产生利息的债权，债权的标的是“支付”，债权的标的物是“本金”和由本金产生的“利息”。利息按照本金乘以年利率的方式进行计算。年利率5分(5%)，从现在的经济状况来看过高，所以民法(债权关系)修正案中，提议采用变动制起点为3%。*

条文34　〔60〕第404条(法定利率)

第404条(法定利率)

对会产生利息的债权无特别意思表示时，其年利率为5%。

---

* 修改后的现行民法第404条规定的法定年利率为3%。——译者注

最新判例 12　最一判平 26・1・30 判时 2213 号 123 页(损害赔偿请求事件・福鱼市场股东代表诉讼上告审判决)一部分撤销发回重审,一部分驳回

(1)基于商法(平成 17 年法律第 87 号修改前)第 266 条第 1 款第 5 项,董事长应支付的公司损害赔偿金的迟延损害金的利率由民法所定,年利率为 5%。

(2)基于商法(平成 17 年法律第 87 号修改前)第 266 条第 1 款第 5 项,董事长对公司的损害赔偿债务,接受履行请求时陷于迟滞。(参照条文〔60〕民法第 404 条)

87 第 2 节　债务不履行

我们用与基于民法〔1〕第 709 条★★★以下有关侵权行为的损害赔偿责任并驾齐驱的,在民法条文中以高适用频度引以为豪的〔5〕民法第 415 条★★★债务不履行的损害赔偿责任进行说明。

侵权行为责任与债务不履行责任被称为"民事责任"。其核心是损害赔偿责任,两者不仅法律效果(损害赔偿责任)是共通的,而且在法律要件方面,亦如以下表 8 所明示,共通的地方很多。

以下,我们通过比较对照基于债务不履行的损害赔偿责任与基于侵权行为的损害赔偿责任的要件,对两种民事责任的共通要件(归责事由、因果关系、损害)加以归纳说明。

表 8　基于债务不履行与侵权行为的损害赔偿责任要件的异同

	债务不履行责任要件(民法第 415 条)	侵权行为责任要件(民法第 709 条)
违反	①债务不履行	①权利或法律上受保护利益的侵害
责任	②归责事由(故意或过失)	②故意或过失
因果关系	③因果关系	③因果关系
损害	④损害	④损害

再有,债务不履行责任与契约不履行责任几乎在同样意义上被使用的情形很多。并且,在契约不履行责任的场合,作为其救济手段,不仅有①强制履行和②损害赔偿责任,还包含③契约解除。因此,这里不仅债务不履行责任核心的损害赔偿责任,同时也对广义的债务不履行责任,包含契约解除的问题进行考察。

第1款　债务不履行的意义与履行不能概念的不要性

债务的履行,必须遵从债务的本旨。〔5〕民法第415条*** 所规定所谓“债务本旨”,是指履行在履行期(〔51〕民法第412条)内,并适合债务目的的情况。

与此相反的债务不履行,即在履行期没有遵从债务本旨履行的场合,既包含在履行期完全没有履行的场合(履行迟滞或拒绝履行),也包含在履行期内虽有履行,但该履行是不完全(有瑕疵)的场合。

关于债务不履行的意义,过去都考虑为三种:①期日经过仍然没有履行的“履行迟滞”;②已不能履行的“履行不能”;③虽在期日内有履行,但债务履行不适合债务目的的“不完全履行”。

重点24　债务不履行三分类说 88

过去债务不履行的分类(三分类说——过去的通说)

①履行迟滞(〔51〕民法第412条,〔12〕民法第541条**,第542条)

②履行不能(〔5〕民法第415条***第2句,第543条)

③不完全履行(〔56〕民法第570条等)

但是,还存在债务人能履行,却无理由地拒绝履行的场合,不是不能,不是迟滞,也不是不完全履行的情况,上述三分类法在不能涵盖债务不履行的全部情况这一点上的破绽是非常清楚的。因此,民法(债权关系)修正案,在上述三分类之上追加了拒绝履行,建议采用四分类法。

重点25　债务不履行的四分类说

民法(债权关系)修正案债务不履行的分类(四分类说·最近的通说)

①履行迟滞(〔51〕民法第412条,〔12〕民法第541条**,第542条)

②履行不能(〔5〕民法第415条★★第2句,第543条)

③履行拒绝(民法(债权关系)修正案第542条第1款第2号)

④不完全履行(〔56〕民法第570条等)

在这种四分类之中,第二种履行不能的概念,理论上存在,但即使在过去的三种分类中,履行期内未履行的场合,要判断那是履行迟滞,还是履行不能,对债权人而言都并非简单的事情。在不少情况下,只有经过裁判审理,才能判明是履行迟滞,还是履行不能。

这样,实际上在实务中,债权人在履行期内没履行的场合,无论是迟滞,还是不能,均依〔12〕民法第541条★★(因履行迟滞的解除权)规定相当期间进行催告,若在该期间内不履行,或解除契约,或请求损害赔偿,以谋求问题的解决。就是说,实务上,证明困难的"履行不能"概念,一直就是不必要的。

再有,在这次的民法(债权关系)修正案中,契约的解除已经不需要债务人的归责事由要件,所以若修正案经国会通过,付诸施行,则履行不能问题,只依据履行迟滞规定,或履行拒绝规定予以充分对外是完全可能的。因此,能够预想得到,履行不能的概念,实务上并不需要。

尽管如此,民法(债权法)修正案仍然保留了履行不能概念,并且,在做该定义之际,还引入了"社会通念"这一最暧昧的概念,这是与社会经济发展相逆而行的【履行不能教条的残余:详细请参照[加賀山・民法改正における社会通念の不要性(2016)1—20頁]】。

89 若如此考虑,则债务不履行概念,可依在履行期有无履行分为两类:第一,在履行期内未履行的场合,向债务人确认有无履行意思,有履行意思的场合,判断履行迟滞,无履行意思的场合判断履行拒绝足矣。就是说,对于在履行期内不履行场合的债务不履行,承认履行迟滞和履行拒绝,就是很充分的,履行不能的思维方式本来就不需要(履行不能教条的解消)。

第二,在履行期内有履行的场合,判断其是否适合债务标的,若不适合则构成不完全履行(有瑕疵履行)即可。

重点 26　债务不履行的分类(一元说·履行不能概念不要说)

债务不履行的分类(著者建议的分类:不能概念的排除)

无遵从债务本旨的履行(〔5〕民法第 415 条★★★)(一元说)

(1)在履行期内未履行的场合(二分论)

债务人有履行意思的场合

①履行迟滞(〔51〕民法第 412 条,〔12〕民法第 541 条★★,第 542 条)

原则上,规定相当期间进行催告,经过相当期间未履行的场合可以解除。

债务人无履行意思的场合

②履行拒绝[民法(债权关系)修正案第 542 条 1 款 2 号]

债务人无履行意思,可无催告解除

(2)在履行期内有履行的场合(二分论)

不适合债务标的的场合

不完全履行(〔56〕民法第 570 条等)

不能达成契约标的的场合,经常可以解除。

能够达成契约标的的场合,不能解除但可请求损害赔偿。

若如此考虑,则债务不履行最初的判断基准,是在履行期内有无履行。然后,关于履行期的判断,遵从〔51〕民法第 412 条(履行期与履行迟滞)的规定判断履行期为何时即可。

第 2 款　债务不履行的救济手段中,以归责事由为要件场合、不必要场合的切换

作为债务(契约)不履行的救济手段,存在:第一,强制履行(民法第 414 条),第二,损害赔偿(〔5〕民法第 415 条★★★),第三,契约解除(〔63〕民法第 540 条,〔12〕民法第 541 条★,〔55〕民法第 545 条等)。

这里面,第一种强制履行,是谋求按债务标的原样履行,所以不以债务人 90 有归责事由为必要。并且,第三种契约解除,因为契约标的无法达成,在契约利益丧失的场合,即订立契约的意义丧失的场合,要将契约当事人从契约拘束下解放出来,所以若契约标的无法达成得到证明,则债务人是否有归责事由不是问题。

与此相对,第二种损害赔偿,是在未遵从债务本旨履行的场合,非难债务人,请求与债务标的不同的损害赔偿的手段,所以债务人有归责事由是必要的。反过来说,像债务不履行是因不可抗力而发生的那种场合,因债务人没有归责事由,债权人对债务人就不能请求损害赔偿。

重点 27 债务不履行的救济手段及各自的要件

债务(契约)不履行救济手段与各自的要件

①强制履行(民法第 414 条)

不以债务人的归责事由为必要。但考虑到人权,也会存在不能强制履行的场合。

②损害赔偿(〔5〕民法第 415 条★★★)

以债务人存在归责事由为必要。若有归责事由,仅有履行迟滞,也可以请求损害赔偿。

③契约解除(〔63〕民法第 540 条,〔12〕民法第 541 条★★—第 544 条,〔55〕民法第 545 条,〔56〕民法第 570 条,〔13〕民法第 612 条★★,〔85〕民法第 651 条等)

仅在契约标的不达成的场合可以行使(仅迟滞尚不充分)。目的不达成的场合,不以债务人的归责事由为必要。

这样,在虽有债务不履行,但很轻微,契约标的已达成的场合,债权人虽不能解除契约,但若债务人有归责事由,则债权人可以请求损害赔偿。就是说,各种救济手段,其各自要件得到满足时请求即成为可能,哪种救济手段容易,哪种救济手段困难,依事案不同而异。

第 3 款 基于债务不履行的损害赔偿请求要件

作为债务不履行发生时的救济方法,强制履行(民法第 414 条),损害赔偿(〔5〕民法第 415 条★★★),契约解除(〔63〕民法第 540 条以下,特别是〔12〕民法第 541 条★★)作出了规定,已如前述(上述重点 28)。

以下集中考察其中最经常使用的损害赔偿。

债权人要对债务人请求损害赔偿,债权人必须证明以下四要件之中的,
91 第一(债务不履行),第三(损害),第四(因果关系)三个事由。

重点 28　基于债务不履行的损害赔偿的要件

基于债务不履行的损害赔偿请求权(〔5〕民法第 415 条***)的要件

①债务人未遵从债务本旨履行(债务不履行)

②债务人存在归责事由(归责事由)

(但,债权人也可不证明此事由。债务人必须证明归责事由不存在)

③债务人的归责事由与债权人的损害之间存在因果关系(因果关系)

④债权人发生了损害(损害)

第一,债务不履行的事实(债务人未遵从债务本旨履行)。

第二,债务人有归责事由。关于此证明,如下款所详细说明,债权人无须证明,而债务人必须证明无归责事由,例如,债务人没有故意和过失(注意义务违反),有不可抗力的情况等。

第三,损害的发生。这一点作为损害额算定问题详细进行说明。

第四,债务人的归责事由与损害发生之间的因果关系。这一点,作为事实性因果关系与相当因果关系问题详细论述。

第 4 款　损害赔偿请求中特有的归责事由证明问题

这里,作为损害赔偿请求中特有的问题,我们举出下面两个:

(1)债权人证明了债务人"债务不履行",为什么债权人不必证明债务人的"归责事由"?

(2)为什么会有债务人必须证明"没有归责事由"的场合?

思考这些问题之际,将"结果债务"与"手段债务"分开思考很重要。

重点 29　从归责事由证明责任的观点看债务二分类

思考证明问题之际的债务二分类

①结果债务:实现结果的债务

②手段债务:并非结果的实现,而是向着结果进行最好努力的债务

债务之中,像买卖契约和承包契约那样,约束着债务人"如结果的实现(财产权转移,工作的完成)"的契约所发生债务,称为"结果债务"。在这种 92
"结果债务"的场合,一旦"债务不履行的事实(结果不达成)",由债权人证

明，债务人就在法律上被推定为有归责事由（债务人故意或过失）。因此，债权人只要能够证明“债务不履行的事实（结果未达成）”，那么“债务人的归责事由（债务人故意或过失）”，就不用债权人证明，而必须由债务人证明这种归责事由不存在（无过失）。

与此相对，委任（准委任）契约的场合，并未约束（若是律师，则委托人胜诉；若是教师，则学生成绩提升；若是医生，则疾病彻底治愈）结果，而是仅负担采取最优手段（若是律师，则为胜诉作出最优努力；若是教师，则为提升学生知识水准进行最优训练；若是医生，则为疾病的治疗尽最优努力）的债务。这种债务，是尽最优努力的债务，因为不是约束结果的债务，所以称为“手段债务”。在这种“手段债务”的场合，因为债权人已经证明了作为第一证据的“债务不履行的事实（债务人未尽最优努力）”，所以与此完全相同的事实“债务人的归责事由（债务人未尽最优努力）”也已证明完毕。就是说，因为“债务人有归责事由”与“债务人有债务不履行”是完全相同的事实，所以已经证明完毕。

重点 30　结果债务及手段债务中归责事由证明责任的分配

结果债务及手段债务中归责事由证明责任的分配

①结果债务（由买卖、承包契约发生的债务是其典型例子）

债务不履行证明责任在债权人，但对归责事由，债权人没有证明责任，由债务人承担无归责事由的举证责任。

其理由是，在未达成结果的场合，法律上推定债务人有归责事由。因此，归责事由不存在的证明责任由债务人承担。

②手段债务［由委任（准委任）契约发生的债务是其典型例子］

债务不履行＝归责事由的证明责任在债权人。

其理由是，手段债务的场合，债务人的债务是完成尽最优努力的手段，即使结果未能达成，债务人也未必就要负债务不履行责任。

不过，若债权人证明了债务不履行的事实，由于这与归责事由的证明是同一的，则债权人不必在债务不履行事实以外，再特别去证明归责事由。

就是说，无论哪种债务，债务人在证明“债务不履行事实（结果未达成）”
93 的场合，债权人均无证明债务人归责事由的必要。毋宁说，在结果债务的场合,债务人必须证明“归责事由不存在”。

以上,结束关于作为基于债务不履行的损害赔偿请求的要件中的债务不履行归责事由的说明。关于损害,我们在后面论述,接下来,将对债务不履行中的因果关系进行考察。

第5款　因果关系的意义及事实性因果关系理论的破绽与部分性因果关系的必要性

债务不履行中因果关系的思维方式,与侵权行为中的因果关系问题基本上是共通的,在此加以详细论述。

众所周知,因果关系有事实性因果关系与相当因果关系两种。现在的通说,在讨论因果关系问题时,会先使用“无彼即无此(conditio sine qua non)”的定式进行有无事实性因果关系的检测。即若能够证明无现象A则不发生现象B,则现象A就是现象B的原因,现象A与现象B之间的事实性因果关系得到认定。反之,若搞清楚了没有现象A现象B也发生的情况,则现象A就不是现象B的原因,现象A与现象B之间无因果关系得到认定。

重点31　因果关系(1)事实性因果关系

事实性因果关系

①意义

使用“无彼即无此(conditio sine qua non)”的定式,若无现象A则现象B不发生的情况得到证明,现象A就是现象B的原因,现象A与现象B之间有因果关系得到认定。

②长处

易懂的思考方法,原因之一知道时就能到达正确的因果关系。

③短处

复数原因竞合的场合,此方法完全用不上。复数原因部分性地发挥作用的场合,并非全部或者全无,量的思考方法是必要的,因为根据事实性因果关系的判断,有致使重大错误发生的危险。

这种事实性因果关系的思维方式,非常容易理解。但是,在如下场合,哪个事实性因果关系都能够得到认定,但因为其结果是不当的,所以对因果关系的认定,有进行修正的必要。

94 事例1：双亲生了孩子，其子成人之后，杀了人。双亲生了这个孩子与该子杀人之间有否事实性因果关系？

事例2：驾马车运送乘客的驭手，在交叉口应该右转时，错误地向左拐了。该地域一带气象状况不稳定，到处都可能发生雷击损害，其中一个雷击致乘客死亡。驭手的过失与乘客死亡之间是否有事实性因果关系？

以上事例的场合，若使用事实性因果关系"无彼即无此"测试，则哪个都会有事实性因果关系。但是，其结果是不当的，所以必须限定因果关系的范围。实现这种限定的是相当因果关系的思维方式。相当因果关系的思维方式，是通过"某现象A是否在相当程度上提高了其后的现象B发生的盖然性"的定式进行因果关系判断的。

重点32　因果关系(2)　相当因果关系

相当因果关系(〔16〕民法第416条★★)

①意义

通过"某现象A是否在相当程度上提高了其后的现象B发生的盖然性"的定式判断因果关系。

②长处

与终结于"有、无"判断的事实性因果关系不同，是伴随着是否在相当程度上提高了盖然性，这样一种量性的判断，是与贝兹统计学等，使用确率理论的"部分性因果关系的理论"相关联的理论，发展前景可观。

③短处

通说并未理解相当因果关系中量性判断的长处，几乎不理解事实性因果关系的危险性。因此，致使发生了阻碍相当因果关系理论发展，而应该被克服的弊害。

我们拿前述例子，用相当因果关系的思维方式试着加以说明。

事例1的相当因果关系：因双亲生了孩子，子杀人是有盖然性的，其盖然性是一定的，该双亲并未因生子，而提高实施杀人的盖然性。因此，事例1虽然有事实性因果关系，但无相当因果关系，结果是法律上的因果关系未得到承认。

事例2的相当因果关系：该地域一带气象状况不稳定发生雷击，驭手若不左转,而右转,其结果也同样,无法想象左转的行为在相当程度上提高了乘客死亡结果的盖然性。因此,事例 2 的场合,驭手虽有过失,但过失与损害之间,无相当因果关系,法律因果关系得不到认定。 95

不过,当只有左转地带发生了雷击,右转相比左转在方向上,雷击的盖然性相当程度高的情况得到证明的场合,驭手过失与损害之间存在相当因果关系,法律上的因果关系将被认定。

最新判例 13　最二判平 28・3・4 法院网站(保险金请求本诉,不当得利返还请求反诉事件)驳回

判定老人服务中心的利用者从该中心的送迎车下车着地之际负了伤的事故,在①担当该送迎车运行的该中心职员没有将该送迎车停在危险场所,②上述利用者从该送迎车下车之际接受了由上述职员提供辅助的防止该送迎车危险现实化的一般措施等情形下,不能说是该送迎车运行本来所具有危险的显在化,不能说是该送迎车投保的机动车保险契约搭乘者伤害特约所说起因于该送迎车运行的事故。(参照条文〔28〕民法第 91 条,〔16〕民法第 416 条★★)

若不把因果关系考虑为全有或全无,而是围绕损害的发生,从"哪种原因在什么程度上促成了损害"这一量性观点考察因果关系,则对过去,一直考虑债权人与债务人双方的过失,从公平观点考虑损害赔偿额的减额措施的过失相抵(〔77〕民法第 418 条,〔3〕民法第 722 条★★★),债权人(部分)的因果关系与债务人(部分)的因果关系对损害的竞合问题,从所谓"因果相抵"的观点,进行客观性损害额的算定也成为可能【详请参照[浜上・部分的因果関係の理論(1972)]】。

第 6 款　损害额的算定

基于债务不履行的损害赔偿请求权的最后的要件,是损害的发生。关于损害要件,与基于侵权行为的损害赔偿场合相同,损害赔偿额,依"差额说"求之。

所谓"差额说",是通过从假定债务不履行或侵权行为未发生的场合债权人或受害人的财产状态,减去因债务不履行或侵权行为发生而减少的现在的财产状态得到的差额。为显示财产状态,将收入和支出作为费目表现出来的损害额,可采用以下方式求得。

损害额＝（应有收入－应有支出）－（现实收入－现实支出）

＝（应有收入－现实收入）－应有支出＋现实支出

＝（逸失利益－应有支出）＋现实支出

＝消极损害＋积极损害

96 不过，因为必须将各种各样的损害项目累积算定，所以实际损害赔偿额的证明是困难的。作为这种证明困难的解消方法，将其考虑成债权人与债务人事先合意好的预定损害赔偿额。这就是，赔偿额的预定（〔78〕民法第420条）制度。

这在理论上虽然是优秀的制度，但发生过实力强的一方当事人，为获取利益，通过预定比实际损害过大的损害赔偿额，或者为回避莫大的损害赔偿，预定过小赔偿额的手段，不当损害力量弱的对方的事例。

为此，关于消费者保护的特别法，制定了限制这种约定过分大于赔偿额的规定（分期付款销售法第6条，消费者契约法第9条等）。

民法（债权关系）修正案，也对过大赔偿额的预定，提出了法院认定其减额内容的建议案，但因为没有提示判断赔偿额是否过大的基准，根据解释，有发生与改正前的状况没有变化之虞【详情请参照［加賀山・民法改正案の評価（2015）119-127頁］】。

在以上考察的基础上，我们读一下有关债务不履行民法条文之中，适用频度高的条文。

97 **条文35 〔51〕第412条（履行期与履行迟滞）**

第412条（履行期与履行迟滞）

①关于债务履行有确定期限时，债务人从该期限到来之时起负迟滞责任。

②关于债务履行有不确定期限时，债务人从知道该期限到来之时起负迟滞责任。

③关于债务履行未规定期限时，债务人从接受履行请求之时起负迟滞责任。

最新判例 14　最二判平 28・2・26 法院网站（价额偿还请求上告，同附带上告事件）驳回

（1）继承开始后，依亲子关系确认成为继承人者基于民法第 910 条请求其他共同继承人价额支付场合的遗产价额算定基准时，为请求价额支付之时。

（2）其他共同继承人基于民法第 910 条的份额支付债务，从接受履行请求时起陷入迟滞。（参照条文民法第 910 条，〔51〕民法第 412 条）

条文 36　〔5〕第 415 条（因债务不履行的损害赔偿）★★★

97

第 415 条（因债务不履行的损害赔偿）

债务人未遵从该债务本旨履行时，债权人可以请求因此所发生损害的赔偿。因可归责于债务人的事由致使履行不能时，亦同。

基本判例 67　最二判平 7・6・9 民集 49 卷 6 号 1499 页（损害赔偿请求事件，姫路日赤未熟儿网膜症事件）

判定医师作为基于诊疗契约，从事管理人的生命及健康业务的人，负担为防止危险尽经验上所必要最完善的注意去履行患者诊疗义务的事例。［判例百選Ⅱ第 81 事件］［判プラⅡ第 283 事件］

条文 37　〔16〕第 416 条（损害赔偿的范围）★★

第 416 条（损害赔偿的范围）

① 对债务不履行损害赔偿的请求，以使因此通常会发生的损害得到赔偿为其目的。

② 因特别事情发生的损害,当事人预见到,或能够预见到该事情时,债权人亦得请求该赔偿。

基本判例 68　大判大 7・8・27 民录 24 辑 1658 页(损害赔偿请求事件)

判定民法第 416 条第 2 款的预见时期,为直至债务的履行期的事例。[判例百選Ⅰ第 7 事件][判プラⅡ第 27 事件]

基本判例 69　最二判昭 28・12・18 民集 7 卷 12 号 1446 页(损害赔偿等请求事件)

判定契约解除场合的损害赔偿额,应以标的物在解除时的价格为标准算定,并非以履行期的时价为标准的事例。[判例百選Ⅱ第 8 事件][判プラⅡ第 31 事件]

基本判例 70　最二判平 24・2・24 判时 2144 号 89 页(损害赔偿请求事件)一部分撤销发回重审,一部分驳回

判定劳动者为以使用人的安全关照义务违反为理由请求基于债务不履行的损害赔偿,而不得不提起诉讼,委任律师追行诉讼的场合,其律师费用,应斟酌事案难易、请求额、得到认容的金额及其他诸多情况,只要是被认为处于相当额度范围内的损害,就应该说是与上述安全关照义务违反处于相当因果关系之上的损害。(参照条文〔5〕民法第 415 条★★★,〔16〕民法第 416 条★★,劳动契约法第 5 条)

98 **条文 38　〔77〕第 418 条(过失相抵)**

第 418 条(过失相抵)

债权人对债务不履行有过失时,法院考虑此,决定损害赔偿责任及其金额。

最新判例 15　最二判平 26・3・24 判时 2297 号 107 页[解雇无效确认等请求事件・东芝(抑郁病)事件]一部分撤销发回重审,一部分驳回

判定劳动者因过重的业务导致抑郁症发病、加重的场合,在如下①至③

等情况下,当算定使用人基于安全关照义务违反等的损害赔偿额时,不得以该劳动者没有主动将有关自己精神健康的一定信息向使用人申告来主张过失相抵。①该劳动者在抑郁症发病前数月里进行了包含休息日和深夜的相应时间外劳动,其间,在最尖端产品制造的相关项目工程中成为最早的技术担当者的领导,在担当该职责中受到业务期限和日程被缩短等督促,上述工程技术担当者在无任何理由说明地被减员的情况下,又被新任命了以前无经验的不同种类产品的开发等业务等事情,其业务负担是相当过重的。②上述信息的内容:去神经科医院看病,所诊断病名,神经症适应药剂处方等,均属劳动者个人隐私信息,能够被想定是一种将会影响人事考核的情况,所以通常为了继续工作不愿在职场中被知晓性质的信息。③在上述①过重业务持续中,该劳动者,因身体状况不好,同事也看不出他能够顺利地完成工作,向上司报告头痛等身体状态不良的原因,工作不断缺勤、重要会议缺席,前所未有地提出减轻业务的申请,向产业医生也报告了上述缺勤的事实等,在使用人实施的健康诊断中也申报了头痛、失眠,比平常心情沉重将发展成抑郁症等症状。(参照条文〔77〕民法第 418 条,〔3〕民法第 722 条★★★)

条文 39　〔78〕第 420 条(赔偿额的预定)

第 420 条(赔偿额的预定)

①当事人可以对债务不履行预定损害赔偿的额度。在此场合,法院不得增减其额度。

②赔偿额的预定,不妨碍履行请求和解除权的行使。

③违约金,推定为赔偿额的预定。

基本判例 71　最三判平 22·3·30 判时 2077 号 44 页(学费返还请求事件)撤销自判

判定不以专愿等为资格要件的大学平成 18 年度推荐入学考试合格,缴纳了初年度应缴纳范围内的学费等,与该大学之间缔结了附已缴纳学费等不返还内容特约的在学契约人,于入学年度开始后的平成 18 年 4 月 5 日解除同契约的场合,学生募集要项中有对一般入学考试补缺者在 4 月 7 日没接到补缺合格通知的场合即为不合格的记载,即使该大学有入学年度开始后决定补缺合格者等的情形,上述学费等也并非伴随上述解除超过该大学应发生的平均损害的部分,在上述解除关系中,对已缴纳学费等不返还特约全部有效的事例。(参照条文消费者契约法第 9 条,〔78〕民法第 420 条,学校教育法第 6 条)

第 3 节　债权的对外效力
(直接请求权及对债权标的物的追及效力)

第 1 款　债权的对外效力的一般理论(领域横向思维方式)

至此,我们考察了债权的对内效力(债务不履行的效力),现在我们把目光转向债权的对外效力。关于债权的对外效力,民法明示规定的有以下两个制度,即债权人代位权(向第三债务人的直接请求权)与欺诈行为撤销权(向由欺诈行为的受益人、转受益人及逸出债权标的物的追及权)。

像本书这种,不仅按照民法的条文顺序,而且按适用频度顺序进行考察,就能将物权与债权横向相接,从而能够得到更加一般性的债权的对外效力的思路。让我们举不动产买卖契约的例子,〔22〕民法第 555 条★(买卖)这一债权行为,即"仅依当事人的意思表示",标的物所有权转移的"效力发生"(〔96〕民法第 176 条)。并且,依该效力取得的所有权遵从〔7〕民法第 177 条★★★的宗旨进行登记,买卖效力就取得对外效力。因此,不由自主地会产生这样一种想法:即使是债权,若利用登记,也可以发生对外效力吗?

这种思维方式,直接表现在〔73〕民法第 605 条(不动产租赁的对抗力)上,作为债权契约的租赁契约,因经过登记,也表现出可以对抗第三人这样一种债权的对外效力,这是更一般性的典型例子。

反过来考虑一下,即使是作为典型物权的所有权,在不动产所有权的场合若未经过登记(〔7〕民法第 177 条★★★),在动产的场合若未经交付(民法第 178 条),就不能对抗第三人。与此相对,即使是债权,若买卖契约与登记相结合(〔22〕民法第 555 条★、〔96〕民法第 176 条、〔7〕民法第 177 条★★★),就能够以买卖的效力对抗第三人。并且,若租赁与登记结合(〔73〕民法第

605 条),则能够以租赁的效力对抗第三人。

再有,根据作为民法特别法的借地借家法,关于借地契约的效力,即使租赁契约自身没有登记,但借地权人进行了所有之建筑物的登记,就可以对抗第三人(借地借家法第 10 条),借家的场合,若接受了建筑物交付,就能够以租赁的效力对抗第三人(借地借家法第 31 条)。

这样考虑来看,就可以了解到,决定对外效力有无的,并不在权利的性质 100
是物权还是债权,而是法律规定(例如,先取特权的对抗力就不需要登记),或者公示[物权变动的场合,例如,交付(占有的转移),或者占有的继续,还有登记。债权转让的场合,依有确定日期证书向债务人的通知,或者债务人承诺等]。

非常清楚,物权必然发生对权利的第三人的效力或对抗力,债权就不发生对外效力(债权侵害禁止,抗辩对抗力,对第三人的直接请求,标的物的追及效力,对第三人的契约内容的强制)的看法是错误的。

不过,在债权的对外效力之中,有必要加以注意的是,关于债权内容本身对第三人的强制效力,是租赁契约已获得登记的场合那种例外的情况,关于对第三人的直接请求、标的物的追及,除广义的债权人代位权(包含〔35〕民法第 423 条,及作为债权人代位权进化形的民法第 613 条(转借贷的效果)等直接诉权),为第三人的契约(民法第 537 条以下),和欺诈行为撤销权(〔18〕民法第 424 条**—第 426 条)的场合以外是不发生的。

第 2 款　债权人代位权及直接诉权(对第三债务人的直接请求)

对债权人而言,作为债务人的债务人的第三债务人,并不是当事人,所以若严格维持债权相对性,则直接请求是不可能的。基于民法第 366 条(由质权人实施的往取债权),质权人之所以能够直接对第三债务人往取债权,这种情况一直被说明为是因为物权的效力。但是,民法并没有因为是物权人就承认对第三债务人的直接请求。之所以这样说,是因为民法除〔35〕民法第 423 条(债权人代位权)外,在民法第 613 条(转借的效果)中,也承认了债权人可以对第三债务人直接请求。

债权人代位权制度,德国并不存在,日本民法引进法国的间接诉权“oblique action”,及其进化形直接诉权“action directe”制度【详见[加賀山・民法 613 条の直接訴権(1)(1977)],参见[加賀山・民法 613 条の直接訴権(2)

(1977)]】,与引进的德国法之民事执行法在各种各样的问题上产生龃龉。民事诉讼学者中,虽然也有人建议废止债权人代位权制度,但判例通过转用债权人代位权等方式,扩大了债权人代位权的适用范围,在民法(债权关系)修正案中,关于债权人代位权,也考虑到判例法的发展,毋宁说是使条文数增加了。

这里,我们以作为使债权人代位权得到最高度发展的机动车损害赔偿保障法第 16 条(对保险公司的损害赔偿请求)进行:①以完全直接诉权为出发点,进行逆向历史追溯,②民法第 613 条的不完全直接诉权,并且③民法第 423 条的债权人代位权(间接诉权)的定位。

101 【A】交通事故受害人对保险公司的直接诉权(机动车损害赔偿保障法第 16 条、第 15 条)(完全直接诉权)

债权人代位权(〔35〕民法 423 条)的进化形态,表现在机动车损害赔偿保障法第 16 条(对保险公司的损害赔偿请求),以及机动车损害赔偿保障法第 15 条(保险金的请求)之中。

在购入机动车之际,机动车保有者(B)被要求加入强制责任保险。然后,在因机动车发生的交通事故中,若发生人身事故,则作为加害人的机动车保有者(B)作为被保险人对所加入保险公司(C)的保险金请求权,自动转移给受害人(A)(机动车损害赔偿保障法第 16 条)。其理由是,保险金请求权

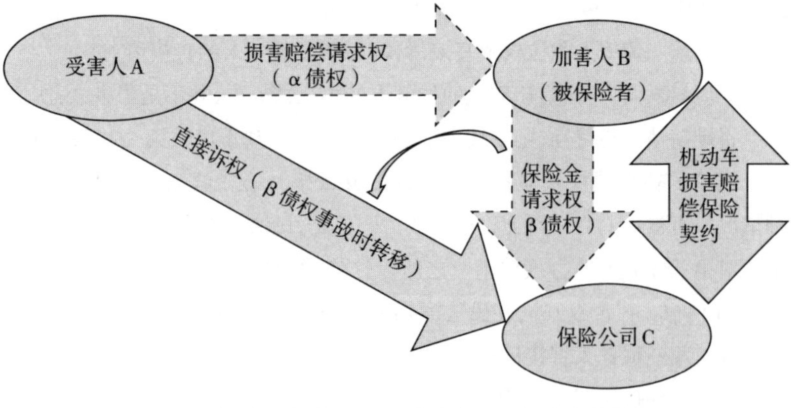

图 11 机动车损害赔偿保障法第 16 条的直接诉权

以救济交通事故的受害人为目的,损害赔偿请求权(α 债权)与作为其实现手段的保险金请求权(β 债权)之间存在“密接关系”。并且,这一保险金请求权是主债权,加害人(B)对受害人(A)的损害赔偿责任转化为连带保证责任(完全直接诉权)。因此,作为加害人的被保险者(B),除了已对受害人(A)进行损害赔偿的场合,不能对保险公司(C)请求保险金(机动车损害赔偿保障法第 15 条)。这样,完全直接诉权的制度,就可以从交通事故发生的时点起完全地保护受害人(A)。

【B】民法第 613 条的直接诉权(不完全直接诉权)

与机动车损害赔偿保障法第 16 条的直接诉权相对,出租人(A)对转借人(C)的直接诉权,可以说是以租赁费债权(α 债权)与转借费债权(β 债权)有密接关系的性质为理由得到承认的,因为出租人保护的必要性,不像交通事故受害人那样大,所以其发生时,不是两个契约的契约成立时点,就像出租 102
人(A)不能从租借人(B)取得租赁费等支付的场合那样,在出租人(A)对转借人(C)直接请求的时点,租借人=转租人(B)对转借人(C)的债权,向出租人(A)转移。

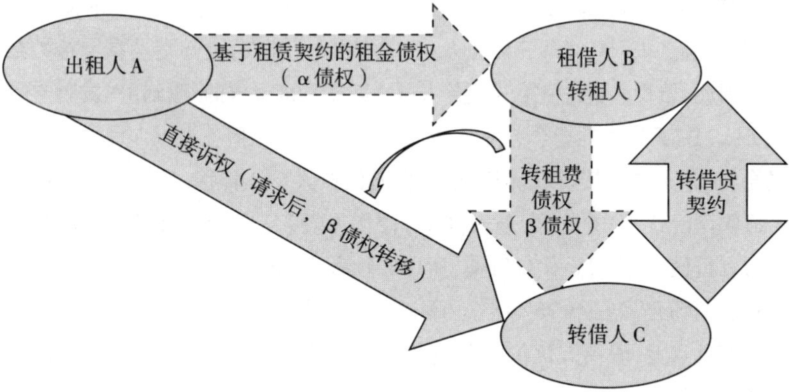

图 12　民法第 613 条的直接诉权

机动车损害赔偿保障法第 16 条的直接诉权,自交通事故发生时起,自动使保险金请求权向受害人转移,与此相对,民法第 613 条的出租人(A)对转借人(C)的直接诉权,是在出租人(A)对转借人(C)请求之时,租借人=转租人(B)对转借人(C)的债权,才向出租人(A)转移。这一点与机动车损害赔偿保障法第16条的“完全直接诉权”有所不同,因而被称为“不完全直接诉权”。

因此,出租人(A)向转借人(C)直接请求之后,与保险金请求权的场合同样,转借人(C)对租借人(B)的支付被禁止(民法第613条1款)。

但是,那以前,与保险金请求权的场合不同,转借人(C)可以向转租人(B)支付租赁费。但租借人(B)与转借人(C)串通进行欺诈性“预付”的场合,该预付不能对抗租赁人(A)(民法第613条第1款但书)。

另外,出租人(A)向转借人(C)直接请求,转租人(B)对转借人(C)的债权,转移至出租人(A)之后,租借人(B)对出租人(A)的债权并不因代物清偿而消灭,而是与保险金请求权的场合相同,转化成连带保证责任存续(民法第613条第2款)。因此,在租借人(B)取代转借人(C),已向出租人(A)清偿债务的场合,因租借人(B)作为保证人已对转借人(C)作出清偿,所以取得求偿权(转借贷上的租借人权利复活)。

103 【C】〔35〕民法第423条的债权人代位权(间接诉权)

构成以上直接诉权发展原型的〔35〕民法第423条债权人代位权(间接诉权),与直接诉权的场合不同之处在于,债权人(A)对债务人(B)的债权(α债权)与债务人(B)对第三债务人(C)的债权(β债权)之间是没有密接关系的。因此,债权人(A)对第三债务人(C)可以直接请求的,原则上,被限定于债务人(B)无资力的场合。并且,债权人(A)向第三债务人(C)直接请求的场合,也并不像直接诉权那样,β债权向债权人(A)转移,只不过是债权人(A)取代债务人(B),为债务人(B)行使作为债务人债权的β债权。因为这种权利行使,只不过是代位行使,所以在债务人(B)已为第三债务人(C)行使权利的场合,第三债务人(C)必须向作为本来债权人的债务人(B)进行清偿。在这点上,债权人代位权与直接诉权相比,也存在欠缺债权人保护的问题。

不过,日本的债权人代位权,其适用范围与效力正在通过判例逐渐得到扩大、强化,债务人对第三债务人的权利,不仅限于债权,还扩大到解除权等形成权。而且,像直接诉权那样,即使在未满足债权间密切关系这一要件的场合,也超越作为本来制度是为了总债权人的债权保全这一目的,对行使债权人代位权的债权人,扩大到承认债权人个人的债权回收。这一点,作为债

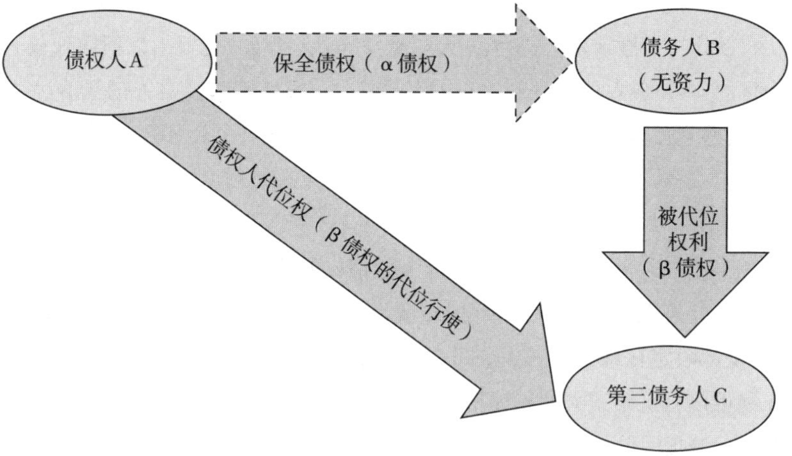

图 13　债权人代位权(〔35〕民法第 423 条)

权人代位权的转用,有做过了的一面。关于应该在何种场合,何种程度允许 104
债权人代位权的行使,有加以严谨探讨的必要(参照基本判例 72—基本判例 74,边码 105)。

重点 33　债权人对第三债务人的请求权(直接诉权与债权人代位权)

债权人对第三债务人直接请求权的种类

(1)以债权人对债务人的债权(α 债权)与债务人对第三债务人的债权(β 债权)之间的密接关系为要件的情形(债务人无资力不是要件)

从债务人对第三债务人的权利发生的时点起,该债权(β 债权)直接向债权人转移的情形(完全直接诉权)

①受害人对保险公司的直接诉权(机动车损害赔偿保障法 16 条)

从债权人直接请求时起债务人对第三债务人的债权(β 债权)向债权人转移的情形(不完全直接诉权)

②租赁人对转借人的直接诉权(民法第 613 条)

(2)以债务人无资力为要件的情形

债权人代位行使债务人的债权的情形(β 债权)

债权人代位权(〔35〕民法第 423 条)

第 3 款 欺诈行为撤销权(对因欺诈行为逸出标的物的追及效力)

欺诈行为撤销权,是在债务人与受益人,或者转收受益人以损害债权人为目的,将债务人的责任财产转移给受益人,或者转收受益人的场合,"否认"这些责任财产逸出行为中损害债权人的财产名义的转移效力,使债权人对受益人、转收受益人进行强制执行成为可能的制度(〔18〕民法第 424 条★★)。

与债权人代位权相同,欺诈行为撤销权制度,从来都是作为债权中例外性对外效力被认识的。但是,接受欺诈行为撤销权的对外性效力的对方,全部限定在恶意第三人。可以对抗恶意第三人的,是与登记的场合该权利可以对抗第三人的原理相同的。这是因为,登记是把所有人都视为恶意者的制度。

若这样考虑,就可以明白,欺诈行为撤销权的效力所涉及第三人的原理,与登记的抵押权对第三人具有追及效力是完全相同的。就是说,欺诈行为撤销权的追及效力,与抵押权的优先清偿效力以登记为理由,对所有应该知道登记的第三人都可以追及同样,以恶意为理由,对知道欺诈行为的第三人,向逸出责任财产的追及将成为可能[再有,关于欺诈行为撤销权与对抗不能,与破产法上否认的关系,请参照重点 11—重点 12(边码 49—50)]。

105

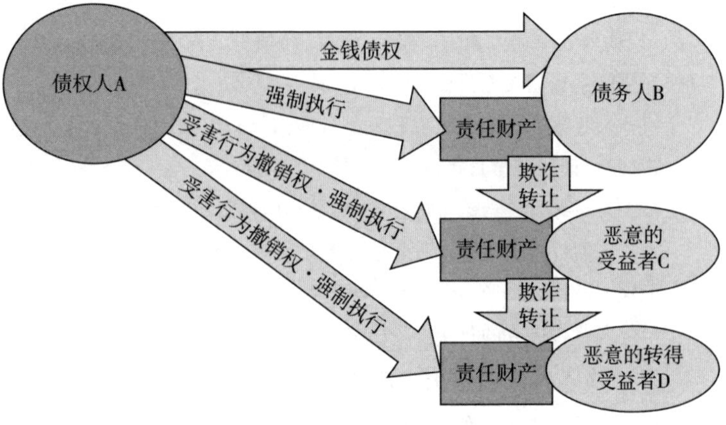

图 14 欺诈行为撤销权(〔18〕民法第 424 条★★—第 426 条)

以上我们结束了债权对外效力的概说,所以兼做归纳并考察一下有关债权对外效力的条文和关联判例。

条文40 〔35〕第423条(债权人代位权)

第423条(债权人代位权)

①债权人,为保全自己的债权,可以行使属于债务人的权利。但债务人一身专属的权利,不在此限。

②债权人,在其债权的期限未到来期间,不依裁判上的代位,不得行使前款权利。但保存行为,不在此限。

基本判例72 大判明43·7·6民录16辑537页(土地买卖登记及价款请求事件)

判定不动产已被连续多次转让时,在存有当初卖主登记的场合,转收人得不以债务人无资力为要件,代位行使对卖主的中间人的登记请求权的事例(债权人代位权的转用)。[判プラⅡ第38事件]

基本判例73 最三判昭44·6·24民集23卷7号1079页(赊购货款请求事件)

判定在债权人基于对债务人的金钱债权,代位行使对第三债务人的金钱债权的场合,债权人仅在自己债权额范围内行使债务人债权的事例。[判例百選Ⅱ第12事件][判プラⅡ第49事件]

基本判例74 最一判昭50·3·6民集29卷3号203页(土地所有权转移登记请求事件)

判定共同继承人中一人拒绝履行登记义务〔买主的交易义务〕,使其他继承人丧失卖主的同时履行抗辩权〔拒绝支付价款抗辩权〕时,为保全对买 106
主自己的价款债权,不问作为债务人的买主有无资力,得依民法第423条第1款,代位买主,行使买主对不履行登记义务的继承人的买主所有权转移登记程序请求权的事例(债权人代位权的转用)。[判例百選Ⅱ第13事件][判プラⅡ第40事件]

第 424 条(欺诈行为撤销权)

①债权人得请求法院撤销债务人已知损害债权人而实施的法律行为。但因该行为受益或转收受益人在该行为或转收受益之时不知会损害债权人的事实时,不在此限。

②前款规定,对非以财产权为标的法律行为,不适用。

基本判例 75　大连判明 44・3・24 民录 17 辑 117 页(欺诈行为撤销请求事件)

判定民法第 424 条的欺诈行为,以撤销知道损害债权人的债务人的法律行为,将债务人财产上的地位恢复到其法律行为实施以前的原状,债权人能够正当地接受清偿,确保一般担保权为目的。但是,与通常法律行为的撤销相比,其性质不同,虽然对撤销的对方构成无效,但对不是诉讼当事人的债务人等,不生其效力的事例。[判例百選Ⅱ第 15 事件][判プラⅡ第 53 事件]

基本判例 76　最大判昭 36・7・19 民集 15 卷 7 号 1875 页(欺诈行为撤销请求事件)

判定民法第 424 条的债权人撤销权,虽然是以保全总债权人的共同担保为目的的制度,但特定物交付请求权,在其标的物因债务人进行处分而变得无资力的场合,特定物债权人得将该处分行为作为欺诈行为予以撤销的事例。[判例百選Ⅱ第 16 事件][判プラⅡ第 55 事件]

基本判例 77　最二判昭 46・11・19 民集 25 卷 8 号 1321 页(赊购货款请求事件)

判定欺诈行为撤销权,是可以撤销债务人与受益人之间的欺诈行为,并为总债权人,从受益人或转收受益人收回从债务人一般财产所逸出部分的制度。若在本案这种对清偿行为的欺诈行为撤销的诉讼中,受益人〔债权人之一人〕能以自己对债务人所持有债权无红利要求地拒绝从涉及撤销的清偿额中支付其债权的按份额度时,就成了只保护最先接受对自己债权清偿的受益人,而无视总债权人的利益,所以可以说是违反了制度的宗旨。当然,撤销债权人允许对受益人或转收受益人请求将涉及撤销的清偿额度交付给自己,也是为保障从债务人取回逸出财产的实效所不得已的事例。[判例百選Ⅱ第19事件][判プラⅡ第79事件] 107

注:最高法院昭和46年判决的逻辑——一方面,指出欺诈行为撤销权的制度宗旨是为总债权人取回逸出财产;另一方面,又为谋求不过是一个债权人的欺诈行为撤销权人的利益,不承认实施了债权人欺诈行为的债权人的红利,没有平等地对待所有债权人。所以,此判决逻辑上有破绽,理论上是无价值的。

基本判例78　最一判昭53·10·5民集32卷7号1332页(土地所有权确认等请求事件)

判定民法第424条的债权人撤销权,终极是要为接受由债务人一般财产得到价值上的满足,以保全总债权人共同担保为目的,所以在撤销了欺诈行为的场合,基于特定物交付请求权谋求直接给自己进行所有权转移登记是不能允许的事例。[判例百選Ⅱ第17事件][判プラⅡ第58事件]

注:与前面昭和46年最高法院判例不同,本判例是遵循欺诈行为撤销权制度之目的适当贴切的判断。这是因为,在破产的场合,破产管财人通过行使否认权(破产法第160条以下)照顾到总债权人的利益采取公平措施是可能的。但欺诈行为撤销权,因为是一位债权人行使其权利,所以容易发生追及该债权人固有权利的道德风险。因此,正如严厉批评上述最高法院昭和46年判决所述,不得允许对行使欺诈行为撤销权的一位债权人交付逸出财产。

关于这一点,民法(债权关系)修正案,无视与可以期待由法院的破产管财人对总债权人采取公平措施的破产不同,作出了如下这种对一债权人认可交付请求的,不可想象的建议。

民法(债权关系)修正案　第424条之9(向债权人的支付或交付)

①债权人,在依第424条之6第1款前段或第2款前段规定对受益人或转收受益人请求财产返还的场合,该返还请求是谋求金钱支付或动产交付时,可以对受益人请求向自己进行该支付或交付,对转收受益人请求向自己

进行该交付。在此场合,受益人或转收受益人,已对债权人进行该支付或交付时,就不必再对债务人进行该支付或交付。

②对债权人依第 424 条之 6 第 1 款后段或第 2 款后段规定对受益人或转收受益人请求价额偿还的场合,与前款相同。

108 欺诈行为撤销权,被称为“小破产”。所以,在改正欺诈行为撤销权之际,参照破产法的规定(破产法第 160 条以下)是有益的。但是,不能忘记的是,破产的场合,为总债权人行使权利的,不是一位债权人,而是由法院选任,受法院控制的破产管财人。即使是优越的制度,在将其规定移植到不同状况的制度的场合,加以相应变更也是必要的。将破产法条文原封不动地拷贝到民法(拷贝和粘贴),只能是简单粗暴没有任何价值的行为。这次的民法(债权关系)修正案,在好多地方进行了破产法的拷贝(债权人代位权、欺诈行为撤销权、相抵等),立法担当者的资质(风险管理不可或缺的道德风险对应能力等跨领域性思考力)受到质疑。

第 4 节　债权的人的担保

债权的人的担保,有①保证,②连带债务两种。

连带债务被作为人的担保的理由,是因为本来债务(负担部分)与连带保证(保证部分)结合在一起。

重点 34　人的担保种类

人的担保种类

(1)保证([32]民法第 446 条—第 465 条之 5)

①(意义)代主债务人履行主债务的责任(履行所接受责任)([29]民法第 446 条★)

②(附从性)主债务不成立,无效、撤销,消灭时,保证人因“附从性”免责(民法第 448 条)。

③(求偿权)代主债务人履行了主债务的保证人被给予事后求偿权(民法第 459 条以下)。并且,为优先保护保证人,接受了委托的保证人(通常保证人)还被给予事前求偿权(民法第 459 条)。

(2)连带债务(民法第 432 条—第 445 条)【参照[浜上·连带债务的本质(1972)]】

①(意义)无附从性的本来债务(负担部分)与有附从性的连带债务(保证部分)结合的债务(民法第 432 条)。

②(附从性)若一名连带债务人所负担部分不成立,无效、撤销,消灭,则其他连带债务人的保证部分依附从性消灭(民法第 433 条、第 435 条—第 439 条)(连带债务的绝对效力)。

③(求偿权)若一名连带债务人超过其负担部分进行了清偿(接受了其他共同免责时),该连带债务人按照各自负担部分对其他连带债务人取得求偿权(民法第 442 条—第 445 条)。

保证(〔29〕民法第 446 条★以下)是代债务人履行主债务的责任。此责任,以债权额为限度,在无过失且以全部责任财产为对象的意义上是无限责任。并且,由于依无偿契约而履行,所以本来应该作为违反公序良俗的契约归于无效。 109

保证契约,之所以不违反公序良俗,是因为民法在确保保证的附从性(民法第 448 条),保证的补充性(民法第 452 条—第 455 条)以及确保保证人对债务人的求偿权(民法第 459 条—第 465 条)之外,主要目的无外乎是保证人对债权人科以担保保存义务(民法第 504 条)等,以动用所有手段来保护保证人。因此,除为救济受害人被认可的连带责任(〔9〕民法第 719 条★★★)(参照边码 147 图 20)那种有特别理由的场合外,民法对使用无视保证人保护规定的免责约款的场合,应回归原则,解释为保证契约构成无效。

现代社会中,存在大量损害保证补充性(民法第 452 条、第 453 条、第 455 条)的连带保证契约,含有债权人担保保存义务免责特约的保证契约,对于这类契约,即使债务人被破产免责,保证人也不得免责(破产法第 253 条第 2 款),并且,发生不能确保对债务人行使求偿权状态的场合,对这样的情形,保证契约就应当回归原则,解释为构成无效。

关于连带债务,也对连带保证部分(保证部分)规定了确保附从性、求偿权。特别是,连带债务中的绝对效力(民法第 433 条—第 439 条),除对连带债务人中一人的履行请求(民法第 434 条)外,是作为负担部分无效、撤销,或者消灭的结果所发生保证部分的附从性结果,对此加以限制的做法,过分苛刻保证责任是无效的,以保护保证人为目的的立法不应该这样做。从这种观点出发,民法(债权关系)修正案,删除了保护连带债务人的民法第437条(对连带债务人之一的人免除〔绝对效力〕),民法第439条(对连带债务人之一人的时效完成〔绝对效力〕)的规定,与所示保证人保护的立法目的相反,应予以撤回。

条文42　〔29〕第446条(保证人的责任等)★

第446条(保证人的责任等)

①保证人,在主债务人不履行其债务时,负其履行责任。

②保证契约,不以书面,不发生效力。

③保证契约,由记录其内容的电磁性记录(指以电子方式、磁性方式及其他不能由人的知觉认识的方式制作的记录,称为供电子计算机做信息处理之用的数据)制作时,其保证契约视为以书面制作而成,适用前款规定。

110 **基本判例79　最大判昭40・6・30民集19卷4号1143页(物件交付等请求事件)**

判定保证人,对卖主因债务不履行对买主负担的损害赔偿义务而产生的保证责任自不待言,只要没有特别反对的意思表示,对卖主因债务不履行而契约被解除场合的原状恢复义务也负保证责任的事例。[判例百選Ⅱ第24事件][判プラⅡ第88事件]

最新判例16　最三判平28・1・12法院网站(保证债务请求事件)撤销发回重审

金融机关违反其与信用保证协会之间对主债务人是否为反社会性势力进行相当调查这一有关信用保证基本契约上的附随义务。其结果,以反社会性势力为主债务人缔结了关于融资保证契约的场合,相当于上述基本契约规定的保证债务的免责条款所说的金融机关"违反了保证契约时"。(参照条文〔29〕民法第446条、〔28〕民法第91条)

第 5 节　债权、债务的转移

债权、债务，在债权人与债务人之间被考虑为强固链接（锁）的时代，债权、债务不能转移，一旦使之消灭，就只能活用使之重新发生的更改制度。

但是，现在需要的思考是，债权、债务是有取下效能的锁，从债权人方锁端取下，替换挂上其他债权人（债权转让），或者从债务人锁端取下，替换挂上其他债务人（债务接受）都是可能的。

旧民法，在更改中曾将完全更改（免责接受债务）与不完全更改（并存接受债务）这两种制度结合在一起（旧民法财产编第 496 条）。但是，现行民法的立法者，没能理解这一制度的宗旨，将旧民法中曾存在的债务接受规定删除了［民法理由書（1987）492－493 頁］。为此，学说、判例参考明文规定了债务接受的《德国民法典》第 414 条、第 415 条，使债务接受的理论得到发展。

这次的民法（债权关系）修正案反映了学说、判例的动向，建议设置债务接受的明文规定（修正案第 470 条—第 472 条之 4），产生了几乎与使被现行民法删除掉的旧民法财产编第 496 条复活相同的结果。

关于债权转让，债权的转让性是应得到广泛承认的，作为立法论。一身专属的债权以外的转让限制，应为无效。但是，这次的民法（债权关系）修正案却要广泛地认可非常重要的存款债权的转让限制，这不仅与社会、经济发展相逆行，而且使民法第 466 条修正案在第 2 款与第 3 款之间发生了矛盾，而应该解决其矛盾的第 4 款，却无实效性等，成为一个幼稚拙劣的建议。

不过，关于债权转让中债务人抗辩的修正案，基于债务人抗辩对抗范围 111
不断扩大的判例动向，删除了民法第 468 条第 1 款不保留债务人异议承诺的规定，取而代之的，是将使债务人抗辩对抗成为可能的民法第 468 条第 2 款作为第 1 款的提案，展示出现代社会、经济发展与债务人保护两立的方向，在这一点上，值得评价为是应有之修正案。

最新判例 17　最二判平 27·6·1 法院网站（不当得利返还请求事件）撤销发回重审

在债务人不保留异议承诺指名债权转让的场合，即使受让人不知道存在能够对抗转让人的事由，受让人对此有过失时，债务人亦得以该事由对抗受

让人。(参照条文民法第 468 条第 1 款、〔34〕民法第 467 条)

条文 43　〔32〕第 466 条(债权的转让性)

> **第 466 条(债权的转让性)**
>
> ①债权可以转让。但其性质不被允许时,不在此限。
>
> ②前款规定,当事人已表示反对意思的场合不适用。但其意思表示不能对抗善意第三人。

基本判例 80　最一判平 9・6・5 民集 51 卷 5 号 2053 页(确认提存金还付请求权,请求确认提存金还付请求权提取权事件)

判定对有禁止转让特约的指名债权,即使受让人知道该特约存在,或者因重大过失不知该特约存在而将其受让的场合,之后,债务人对债权转让给予了承诺时,债权转让追溯至转让之时有效,但参照民法第 116 条的法意,不得损害第三人的权利的事例。[判例百選Ⅱ第 27 事件][判プラⅡ第 96 事件]

条文 44　〔34〕第 467 条(指名债权转让的对抗要件)

> **第 467 条(指名债权转让的对抗要件)**
>
> ①指名债权的转让,转让人若不通知债务人,或者债务人不承诺,不得对抗债务人及其他第三人。
>
> ②前款通知或承诺,不依有确定日期的证书实施,不得对抗债务人以外的第三人。

基本判例 81　最一判昭 49・3・7 民集 28 卷 2 号 174 页(第三人异议事件)

判定债权被二重转让的场合,受让人相互间的优劣,不应依通知或者承诺所附确定日期的先后决定,而应依有确定日期的通知到达债务人的日时或
112 者有确定日期的债务人承诺日时的先后决定。并且,附确定日期对通知或承

诺本身而言是必要的事例。[判例百選Ⅱ第31事件][判プラⅡ第103事件]

基本判例82　最三判平5·3·30民集47卷4号3334页(确认提存金还付请求权,请求本诉,同反诉事件)

在第三债务人因不能确知债权人,而提存与该债权额相当金钱的场合,被扣押债权额与受让债权额之合计额超过提存金额时,解释为:扣押债权人与债权受让人,按照公平原则,各自分割取得已对应被扣押债权额与受让债权额按份划分了提存金额度的提存金还付请求权是相当的事例。[判例百選Ⅱ第32事件][判プラⅡ第105事件]

第6节　债权消灭

债权的消灭原因,有债权标的达成,即通过使债权得到满足而使债权归于消灭(清偿、提存、代物清偿、相抵、更改、混同),以及未能使债权标的达成,而使债务消灭(免除、放弃,消灭时效)这两种类型。

重点35　债权的消灭原因

债权的消灭原因

(1)债权的满足消灭

①清偿(民法第474条—第504条)

由不发生求偿的债务人所做清偿(民法第474条以下)

由发生求偿的债务人以外的人(保证人、物上保证人、其他第三人)所做清偿(民法第499条—第504条)(这种场合,不是债权的消灭,而是发生债权的法定转移)

②类似清偿的制度

清偿提存([82]民法第494条—第498条)

代物清偿([53]民法第482条)

③相抵([44]民法第505条,[88]民法第506条—第512条)

④更改(民法第513条—第518条)

⑤混同(民法第520条)

(2)不满足债权使之消灭

①免除、放弃(民法第 519 条)

②消灭时效(〔45〕民法第 166 条,〔57〕民法第 167 条—第 174 条之 2)

113 **第 1 款 清偿**

在日常生活中,人们仅将"清偿"与"履行"作为不同的概念理解(使人联想到清偿是金钱的支付,履行是金钱以外债务的履行),但在法律上,清偿与履行完全是在相同的意义上被使用。不过,作为民法术语用法,在"债务"之后,例如,像"债务履行""债务清偿"等那样,履行、清偿均被不加区别地使用,但在"债权"之后,例如,"债权接受清偿""债权的清偿期"就只使用清偿的用语。

清偿,被作为"债权的消灭原因",但如下所述,对债权消灭与不消灭转移这两种场合必须加以严密区别。

一个是由债务人所做清偿,在这种场合,债权当然归于消灭。

但是,在保证人那样的有求偿权的人清偿了债务的场合,债权并不消灭,而是根据〔97〕民法第 501 条,债权人享有的债权及担保权,所有求偿权均因进行了担保而转移给保证人,债权并不消灭。

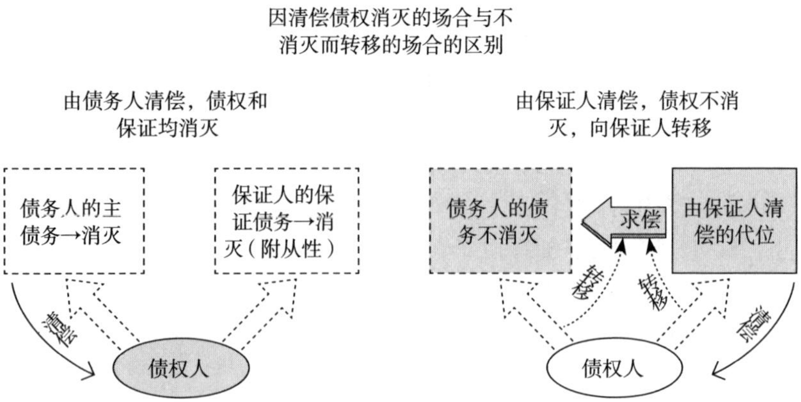

图 15 保证人的清偿,不使债权消灭,仅使其转移

由保证人所做清偿债权不消灭的理由是，保证的实态，不是本来债务，只不过是负担起债务人的债务进行清偿这样一种“无债务责任”。

通说将保证债务考虑为主债务之外的独立的债务，这是错误的。保证债务是另外、独立的债务，既与保证债务在主债务消灭的场合因附从性而消灭的无争事实相矛盾，也与上述保证债务的清偿并不带来主债务消灭，而是向保证人法定转移的情况相矛盾（通说的破绽）。

条文 45　〔39〕第 478 条（对债权准占有人的清偿） 114

第 478 条（对债权准占有人的清偿）

对债权准占有人的清偿，限已清偿的人是善意的，且无过失的场合，有其效力。

基本判例 83　最三判昭 37・8・21 民集 16 卷 9 号 1809 页（货物价款请求事件）

判定依民法第 478 条对债权准占有人的清偿有效，仅限于清偿人善意且无过失场合的事例。[判例百選Ⅱ第 36 事件][判プラⅡ第 116 事件]

基本判例 84　最一判昭 59・2・23 民集 38 卷 3 号 445 页（存款返还请求事件）

判定对存款担保贷款，实质上可与定期存款在期限前解约返还同视，类推适用民法第 478 条的规定，得以对第三人的贷款债权与已提供担保的定期存款债权之间的相抵，对抗真实存款者的事例。[判例百選Ⅱ第 38 事件][判プラⅡ第 120 事件]

基本判例 85　最二判昭 61・4・11 民集 40 卷 3 号 558 页（运送价款请求事件）

判定被二重转让的指名债权的债务人，对具备了民法第 467 条第 2 款所定对抗要件的其他受让人作出的清偿，也可适用民法第 478 条规定的事例。[判例百選Ⅱ第 37 事件][判プラⅡ第 117 事件]

基本判例 86　最三判平 15・4・8 民集 57 卷 4 号 337 页(存款返还请求事件)

判定对无权限者通过机械支付方法所做存款返还,也应该解释为可适用民法第 478 条,但为说明银行对债权准占有人通过机械支付方法返还存款是无过失的,不仅要证明机械在返还之际是正常运转的,银行方面还要证明为使银行管理存款人密码等没有纰漏,已尽包含向存款人明示了通过该机械支付方法能够接受存款返还的内容等,就机械支付系统的设置管理整体,在可能限度内能够排除无权限者进行返还的注意义务的事例。[判例百選Ⅱ第 39 事件][判プラⅡ第 122 事件]

条文 46　〔53〕第 482 条(代物清偿)

> **第 482 条(代物清偿)**
>
> 债务人在得到债权人承诺,取代其所负担给付实施其他给付时,该给付具有与清偿同一的效力。

作为代物清偿的例子,可以举出取代清偿而交付汇票、支票。民法旧条文将此规定为更改(旧第 513 条第 2 款后段:取代债务履行发行汇兑汇票亦
115 同)。现行民法删除了这一规定,所以为清偿而交付汇票、支票的场合,虽然是更改,但对取代清偿而交付汇票、支票的场合,就被考虑为不是更改,而构成代物清偿。

条文 47　〔70〕第 493 条(清偿的提供方法)

> **第 493 条(清偿的提供方法)**
>
> 清偿的提供,必须遵从债务本旨现实地实施。但债权人预先拒绝该受领,或者对债务履行以债权人行为为必要时,以通知已做清偿准备进行该受领催告。

“清偿的提供”，是在债权人拒绝清偿的场合，或者在尽管清偿以债权人协助为必要，但债权人却不予以协助的场合，为救济清偿人，在清偿提存准备阶段，免除债务人债务不履行责任的制度。

清偿的提供，毕竟只停留在清偿提存的准备阶段，所以只是不追究债务不履行责任，只要不进行清偿提存，债务本身就不消灭。

“清偿提存”的要件是，债权人拒绝受领、受领不能或债权人确知不能，其效果是债权的消灭。但对提存，因为清偿人的提存金取回权得到承认，所以债权的消灭时期，应考虑为以提存金取回权不能行使为条件，债权人的提存物还付请求权发生之时。

条文 48　〔82〕第 494 条(提存)

> **第 494 条(提存)**
>
> 债权人拒绝受领清偿，或者受领不能时，能够进行清偿的人(以下此目中称“清偿人”)，可以为债权人提存清偿标的物而免除该债务。清偿人无过失不能确知债权人时，亦同。

至此，我们对清偿，或有类似功能的制度，着眼于其使债权消灭的机能进行了说明。为明确这一点，民法(债权关系)修正案建议将以下条文置于清偿条文的开头位置。

第 473 条(清偿)

债务人向债权人清偿了债务时，该债权消灭。

看起来是一个很适当的建议，依据将保证考虑为无债务责任，在加贺山教授所说的保证人不是债务人而是第三人的场合，不发生矛盾。但是，因为通说将保证考虑为一种债务(保证债务)，将保证人的清偿同视为债务人的
清偿，所以在遵从通说的场合，此修正案就与以下所述“债权不消灭，转移至 116
清偿人”制度的“因清偿的代位”(第 500 条以下)相矛盾。因此，在此修正案实现了的场合，通说为解消这一矛盾就要变更其立场，不得不接受“保证人不是债务人”，进一步地，“保证不是债务，而是‘无债务责任’”的学说。

为此，以下，让我们认真解读一下清偿人是第三人(保证人为其典型例)

的场合，为确保其求偿权，而使该债权由清偿得到满足的债权人向清偿人转移的“清偿代位”制度的条文，加深对清偿的另一侧面：不使债权消灭，而使债权转移机能的理解。

条文 49 〔97〕第 501 条(因清偿代位的效果)

第 501 条(因清偿代位的效果)

依前两条规定代位债权人的人，在基于自己的权利可以进行求偿的范围内，得行使作为债权效力及担保享有的一切权利。在此场合，必须遵从以下各项规定。

①保证人，若不预先在先取特权、不动产质权或抵押权登记中附记其代位，则不能对其先取特权、不动产质权或抵押权标之不动产的第三取得人代位债权人。

②第三取得者，对保证人不代位债权人。

③第三取得者中之一人，按各不动产价格，对其他第三取得者代位债权人。

④物上保证人中之一人，按各财产价格，对其他物上保证人代位债权人。

⑤保证人与物上保证人之间，按其人数，代位债权人。但物上保证人有数人时，则对除去保证人负担部分的余额，按各财产价格，代位债权人。

⑥前项场合，该财产为不动产时，准用第一项规定。

基本判例 87 最三判昭 59·5·29 民集 38 卷 7 号 885 页(红利异议事件)

判定代位清偿人只不过是在其求偿权范围内行使接受了该转移的原债权及该担保权本身，所以通过清偿所获得代位发生的权利，对就物上保证人所有之担保不动产以担保该原债权的最高额抵押权等担保权的存在为前提设定了抵押权等担保权及其他权利关系的利害关系人，不应产生带来侵害该权利等不当影响的情况。因此，在债权人就该最高额抵押权被担保债权之全部在最高额范围内主张优先清偿的场合，后顺位抵押权人及其他利害关系人是处于不得不予以承认的立场，即使对其特约本身未能采取公示方法，也应 117
该说是处于不得不甘受其效果的立场上的事例。[判例百選Ⅱ第 40 事件][判プラⅡ第 130 事件]

基本判例 88　最一判昭 61・11・27 民集 40 卷 7 号 1205 页(红利异议事件)

判定保证人或物上保证人与该两资格兼有者之间因清偿所获代位比例，解释为兼有两资格者也作为一人，按全员人数的平等比例是相当的事例。[判プラⅡ第 132 事件]

此判例依照[最一判昭 61・11・27 民集 40 卷 7 号 1205 页(红利异议事件)]法律家的思考方法(IRAC)写成，作为判决的书写方法而言，也显示出了非常理想的书写方法【详情参照[法律学の学習方法の概要については，15 頁]】。

表 9　法律家的思考方法(IRAC)

法的分析	Issue(争点)		发现论点・事实
	Rules(规则)		发现规则(或者提示假说)
	A	Application(适用)	适用规则(推断的结论)
		Argument(讨论)	相反立场、结论的应接与彻底地讨论
法的讨论	Conclusion(结论)		具体性结论

因此，现将其全文冠以 I(争点)、R(规则)、A(适用与讨论)、C(结论)的标题表述如下：

〔I:争点〕民法第 501 条第 4 项、第 5 项的规定，是关于保证人、物上保证人复数存在场合的清偿代位，公平且合理地调整代位人之间的利益，基于依代位人通常的意思和期待决定代位比例的原则，代位比例的决定基准，由按担保物价格的比例与人数决定平等的比例。但这一规定，虽然规定了物上保证人相互间、保证人相互间，以及存在保证人及物上保证人场合中保证人全员与物上保证人全员之间的代位比例，但并未直接对代位人中包含保证人及物上保证人双重资格者时的代位比例决定基准作出规定。

〔R:规则〕因此,关于此场合代位比例的决定基准,若能够了解包含兼有双重资格者的代位人的通常意思和期待,则应基于此规定的原则,谋求适合其意思和期待的决定基准。在做不到这一点时,就只能回归此规定的基本宗旨、目的公平理念,以依代位人人数的平等比例作为决定基准。

〔A:适用与讨论〕但是,这种场合,具有双重资格者在与其他代位人的关
118 系上独立地负基于保证人资格与物上保证人资格的负担,即具有双重资格者在代位人的人数上应该作为二人决定代位比例不是代位人通常的意思和期待,参照交易上通常的观念是明确的。再者,假如具有双重资格者在人数上被作为一人处理,并且,即使考虑应该使该人的担保物价格得到精确反映来决定代位比例是代位人通常的意思和期待,也不可能找出使这些要求同时满足的简明且有实效性的基准。

〔C:结论〕这样一来,复数保证人及物上保证人中包含具有双重资格者场合的代位比例,应解释为,基于民法第 501 条第 4 项、第 5 项的基本宗旨、目的公平理念,将具有双重资格者也作一人对待,按全员人数的平等比例是相当的。

第 2 款　相抵

相抵有①简易清偿机能,②公平机能,③担保机能这三种机能,但现在其中扮演着超越物的担保(优先清偿权)作用的担保性机能引起社会的注目【详情参照[深川・相殺の担保的機能(2008)],[深川・多数当事者間相殺(2012)]】。

条文 50　〔44〕第 505 条(相抵的要件等)

第 505 条(相抵的要件等)

①二人互负同种标的债务的场合,双方债务到清偿期时,各债务人,对其对等额可通过相抵免除其债务。但债务性质不允许时,不在此限。

②前款规定,当事人表示反对意思的场合,不适用。但其意思表示不能对抗善意第三人。

基本判例 89　最大判昭 45・6・24 民集 24 卷 6 号 587 页(定期存款等请求事件)

判定第三债务人,其债权只要不是扣押后取得的,不问自动债权[*]及受动债权[**]清偿期的前后,若达适合相抵状态,则即使在扣押后,也可将此作为自动债权进行相抵,采用了所谓无限制说的事例(被认为是相对于依具有最优先顺位的国税债权的扣押,相抵的担保性机能实质上优先的事例)。[判例百選Ⅱ第 44 事件][判プラⅡ第 144 事件]

基本判例 90　最一判平 14・3・28 民集 56 卷 3 号 689 页(往取债权请求事件)

判定在抵押权人对已授受押金的租赁契约的租金债权行使物上代位权将其扣押的场合,该租赁契约终结,标的物被清交时,租赁费债权由押金充当在该限度内消灭的事例(对抵押权的物上代位,相抵的担保性机能实质上是被优先考虑了的事例)。[判プラⅠ第 353 事件]

基本判例 91　最二判平 24・5・28 民集 66 卷 7 号 3123 页(存款返还请求事件) 119

对破产人负担债务的人,在破产程序开始前受作为债务人的破产人委托缔结了保证契约,破产程序开始后进行清偿并取得了求偿权的场合,将此求偿权作为自动债权的相抵,即使在对破产债权以公平、平等对待债权人为基本原则的破产程序之下,其他破产债权人也应该加以容认,对同相抵的期待,是依破产法第 67 条受保护的合理期待(作为具体的相抵未得到认可的事例)。

基本判例 92　最一判平 25・2・28 民集 67 卷 2 号 343 页(最高额抵押权设定登记注销登记程序请求本诉,贷款请求反诉事件)

(1)判定为使在清偿期的自动债权与有清偿期规定的受动债权处于适合相抵状态,对受动债权,不仅可以放弃期限利益,而且被要求通过期限利益放弃或者丧失等,该清偿期现实地到来的事例。

---

* 自动债权:指相抵场合下,进行相抵一方债权人的债权。依据〔日〕竹内昭夫等编:《法律学新辞典》,有斐阁平成 2 年 4 月第三版,第 628 页。——译者注

** 受动债权:指相抵场合下,接受相抵一方债权人的债权。依据〔日〕竹内昭夫等编:《法律学新辞典》,有斐阁平成 2 年 4 月第三版,第 692 页。——译者注

(2)判定为将已因时效消灭了的债权与自动债权相抵，要求消灭时效已被援用的自动债权在其消灭时效期间经过以前已与受动债权处于适合相抵状态的事例。[判例百選Ⅱ第43事件]

最新判例18　最一判平27・12・14法院网站(不当得利返还请求本诉,贷款请求反诉事件)

以在本诉中构成诉讼物的债权的全部或一部分被判断为已因时效而消灭为条件，在反诉中，主张将该债权中已因时效而消灭的部分作为自动债权相抵的抗辩得到允许。(参照条文〔44〕民法第505条，民法第508条)

条文51　〔88〕第506条(相抵的方法及效力)

第506条(相抵的方法及效力)

①相抵，依当事人一方向对方的意思表示进行。在此场合，该意思表示，不得附条件或期限。

②前款意思表示，追溯到双方债务可以进行相抵时生其效力。

基本判例93　最三判平9・7・15民集51卷6号2581页(承包工程价款请求事件)

判定在订货人对承包人报酬债权作出将与此处于同时履行关系的取代瑕疵修补的损害赔偿债权作为自动债权进行相抵的意思表示的场合，订货人对相抵后剩余的报酬债务，从作出相抵的意思表示之日的翌日起负有履行迟滞所生责任的事例。[判プラⅡ第234事件]

第9章　契　约

在民法中,接着债权总论,在债权编第 2 章以下,规定的是债权的四个发 120
生原因:①契约,②无因管理,③不当得利,④侵权行为。

然后,在债权编的第 2 章“契约”第 1 节,规定了诺成契约,特别规定了关于双务契约的总论。即对①诺成契约的成立,②作为双务契约效力的同时履行的抗辩权(〔40〕民法第 533 条),风险负担(民法第 534 条—第 536 条),③契约的解除(〔63〕民法第 540 条,〔12〕第 541 条★★—第 544 条,〔55〕民法第 545 条—第 548 条)作出了规定。

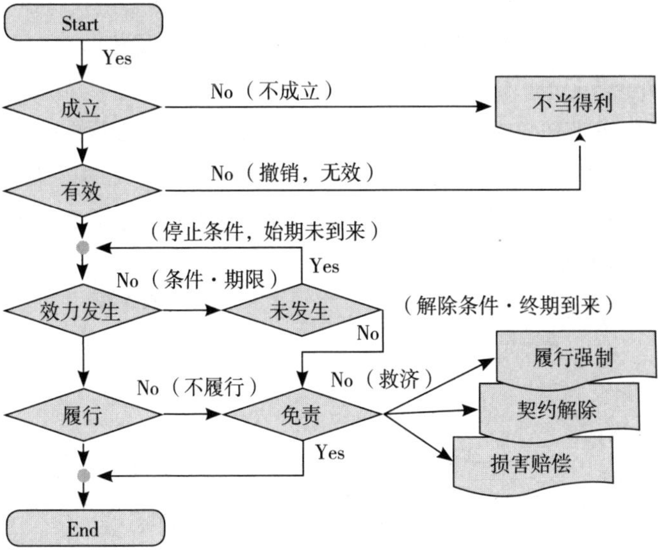

图 16　契约流转图

关于同时履行的抗辩权,已经在第 7 章“作为优先清偿权的债权的物的担保(事实上不是物权)”第 1 节“留置权(基于拒绝交付抗辩权的事实上的优先清偿权)”(边码 73 以下)作了论述。并且,关于契约的解除,也在第 8 章“债权、债务总论”第 2 节“债务不履行”(边码 87 以下)中作了论述。请参照各处的论述。

还有,虽然“契约”部分在后面对 13 种典型契约进行了类型性考察,但与此同时,将从契约成立到终结,作为“契约流转(flow)”加以把握也是非常有必要的。在考虑契约问题时,若依上文图 16 按契约成立到终结的顺序进行考察,在论点整理上是非常有用的。

121 第 1 节　双务契约总论

在债权总论中,像金钱债权那样,能够将债权以一个方向的箭头表现的场合较多。即箭头的起点能够表现债权人,箭头的终点能够表现债务人,箭头的长短和粗细则能够表现债权额、优先权的强度的场面,很多是债权总论的特色。关于金钱贷出借入的金钱消费借贷契约是单务契约,只发生贷主对借主的债权,所以只用一个箭头对准焦点。在深入进行法律思考的债权总论中,这种单务契约是被作为典型例子加以考察的。

但是,在其他契约(除金钱消费借贷外,几乎全部有偿契约)的场合,债权均以双向的箭头表现。例如,在买卖契约的场合,一方面,买主对卖主,可以谋求买卖标的物的交付;另一方面,卖主对买主可以谋求买卖价款的支付(参照〔22〕民法第 555 条)。

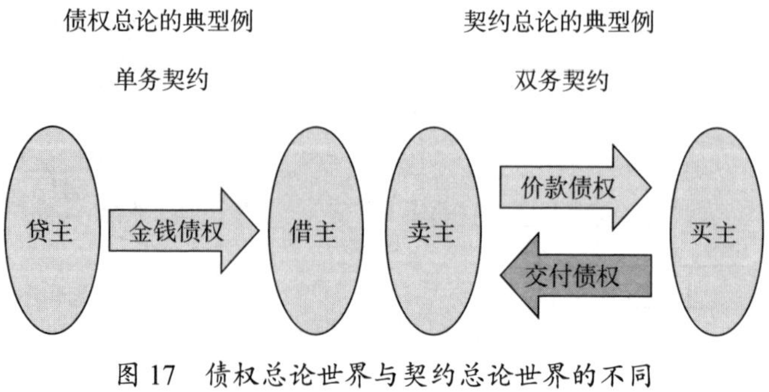

图 17　债权总论世界与契约总论世界的不同

而且,双务契约中的两个债权通常的运行过程是:同时发生,同时履行,同时消灭。的确,若只注目于一个债权,例如,卖主不交付标的物只请求价款债权,买主不支付价款只谋求标的物的交付似乎是可能的,但那是不公平的。

于是,民法就通过"双务契约的牵连性"这一概念来解决只注目于一个债权发生的不公平。即对基于一个契约发生的两个债权,通过使双方的债权同时履行,同时消灭,来实现双方当事人之间公平,所以一方当事人只请 122
求一方的债权时,另一方当事人,就可以拒绝其请求,而要求双方的债权同时履行。这就是重视双务契约的牵连性,旨在实现两当事人公平性的同时履行抗辩权机能。

条文 52 〔40〕第 533 条(同时履行抗辩)

> **第 533 条(同时履行抗辩)**
>
> 双务契约当事人之一方,在对方提供其债务履行之前,得拒绝履行自己的债务。但对方的债务无清偿期时,不在此限。

双务契约牵连性之中,履行的牵连性依同时履行抗辩权得以实现,消灭的牵连性依契约解除得以实现。

解除,具有在因双务契约的一方陷入了债务不履行,"达成所缔结契约的目的已不可能的场合"(参照民法第 542 条、第 566 条、第 635 条,这是解除的统一性要件),依对方提议,将双方当事人从已失去意义的契约的拘束力之下解放出来的机能[参照重点 27(边码 90)]。

条文 53 〔63〕第 540 条(解除权的行使)

> **第 540 条(解除权的行使)**
>
> ①依契约或法律规定,当事人的一方享有解除权时,该解除通过向对方的意思表示作出。
>
> ②前款意思表示,不得撤回。

如前所述,契约解除的统一性要件是,“达成所缔结契约目的已不可能”,但其证明却不容易。因此,为保护契约不履行的对方,考虑通过“附加期间”的制度(为契约不履行的当事人依债务本旨履行给予相当期间的缓期,若在该期间经过后债务还不履行,则视为构成契约解除要件的“所缔结契约目的已不能达成”的事态发生的制度)解除契约。

理论上,契约解除的要件有各种各样的情况,但实际上,契约解除几乎都是利用了这个制度“通过催告解除”的。这个条文的适用频度非常高的事实,就佐证了这种情况。

条文 54 〔12〕第 541 条(因履行迟滞等的解除权)★★

> **第 541 条(因履行迟滞等的解除权)**
>
> 当事人一方在不履行其债务的场合,对方规定相当期间催告其履行,在该期间内没有履行时,对方可以解除契约。

123 解除的效果,过去都是追溯到未缔结契约的状态,考虑的是像契约开始就没有那样,未履行的债务(未履行债务)消灭,已履行债务(既履行债务),作为不当得利发生返还义务。但是,现在,契约解除被考虑为使契约终结的契约法进程,不是契约关系一下子终结并进入不当得利关系,而是让契约关系仍然存续,将契约关系倒回契约成立时的状态,(清算关系)开始进行。

条文 55 〔55〕第 545 条(解除的效果)

> **第 545 条(解除的效果)**
>
> ①当事人一方行使其解除权时,各当事人,负有使对方恢复原状的义务。但不得侵害第三人的权利。
>
> ②在前款的场合,返还金钱时,必须从受领时起支付利息。
>
> ③解除权的行使,不妨碍损害赔偿的请求。

第 2 节　典型契约类型

民法,在债权编第 2 章“契约”第 2 节—第 14 节,对 13 个典型契约作出规定。在民法条文 · 适用频度表前 100 中,虽然并未出现所有契约类型,但在以下表 10 尝试进行 13 个契约类型的整体定位。

表 10　契约类型(典型契约)

<table>
<tr><th colspan="3">标的</th><th colspan="3">性质</th><th>名称</th></tr>
<tr><td colspan="3" rowspan="3">财产权转移(无返还必要)
(结果债务)</td><td>无偿</td><td>单务</td><td>诺成</td><td>1. 赠与</td></tr>
<tr><td rowspan="2">有偿</td><td rowspan="2">双务</td><td rowspan="2">诺成</td><td>2. 买卖</td></tr>
<tr><td>3.交换</td></tr>
<tr><td rowspan="2">兼有物的利用的财产权转移</td><td colspan="2" rowspan="2">价值的利用与返还</td><td>无偿 · 有偿</td><td rowspan="2">单务</td><td rowspan="2">要物</td><td>4. 消费借贷</td></tr>
<tr><td>无偿 · 有偿</td><td>10. 消费寄托</td></tr>
<tr><td colspan="3" rowspan="2">物的利用</td><td>无偿</td><td>单务</td><td>要物</td><td>5. 使用借贷</td></tr>
<tr><td>有偿</td><td>双务</td><td>诺成</td><td>6. 借贷</td></tr>
<tr><td rowspan="4">劳务的利用</td><td>从属</td><td>时间性拘束
(劳务的租赁)</td><td>有偿</td><td>双务</td><td>诺成</td><td>7. 雇用</td></tr>
<tr><td rowspan="3">独立</td><td>工作的完成
(结果债务)</td><td>有偿</td><td>双务</td><td>诺成</td><td>8. 承包</td></tr>
<tr><td rowspan="2">委任工作
(手段债务)</td><td>无偿</td><td>单务</td><td rowspan="2">诺成</td><td rowspan="2">9. 委任
(准委任)</td></tr>
<tr><td>有偿</td><td>双务</td></tr>
<tr><td rowspan="2">劳务的利用</td><td rowspan="2">独立</td><td rowspan="2">保存物</td><td>无偿</td><td>单务</td><td rowspan="2">要物</td><td rowspan="2">10. 寄托</td></tr>
<tr><td>有偿</td><td>双务</td></tr>
<tr><td colspan="2" rowspan="3">物与劳务的结合</td><td>运营事业</td><td>有偿</td><td>双务</td><td>诺成</td><td>11. 组合</td></tr>
<tr><td rowspan="2">年金给付</td><td>无偿</td><td>单务</td><td rowspan="2">诺成</td><td rowspan="2">12. 终身定期金</td></tr>
<tr><td>有偿</td><td>双务</td></tr>
<tr><td colspan="3">纠纷的自主解决</td><td>有偿</td><td>双务</td><td>诺成</td><td>13.和解</td></tr>
</table>

124

第3节 买 卖

买卖契约,不仅是日常生活中离我们最近的契约,而且关于买卖契约的规定,被准用于所有有偿契约(民法第559条),被置于有偿契约总论的位置。并且,买卖契约的性质,与承包契约类似,是使结果债务发生的契约。

条文56 〔22〕第555条(买卖)★

第555条(买卖)

买卖,通过约定当事人一方将某财产权转移给对方,对方对此支付其价款,生其效力。

买卖的规定,发挥着有偿契约总论的机能(民法第559条),其中特别重要的是瑕疵担保责任的规定(〔56〕民法第570条)。

说到瑕疵担保,可能给人一个很难的印象,但实际上并不复杂。第一,瑕疵是缺陷的意思;第二,担保是保证的意思,所谓"瑕疵担保责任",应该是卖主承担买卖标的物"没有缺陷的保证"责任。从反面而言,就是"买卖标的物有缺陷要负责任"这一卖主的责任。在日常生活中,耐久消费材料都附有厂家的品质保证书,但瑕疵担保责任并不是由厂家承担,理解为是卖主的"品质保证责任"比较容易接受。

瑕疵担保责任的法律性质曾经一直存在争论,有人说它是〔5〕民法第415条(因债务不履行的损害赔偿)★★★,是〔12〕民法第541条(因履行迟滞等的解除权)★★等被适用的契约责任;还有人说它与契约无关,是法律特别规定的相关法定责任。但是,由于被作为法定责任说起源的《德国民法典》于2002年将瑕疵担保责任考虑为契约责任,以致这一学说成为世界潮流【参照[曽野=山手·国際売買法(1993)]】,日本引进这些学说,并进行了债务法修改。现在,可以认为,将瑕疵担保责任考虑为契约责任的见解已成定见。

日本民法,从当初开始,就把瑕疵担保责任作为卖主的契约责任加以规 125
定,根本没有做德国民法那种修改的必要性。尽管如此,民法(债权法)修正案,仍然提出了删除民法第 570 条关于瑕疵担保责任的规定的提案,这是基于日本瑕疵担保责任被国际潮流抛弃在外的误解而发生的大失态。

日本的瑕疵担保责任,不过是契约责任(债务不履行责任)中“不完全履行”的一个类型。那么,瑕疵担保责任的规定并未被置于契约总论中是何原因呢?原来是瑕疵担保责任在无偿契约(赠与、使用借贷)中原则上是不被认可的(民法第 551 条、第 596 条),其仅是有偿契约中特有的责任。就是说,瑕疵担保责任被置于有偿契约总论买卖的规定中,就是为了明确瑕疵担保责任,并不是无偿契约,而是有偿契约中独特的不完全履行问题。

条文 57　〔56〕第 570 条(卖主的瑕疵担保责任)

第 570 条(卖主的瑕疵担保责任)

买卖标的物有隐蔽的瑕疵时,准用第 566 条〔有地上权等场合卖主的担保责任〕的规定。但强制拍卖的场合,不在此限。

基本判例 94　最二判昭 36・12・15 民集 15 卷 11 号 2852 页(约定汇票金请求事件)

在债权人明知履行存在瑕疵仍予接受,且未向债务人主张瑕疵担保责任等特殊情形下,若不存在其他特殊事由,债权人即使在受领后仍享有通过更换或追加履行的方法请求完全给付的权利。因此,当不完全给付系可归责于债务人之事由时,债权人可基于债务不履行主张损害赔偿请求权及合同解除权。[判例百選Ⅱ第 53 事件][判プラⅡ第 186 事件]

基本判例 95　最三判平 3・4・2 民集 45 卷 4 号 349 页(损害赔偿请求事件)

判定在建筑物与其宅基地的租借权已被作为买卖标的时,即使之后判明在买卖契约缔结的当时该租赁人对其宅基地应负担修缮义务的缺陷已存在,对此类租赁人应通过履行修缮义务予以补正的宅基地缺陷,是应对租赁人请求该修缮的,但不能以宅基地的缺陷对租赁人主张作为债权的租借权存在缺

陷,不能说买卖标的物有隐蔽的瑕疵的事例。[判例百選Ⅱ第 54 事件][判プラⅡ第 184 事件]

基本判例 96　最三判平 13・11・27 民集 55 卷 6 号 1311 页(损害赔偿请求事件)

判定对由瑕疵担保发生的损害赔偿请求权有消灭时效规定的适用,这一消灭时效,从买主接受了买卖标的物的交付之时起进行的事例。[判例百選Ⅱ第 55 事件][判プラⅡ第 181 事件]

基本判例 97　最三判平 22・6・1 民集 64 卷 4 号 953 页(损害赔偿请求,民诉法第 260 条 2 款申请事件)

126 判定在买卖标的土地的土壤中,即使买卖后含有无论按受规制的溶出量基准值还是含有量基准值均超标的氟素的情况,应该说也不符合民法第 570 条所说瑕疵的事例。[判例百選Ⅱ第 52 事件]

最新判例 19　最二判平 25・3・22 判时 2184 号 33 页(损害赔偿等请求事件)撤销自判

判定对购入了土地区划整理事业施行地区内土地的买主在买卖后被土地区划整理组合征缴赋课金*的场合,因为导致土地区划整理组合会在代表大会作出向组合成员征缴赋课金决定的,是上述买卖后开始的保留地分割转让未能顺利进行,而在上述买卖的当时,在土地区划整理组合完全没有听到过有向组合成员征缴赋课金的具体预定,上述决议是在上述买卖经过数年之后的事情。所以在这种情况下,买主不能以上述买卖当时。存在被征缴赋课金的可能性,主张上述土地存在民法第 570 条的瑕疵。(参照条文〔56〕民法第 570 条)

---

* 赋课金:对一定的人按比例征收金钱的制度。赋课金这一用语多被用于为完成某项事业从多数关系人征收必要经费的场合。有土地区划整理组合为充实其事业所需经费从组合员征收,市街地再开发组合为充实其事业所需经费从组合成员征收,政府为施行机动车损害赔偿保险事业从保险公司征收赋课金等例子。赋课金的征收均依法律规定进行。对滞纳赋课金的情况,一般是认可强制征收(行政上的强制征收)。强制征收亦依相关法条执行。主要依据〔日〕竹内昭夫等编:《法律学新辞典》,有斐阁平成 2 年 4 月第三版,第 1212 页。——译者注

第 4 节　消费借贷

消费借贷契约,是债权总论规定的使金钱债权(民法第 402 条—第 405 条)发生的典型例。

消费借贷契约,被考虑为不是仅依合意成立的“诺成契约”,而是依标的物交付才成立的“要物契约”。但是,由于通过民法第 588 条(准消费借贷)的规定,例如,对分期付款销售等那种“不依消费借贷负担给付金钱及其他物义务”的场合,也规定“消费借贷,据此视为已成立”。所以,今天的现状是,诺成消费借贷契约【参照[加賀山・立替払契約の購入者の保護(2015)1-20 頁]】在广泛的范围内都可成立。

条文 58　〔41〕第 587 条(消费借贷)

第 587 条(消费借贷)

消费借贷,通过当事人一方约定以种类、品质及数量相同之物予以返还,收取对方金钱及其他物而生其效力。

基本判例 98　最三判平 23・10・25 民集 65 卷 7 号 3114 页(债务不存在确认等请求及当事人参加事件)

判定单个物品分期付款购入斡旋,在法律上,是作为分别的契约关系的
购入者与分期付款购入斡旋业者之间的替代支付契约和,以购入者与销售业
者之间的买卖契约为前提的契约。虽然这两契约在经济上、实质上处于密接
关系的情况是否定不了的,但应该说购入者也不能以买卖契约上所生事由就
当然可以对抗斡旋业者,而分期付款销售法〔平成 20 年法律第 74 号修改前 127
的规定〕第 30 条之 4 第 I 项的规定,从购入者保护的观点出发,购入者得以
买卖契约上所生事由对抗斡旋业者的处置是新被认可的情形的事例。[判例
百選Ⅱ第 56 事件]

第5节 租 赁

租赁契约,是关于物的利用的典型性契约。

条文59 〔14〕第601条(租赁)★★

第601条(租赁)

租赁,通过当事人一方约定使对方以某物使用及收益,对方约定对此支付其租赁费,而生其效力。

在租赁中进入民法条文·适用频度表前100的条文,是特别重要的条文。〔73〕民法第605条显示出的契约关系若进行不动产登记,即可对抗第三人,这一点在理论上也具有重要意义[关于债权的对外效力,请参照第1款债权的对外效力的一般理论(领域横向思维方式,边码99)]。

条文60 〔73〕第605条(不动产租赁的对抗力)

第605条(不动产租赁的对抗力)

不动产的租赁,进行了登记时,对其后就该不动产取得了物权者,也生其效力。

在租赁中,紧接开头条文之后,适用频度高的是〔13〕第612条★★(租借权的转让及转租的限制)。

条文61 〔13〕第612条(租借权的转让及转租的限制)★★

第612条(租借权的转让及转租的限制)

①租借人,未到出租人承诺不得转让其租借权,或者转租其租借物。

②租借人违反前款规定让第三人使用或者收益租借物时,出租人得解除契约。

本条规定，在擅自转让、擅自转租的场合，出租人可以解除契约。尽管如此，判例仍然判示：仅在租赁契约目的不能达成的场合，即信赖关系遭到破坏的场合，出租人得解除契约，以下判例，对契约解除要件，在跨领域横向进行统一解释上发挥着重要作用。

基本判例 99　最一判昭 41・1・27 民集 20 卷 1 号 136 页(建筑物收去土地清交请求上告事件) 128

判定土地租借人未得到出租人承诺将其租借地转租给他人的场合，租借人行为对出租人有不足以认定背信行为的特殊情形时，出租人不得行使民法第 612 条第 2 款解除权的事例。[判プラⅡ第 213 事件]

著者高度评价此判例的解释方法，若重述此判例，则可以如下条文形式表现，并可以构成立法提案。

> **第 612 条**(租借权的转让及转借限制)(民法修改・私案)
>
> ①租借人违反契约目的使用或收益，致使出租人与租借人之间的信赖关系遭到破坏时，出租人可以解除契约。
>
> ②租借人未得出租人承诺，转让其租借权或转租租借物时，推定信赖关系遭到破坏，出租人可以解除契约。但租借人证明租借人的行为对出租人有不足以认定为背信行为的特殊情形时，出租人不得解除契约。

基本判例 100　最二判平 8・10・14 民集 50 卷 9 号 2431 页(建筑物收去土地清交请求事件)

判定租借人是法人的场合，即使法人成员和机关发生变动，法人格同一性也并未丧失，所以，应解释为不同于租借权的转让的事例。[判例百選Ⅱ第 60 事件][判プラⅡ第 210 事件]

基本判例 101　最三判平 9・2・25 民集 51 卷 2 号 398 页(建筑物租赁费等请求本诉，保证金返还请求反诉事件)

判定在租赁契约以转租人的债务不履行为理由解除而终结的场合，有出租人承诺的转借，原则上，出租人对转租人请求标的物返还时，认定因转租人对转借人的债务履行不能而终结的事例。[判例百選Ⅱ第 65 事件][判プラⅡ第 217 事件]

〔25〕第616条(使用租借规定之准用)

第594条第1款〔借主的使用及收益〕,第597条第1款〔借用物的返还时期〕及第598条〔借主的收去〕规定,对租赁准用。

129 与有偿地利用物的契约称之为租赁相对,无偿地利用物的契约称之为使用租借。

在租赁规定中,有〔25〕民法第616条★(使用租借规定之准用)这一规定,其进入民法条文·适用频度表前100,是因为租赁的开头条文〔14〕民法第601条★★的规定,事实上,存在缺少"契约终结时返还标的物"事项这一缺陷,使用租赁开头条文(民法第593条)等条文就补全了租赁的规定。

接受了这种做法,民法(债权关系)修正案对民法第601条作出以下提案。

民法(债权关系)修正案　第601条(租赁)

租赁,通过当事人一方约定使对方以某物使用及收益,对方约定对此支付其租金以及在契约终结时返还所接受交付之物,而生其效力。

第6节　雇　用

雇用,是关于劳务提供的典型性契约。过去,劳动关系特别法曾使其适用领域过于狭窄,但以2008年劳动契约法的制定为契机,以民法第628条(因不得已事由而发生的雇用解除)为中心,适用机会逐渐增加。

条文63 〔37〕第623条(雇用)

〔37〕第623条(雇用)

雇用,通过当事人一方与对方约定从事劳动,对方对此约定给付报酬,而生其效力。

民法中关于雇用的规定,是在“劳务的租赁”这一概念下起草的,与租赁的条文之差,如下表 11 那样,恰好就 10 条错落排列,显示出完美的对应关系。

表 11　租赁(物的租赁)与雇用(劳务的租赁)之对照

	租赁	雇用
支付时期	民法第 616 条(租赁费的支付时期)	民法第 624 条(报酬的支付时期)
解约的提出	民法第 617 条(无定期租借解约的提出)	民法第 627 条(无定期雇用解约的提出)
定期的契约解除	民法第 618 条(定期租借解约的权利留保)	民法第 628 条(因不得已事由的雇用解除)
更新的推定	民法第 619 条(租赁更新的推定)	民法第 629 条(雇用更新的推定)
解除的效力	民法第 620 条(租赁解除的效力)	民法第 630 条(雇用解除的效力)

第 7 节　承　包

承包契约,是发生结果债务的典型例,制定有与买卖类似的规定。 130

条文 64　〔54〕第 632 条(承包)

第 632 条(承包)

承包,通过当事人一方约定完成某项工作,对方约定对其工作结果支付其报酬,而生其效力。

关联判例(参照基本判例 117,边码 146)。

第 8 节　委任 · 准委任

委任,是使手段债务发生的典型性契约。委任契约,是使受任者负担

"同种合理人在相同状况下将尽最优努力义务"的契约。

条文65　〔52〕第643条(委任)

> **第643条(委任)**
>
> 委任,通过当事人一方委托对方实施法律行为,对方对此予以承诺,而生其效力。

在委任契约中,受任者被科以"最优努力义务"的情况,称之为"手段债务"。就是说,委任契约,是使受任者发生手段债务的契约。

条文66　〔26〕第644条(受任者的注意义务)★

> **第644条(受任者的注意义务)**
>
> 受任者负遵从委任的本旨,以善良管理者之注意,处理委任事务的义务。

最新判例20　最三判平25·4·16民集67卷4号1049页(损害赔偿请求事件)撤销发回重审

受理债务整理相关法律事务的律师,在就该债务整理,采取对特定债权人的剩余本金债务原封不动地放置等待该债务相关债权消灭时效完成方针的场合,上述方针,除有债务整理的最终解决将会迟延的不利益外,还存在被上述债权人起诉的可能性,一旦被起诉,那么将会有受到伴随包含超过法定利率的高利率迟延损害金的败诉判决的公算很高的风险。同时,还可以充分考虑通过用回收的多付款清偿对上述债权人的剩余债务的方法来谋求最终解决的现实的选择肢。此时,作为基于委任契约的善管注意义务之一环,上
131 述律师应负有对委任者,在说明上述方针伴随的不利益和风险的同时,说明上述选择肢的义务(有补足意见)。(参照条文〔5〕民法第415条★★★,〔26〕民法第644条★)

条文 67 〔64〕第 648 条(受任者的报酬)

> **第 648 条(受任者的报酬)**
>
> ① 受任者,若无特约,不得对委任者请求报酬。
>
> ② 受任者,接受报酬的场合,在履行委任事务之前不得请求报酬。但按期间决定报酬时,准用第 624 条第 2 款〔报酬的支付时期、期间经过后〕规定。
>
> 委任因不能归责于受任者的事由而中途终结履行时,受任者得按既履行比例请求报酬。

不仅委任,以雇用契约规定(民法第 624 条)为首,以及承包契约(民法第 633 条第 2 款),有偿寄托(民法第 665 条),所有服务契约(役务契约),原则上都是后支付报酬。

其理由是,防止契约法风险分担思维方式中最重要的"道德风险"。

服务提供者,在其提供后,只有包含其评价报酬被支付才具有"尽最优努力"的激励。若对方先向服务提供者支付了报酬,那么来自服务提供者"尽最优努力"的激励将被大幅剥夺。

服务契约的特色,不只有以上那些。服务契约,因为结果的客观性评价困难的情形居多,所以其进程中信赖关系具有重要意义。因此,关于契约解除,信赖关系的破坏构成重大要因。信赖关系的破坏,"契约目的不能达成",对契约解除的一般要件占非常大的比重。特别是,在全面委托专家处理事务的委任、准委任契约的场合,保护作为外行的委任者的立场是必要的。委任、准委任契约的解除,之所以如以下看到的那样,远比其他服务契约更容易被认可,就是以上考虑的表现。

条文 68 〔85〕第 651 条(委任的解除)

> **〔85〕第 651 条(委任的解除)**
>
> ①委任,各当事人随时得解除。

②当事人一方在不利于对方的时期解除委任时,该当事人一方,必须赔偿对方的损害。但有不得已事由时,不在此限。

132 **基本判例 102　最二判昭 56 · 1 · 19 民集 35 卷 1 号 1 页(受让债权请求事件)**

判定即使是没有不得已事由的场合,因为以委任者有不能解释为已放弃委任契约解除权本身的情形时,该委任契约也为受任者利益而实施为理由,违反委任者意思使事务处理继续的情况,会阻害委任者利益并违反委任契约的本旨,所以,委任者可依民法第 651 条解除委任契约,但受任者因此遭受不利益时,可通过从委任者接受损害赔偿,而使其不利益得到填补为足的事例。[判例百選Ⅱ第 69 事件][判プラⅡ第 248 事件]

条文 69　〔20〕第 656 条(准委任)★

第 656 条(准委任)

此节〔委任〕规定,准用于对非法律行为事务的委托。

对准用规定适用频度非常高的场合,恰恰是民法的规定纰漏多的场合。

如前所述,关于〔25〕民法第 616 条★(使用借贷规定的准用),对租赁可准用使用借贷规定的理由,是因为租赁的开头条文〔14〕民法第 601 条★★(租赁)有纰漏(对契约终结后的返还义务言及不足)。

在委任契约中,作为准用规定的〔20〕民法第 656 条★(准委任)的适用频度之所以非常高,是因为委任开头条文〔52〕民法第 643 条(委任)的规定将委任限定在“法律行为”的委托,而将“非法律行为事务”的委任除外了。

因此,在民法修改中,委任的开头条文本身,除法律行为的委托外,还应该包含法律行为以外事务的委托,但这次民法(债权关系)修正案,没有完成这个改变。

第 9 节　寄托 · 消费寄托

寄托，是保存物的契约，但存款契约那种受托者可以消费寄托物的场合，称为消费寄托(〔42〕民法第 666 条)。在这种场合，不是寄托规定，而是准用消费借贷规定。就是说，在银行存款，事实上发生的效果与把钱借给银行相同。不过，在这种契约(消费寄托)中，未规定返还时期时，不能准用消费借贷规定(民法第 591 条)，“寄托者，随时可以请求返还”(〔42〕民法第 666 条 2 款)。

条文 70　〔42〕第 666 条(消费寄托) 133

第 666 条(消费寄托)

①第 5 节(消费借贷)的规定，准用于受托者依契约可以消费寄托物的场合。

②前款准用第 591 条第 1 款〔返还的时期 · 出借人的返还催告〕规定，但在前款契约没有规定返还时期时，寄托者随时可请求返还。

基本判例 103　最二判平 8 · 4 · 26 民集 50 卷 5 号 1267 页(第三人异议事件)

判定由汇款委托人向收取人银行普通存款账户存款时，无论汇款委托人与收取人之间是否存在以汇款为原因的法律关系(误汇款亦同)，收取人与银行之间即成立与汇款金额相当的普通存款契约，即使汇款委托人与收取人之间不存在以汇款为原因的法律关系，当由汇款收取人取得与汇款金额相当的存款债权时，汇款委托人对收取人，只享有与其同额的不当得利返还请求权，并未取得妨碍存款债权转让的权利，所以不能谋求不许收取人的债权人对存款债权的强制执行的事例。[判例百選Ⅱ第 72 事件]

注：误汇款，若考虑为有效存款债权成立，则因其中有法律上的原因，所以不应成立不当得利。若承认误汇款委托人对收取人等的不当得利返还请求，就必须否定由误汇款发生的存款债权的成立。无论哪种情况，判旨上都存在逻辑上的破绽。

基本判例 104　最二判平 15・2・21 民集 57 卷 2 号 95 页(存款返还,假执行*的原状恢复及损害赔偿请求事件)

判定受任人依委任契约被委任人授予代理权的场合,受任人受取物的所有权当然转移至委任人,但对金钱,因为占有与所有结合在一起,金钱所有权常归属于金钱受领人(占有人)的受任人,受任人只不过负有应向委任人支付同额金钱的义务而已,所以存款债权归属受任人的事例。[判例百選Ⅱ第 73 事件][判プラⅡ第 253 事件]

第 10 节　和解（纠纷的自主解决）

和解契约,是依当事人自主合意来实现民事纠纷解决机能的制度,也是
134 特别重要的契约类型。虽然在民法条文・适用频度表前 100 中顺位较低,但最近,有关和解规定的适用频度正在增加,今后这种倾向也有继续发展下去的趋势。

条文 71　〔93〕第 695 条(和解)

第 695 条(和解)

和解,通过当事人约定相互让步终止他们之间的纷争,生其效力。

最新判例 21　最三判平 27・9・15 判时 2281 号 98 页(不当得利返还请求事件)一部撤销自判,一部驳回

判定关于发生过付款的继续性金钱消费借贷交易,借主与贷款业者之间在特定调解程序中成立了调解,其中所含认定借主对贷款业者存在剩余债务的确认条款及调解条款上规定的确认此外没有任何其他债权债务的所谓清

---

* 假执行:假执行宣言。在判决确定之前付与执行力的裁判。原则上裁判要待判决确定才能强制执行,但是,为了缓和作为因对方的上诉而使确定被延长的结果,胜诉人所生不利益,在确定前亦得强制执行的判决。决定、命令原则上是即时发生执行力的,所以没有假执行宣言的必要。法律具体规定了可以进行假执行宣言的主要场合,须严格按法律规定实施。主要依据〔日〕竹内昭夫等编:《法律学新辞典》,有斐阁平成 2 年 4 月第三版,第 176 页以下。——译者注

算条款，在如下①至③等项所判示情形之下，整体上不能说违反公序良俗。①在上述调解中调解的目的，是要在文字上明记上述继续性金钱消费借贷交易之中特定期间内借主从贷款业者借入借款等债务情况，上述确认条款及上述清算条款也以此为前提。②上述确认条款，作为上述①借款等剩余债务，内容是确认上述特定期间内借入及对此偿还依利息限制法所定限制利率折扣计算不超过剩余本、利金额的支付义务。③在上述清算条款中，没有特别包含以由上述继续性金钱消费借贷交易整体所生过付款返还请求权等债权为对象之意思的内容。（参照条文〔8〕民法第 90 条★★★，〔28〕民法第 91 条★，〔93〕民法第 695 条）

条文 72　〔61〕第 696 条（和解的效力）

第 696 条（和解的效力）

一方当事人通过和解享有系争标的权利的情况得到承认，或者对方不享有此权利的情况得到承认的场合，已取得其一方当事人过去就不享有该权利的确证或者对方过去就享有此权利的确证时，该权利依和解向该一方当事人转移或者消灭。

基本判例 105　最一判昭 33·6·14 民集 12 卷 9 号 1492 页（商品价款请求事件）

构成和解契约内容的代物清偿标的物金菊牌草莓果酱有瑕疵，因此给和解契约要素带来了错误，认定和解契约错误无效的事例。［判例百選Ⅱ第 71 事件］［判プラⅡ第 157 事件］

第 10 章　不当得利

135　不当得利,是广义上债权关系(含占有关系、相邻关系等)的安全网。

契约不成立,构成撤销、无效的场合,作为契约缺损的不当得利,给付不当得利(〔10〕民法第 703 条★★★、〔83〕第 704 条、第 705 条、第 706 条、第 708 条)调整得利与损失。在接近无因管理却不成立严密的无因管理的场合,作为缺损无因管理不当得利,支出不当得利(民法第 707 条)调整得利与损失。在接近侵权行为却又不成立严密的侵权行为的场合,侵害不当得利(民法第 189 条、第 190 条、第 191 条、第 248 条)调整得利与损失(不当得利关系到各种各样的制度,特别是与求偿权的关系非常重要)。关于这一点,请参考[渡邊・求償権の基本構造(2006)]。

表 12　不当得利的类型

类型			条文
一般不当得利			〔10〕民法第 703 条★★★(不当得利的返还义务)
			〔83〕民法第 704 条(恶意受益人的返还义务等)
特别不当得利	给付不当得利	肯定	民法第 703 条、第 704 条
			〔46〕民法第 708 条但书(不法原因给付)
			民法第 121 条但书(撤销的效果)
		否定	民法第 705 条(已知债务不存在的清偿)
			民法第 706 条(期限前清偿)
			〔46〕民法第 708 条本文(不法原因给付)
	支出不当得利		民法第 707 条(他人的清偿)

（续表）

类型		条文
	侵害不当得利	民法第 189 条(善意占有人的果实取得等)
		民法第 190 条(恶意占有人的果实返还等)
		民法第 191 条(占有人的损害赔偿)
		民法第 248 条(伴随附合、混和与加工的偿金请求)

条文 73　〔10〕第 703 条(不当得利的返还义务)★★★

> **第 703 条(不当得利的返还义务)**
>
> 无法律上原因由他人财产或劳务得到利益,因此给他人带来损失者(以下本章称“受益人”),在该利益所在限度内,负返还该利益的义务。

基本判例 106　最三判昭 38・12・24 民集 17 卷 12 号 1720 页(不当得利返还请求事件) 136

判定关于运用利益,应解释为,社会观念上认为在即使没有受益人行为的介入,只要不当得利者通过该财产获得了利益,且该利益属于损失者在正常情况下原本应当取得的范围,则该利益即构成不当得利,应当予以返还。[判例百選Ⅱ第 74 事件][判プラⅡ第 269 事件]

基本判例 107　最三判平 7・9・19 民集 49 卷 8 号 2805 页(不当得利金请求事件)

判定承包人基于与建筑物租借人之间订立的承包契约完成了建筑物修缮工程,那之后,因建筑物租借人变得无资力,致使承包人对建筑物租借人的承包价款债权的全部或者一部分是无价值的场合,该建筑物所有人之所以能够无法律上原因地接受了相当于提供了修缮工程所需财产及劳务的利益,是因为把建筑物所有人与建筑物租借人之间的租借契约作为整体来看,建筑物所有人是被限制在无对价关系地接受了该利益之时,据此否定了所谓转用物诉权〔某人的给付也构成契约对方以外第三人利益的场合,实施了给付的人

可以向第三人请求利益偿还的思维方式]的事例。[判例百選Ⅱ第76事件][判プラⅡ第267事件]

基本判例108　最一判平19・3・8民集61卷2号479页(不当得利返还请求事件)

判定将无法律上原因得利的代替性某物出售给第三人,不当得利的受益人,原则上要对损失者负与出售价款相当价额金钱的不当得利返还义务的事例。[判例百選Ⅱ第75事件][判プラⅡ第271事件]

条文74　〔83〕第704条(恶意受益人的返还义务等)

第704条(恶意受益人的返还义务等)

恶意受益人,其所受利益必须附加利息返还。在此场合,仍有损害时,负该赔偿责任。

基本判例109　最一判昭49・9・26日民集28卷6号1243页(金钱返还请求事件)

在甲骗取了乙的金钱并将其贪污,用该金钱对自己的债权人丙清偿了债务的场合,社会通念上仅有用乙的金钱谋求了丙的利益被认为是有连结的场合,尚应解释为不当得利的成立是有必要因果关系的。并且,丙对从甲受领该金钱是恶意或有重大过失的场合,丙取得金钱,在与作为被欺骗和被贪污者乙的关系上,没有法律上的原因,构成不当得利的事例。[判例百選Ⅱ第77事件][判プラⅡ第265事件]

最新判例22　最一判平25・4・11判时2195号16页(不当得利返还请求事件)撤销发回重审

137 判定在继续性金钱消费借贷交易的基本契约包含起额付款充当合意(在起额付款发生当时不存在其他借款债务,则将起额付款充当之后所发生新借入债务的合意)的场合,只要没有可评价为另有合意那种特殊的情况,首先应将起额付款发生的民法第704条前段所定利息充当新借入债务,次之应将起额付款充当新借入债务的剩余部分。(参照条文民法第488条,〔83〕民法第704条前段)

第 708 条(不法原因给付)

因不法原因实施了给付者,不得请求返还该已给付物。但不法原因仅就受益人存在时,不在此限。

〔10〕与民法第 703 条★★★,〔83〕民法第 704 条相反,否定不当得利返还请求的规定,存在民法第 705 条—第 708 条这 4 个条文:

第一,民法第 705 条,被称为非债清偿,是否定知道没有债务而任意给付者的不当得利返还请求的规定。其理由是,这种场合可以和已赠与之物做同样处理。

第二,民法第 706 条,是有关期限前清偿的规定,期限前接受了清偿的债权人,利息构成得利,清偿人错误地在期限前清偿的场合,对利息部分的得利返还请求虽被认可,但对正当清偿本金的返还,是予以否定的。

第三,民法第 707 条是关于错误清偿的规定,不是债务人的人错误地认为是债务人或保证人清偿了债务的场合,在接受了清偿的债权人,善意地将证明债权存在的证书灭失,放弃担保,消灭时效期间经过等,以至于无法实质性地行使债权的场合,为保护善意的债权人,错误实施了清偿的人对债权人的不当得利返还请求是予以否定的(民法第 707 条第 1 款)。不过,在这些场合,清偿人对债务人取得求偿权(民法第 707 条第 2 款),所以没有问题。

第四,发生问题的是,民法第 708 条不法原因给付的场合。依民法第 705 条—第 707 条的规定,基于不当得利的返还请求权的限界在法律上获得了明确解决。但尽管如此,以民法第 705 条—第 707 条以外的理由,即道德性的理由,否定不当得利的原则,就做得有些过了。

因此,民法第 708 条,尽量限制性地实施是必要的,关于这一点,[梅・民法要義(三)(1887)881 頁]对不法原因给付制度展开过相当有说服力的批判,在今天也非常值得倾听。

138 **基本判例 110　最大判昭 45・10・21 民集 24 卷 11 号 1560 页(建筑物清交等请求事件)**

判定因为民法第 708 条得到公认地规定了对亲自实施了反社会行为的人,不允许诉求其行为结果的复旧这样的宗旨,所以给付人,不仅基于不当得利的返还请求不被允许,以标的物的所有权在自己为理由,请求已给付之物的返还也不被允许。应解释为赠与者已不能请求已给付之物的返还时,作为其反射性效果,标的物的所有权已脱离赠与者之手而归属于受赠者的事例。[判例百選Ⅱ第 79 事件][判プラⅡ第 275 事件]

基本判例 111　最三判平 10・5・26 民集 52 卷 4 号 985 页(约定汇票金请求事件)

判定在消费借贷契约的借主甲对贷主乙请求向第三人丙给付贷款,乙按照此请求对丙作出给付之后,甲撤销了契约的场合,关于乙提出的不当得利返还请求,甲只要没有特别的情况,由乙向丙的给付,视为其接受了相当于该价额的利益是相当的。但是,在借主甲与丙之间,事前没有任何法律上或事实上的关系,借主甲受丙胁迫,只是按照指示被迫缔结了本件消费借贷契约,并且借主甲还被指示向乙的账户汇入贷款,进而相当于前面所说的有特别情况的场合,得以借主甲没有从汇款受到任何利益为由,将贷款返还予以否定的事例。[判例百選Ⅱ第 78 事件][判プラⅡ第 263 事件]

最新判例 23　最三判平 26・10・28 民集 68 卷 8 号 1325 页(不当得利返还等请求事件)撤销

判定在乙与破产人甲之间的契约因违反公序良俗而无效,乙从该契约所收取给付的金钱被要求返还的场合,该金钱相当于由无限连锁传销事业所给付红利金,是以其他会员所出资金钱为原资的,以至于该事业会员相当一部分人因甲的破产而遭受损失并占了破产债权人的多数,在甲的破产管财人为谋求对破产债权人分配红利等的适当正确且公平的清算,要求乙返还该红利金等的情况下,乙以该红利金给付相当于不法原因给付为理由而拒绝该返还的做法,基于诚实信用原则而不被允许(有补足意见)。(参照条文〔6〕民法第 1 条★★★,〔8〕民法第 90 条★★★,〔46〕民法第 708 条,破产法第 78 条)

第 11 章　侵权行为

有关侵权行为的条文也是民法条文 · 适用频度表前 100 中被频繁适用的条文群。关于其要件(故意或过失,因果关系,损害的发生),在债务不履行中已经做过说明,这里我们只概观一下侵权行为的类型与效果。 139

表 12-1　侵权行为的类型与效果*

	类型	条文	效果
一般侵权行为	单独侵权行为	〔1〕民法第 709 条★★★	损害赔偿请求
	共同侵权行为	〔9〕民法第 719 条★★★	损害赔偿请求
特别侵权行为	无责任能力人的监督义务人等的责任	〔100〕民法第 714 条	损害赔偿请求
	使用人等的责任	〔4〕民法第 715 条★★★	损害赔偿请求
	订货人的责任	〔99〕第 716 条	损害赔偿请求
	土地工作物占有人及所有人责任	〔23〕民法第 717 条★	损害赔偿请求
	动物占有人等的责任	民法第 718 条	损害赔偿请求
	名誉毁损的原状恢复	〔21〕民法第 723 条★	损害赔偿请求 名誉的原状恢复

第 1 节　单独一般侵权行为

关于一般侵权行为,民法第 709 条是适用频度最高的重要条文,在侵权行为

* 原著此表无表头,当前表头为译者按照国内出版规范增添。——译者注

的受害人要对加害人请求基于民法第 709 条损害赔偿的场合,对方,拿出诸如,事故当时还是无责任能力的未成年人(民法第 712 条),因酩酊大醉而欠缺判断能力(民法第 713 条),受害人实施自伤行为(民法第 722 条),属于正当防卫(民法第 720 条),已罹于时效(民法第 724 条)等抗辩事由进行争辩的场合会有不少。

因此,对基于民法 709 条提起损害赔偿请求的场合,有必要结合那些关于抗辩的条文(民法第 712 条,第 713 条,第 720 条,第 722 条,第 724 条)从整体上加以把握。

后文图 18 一般侵权行为的要件与效果,将模拟电气回路画出一般侵权行为的整体像。此图意义:第一,为点亮基于民法第 709 条的损害赔偿请求权的灯,按下设置在上部原告用的开关(故意或过失,因果关系,损害的发生开关),即证明第 709 条的要件是必要的;第二,与此相对,被告按下有无责任
140 能力,正当防卫等情况的开关,即通过证明责任阻却事由(民法第 712 条,第 713 条,第 720 条),可以阻碍损害赔偿请求权的成立;第三,原告也有过失的场合,电气抵抗启动,电灯的亮度变暗,即有被过失相抵(民法第 722 条)的可能性;第四,被告按下知道加害人经过 3 年以上,或者损害发生经过 20 年以上的开关,即证明了消灭时效(民法第 724 条)的事实,至此亮着的电灯熄灭,即意味着损害赔偿请求权消灭。

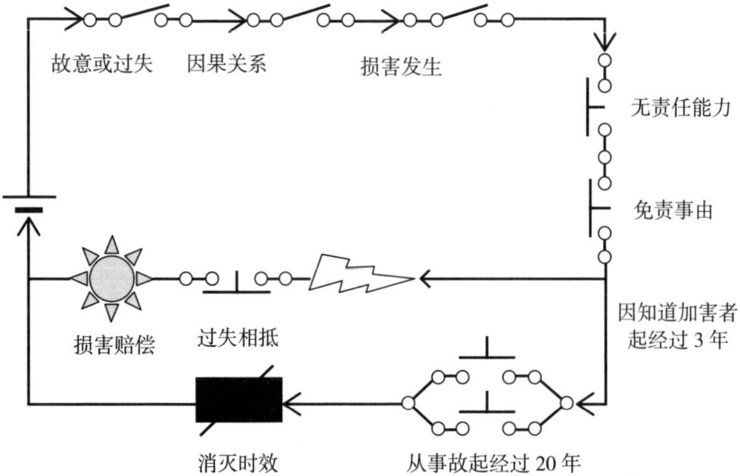

图 18　一般侵权行为的要件与效果

此图,终归不过是关于侵权行为法的整体像的模拟电气回路,只显示了其概要,而民法第 709 条是无法单独充分发挥其机能的,希望大家将其作为有必要结合民法第 712 条,第 713 条,第 720 条,第 722 条,第 724 条进行理解的示意图加以参考。

条文 76 〔1〕第 709 条(因侵权行为的损害赔偿)★★★

> **第 709 条(因侵权行为的损害赔偿)**
>
> 因故意或过失侵害他人权利或者法律上受保护利益者,负赔偿由此所生损害的责任。

基本判例 112 大判大 5 · 12 · 22 民录 22 辑 2474 页(损害赔偿请求事件,大阪碱事件)

判定从事化学工业的公司及其他人,为预防由目的事业可能发生的损害,按照该事业性质安装了相当的设备,即使偶尔给他人造成损害,也不能以 141
此使其作为侵权行为人负损害赔偿责任。这是因为,在这种场合,不能说该工业的从事者有民法第 709 条所谓的故意或过失。因此,不审查探究化学工业公司是否安装了防止硫烟遁逃的相当设备,就断定公司是侵权行为人,这将因违背侵权行为有关法则而不能避免被撤销[另外,发回重审(大阪控判大正 8 · 12 · 27 新聞 1659 号 11 頁),在肯定结果预见可能性的同时,认定回避有害气体喷出等的措施不够充分,受害人的损害赔偿请求得到认定]。[判例百選第 80 事件][判プラ Ⅱ 第 281 事件]

基本判例 113 最一判昭 48 · 6 · 7 民集 27 卷 6 号 681 页(损害赔偿请求事件)

判定对因侵权行为的损害赔偿,也得类推适用民法第 416 条,关于因特别情况所生损害,只要加害人预见到或者能够预见该情况时,就要负赔偿此损害责任的事例。[判例百選 Ⅱ 第 94 事件][判プラ Ⅱ 第 334 事件]

基本判例 114 最二判平 7 · 6 · 9 民集 49 卷 6 号 1499 页(损害赔偿请求事件,姫路日赤未熟儿网膜症事件)

判定医师作为基于诊疗契约,从事管理他人的生命及健康业务的人,负担为防止危险尽经验上必要的最佳注意，对患者进行诊疗的义务。构成诊疗之际注意义务基准的是诊疗当时的所谓临床医学实践中的医疗水准。关于决定以某新规治疗法的存在为前提进行检查、诊断、治疗等，是否达到了医疗机关基于诊疗契约被要求的医疗水准，应该考虑该医疗机关的性质，所在地域医疗环境的特性等诸般情况的事例。[判例百選Ⅱ第 81 事件][判プラⅡ第 283 事件]

最新判例 24　最大判平 27・3・4 法院网站(损害赔偿请求事件)驳回

(1)在受害人因侵权行为死亡的场合，取得该损害赔偿请求权的继承人接受基于劳动者灾害补偿保险法的遗族补偿年金的支给，或者接受支给确定时，当算定损害赔偿额之际，关于上述遗族补偿年金，与构成其填补对象的被扶养利益丧失的损害是同性质的，并且在与有相互补全性的逸失利益等消极损害的本金之间，应进行损益相抵性调整。

(2)受害人因侵权行为死亡的场合，取得该损害赔偿请求权的继承人接
142 受基于劳动者灾害补偿保险法的遗族补偿年金支给，或者接受支给确定时，只要没有与制度预定不同其支给显著迟滞等特别情形，与构成该填补对象的损害，作为法律上评价为侵权行为之时已得到填补的部分，进行损益相抵性调整是相当的。(参照条文〔1〕民法第 709 条，〔51〕民法第 412 条)

最新判例 25　最三判平 28・3・15 法院网站(损害赔偿请求事件)撤销自判

在顾客与证券公司进行包含以销售配套债为运用对象的金融资产信托契约的一系列交易的场合，在如下(1)至(3)等情形下，上述配套债的配套整体未必是单纯的，接受了上述交易说明的顾客担当者即使对金融交易并没有详细的知识，也不能说证券公司违反说明义务。

(1)证券公司对顾客作出了说明：上述配套债的基本构成，说明在上述交易中，除有最坏的场合由上述构成发生本金全部毁损的风险外，还会有要在期日前偿还风险的情况。

(2)顾客将该发行股份在东京证券交易所市场第一部等上市，进行着国际性的金融事业，对上述交易也征求了公认会计师及律师的意见。

(3)证券公司作出的上述交易说明中的一部分即使是在顾客与上述交

易关系人之间进行谈判商讨等之后进行的，但在该时点，并未听说使上述交易的实施延期或者撤销是不可能的或者显著困难的情况。（参照条文〔1〕民法第709条★★★）

条文77 〔2〕第710条（财产以外损害的赔偿）★★★

> **第710条（财产以外损害的赔偿）**
>
> 无论侵害他人身体，自由或者名誉的场合或者侵害他人财产权的场合，均依前条规定负损害赔偿责任者，对财产以外的损害，也必须赔偿。

最新判例26 最一判平28·1·21法院网站（损害赔偿请求事件）撤销自判

在电视节目的一般视听者中，X提出了名誉毁损的损害赔偿请求。关于其节目内容，是旨在揭露日本在约100年前出于向世界显示其统治殖民地成果的目的，模仿西欧列强为宣传使殖民地野蛮落后的人类文明化而做成过被称为“人动物园”的展览物，将包括X的父亲在内的殖民地某一个民族的人们，带到在英国举办的博览会上，展示其生活情景并加以歧视性对待的事实，这种情形，在通常的理解之下，该节目并不构成对X的名誉毁损。（参照条文〔1〕民法第709条★★★，〔2〕民法第710条★★★）

条文78 〔17〕第711条（对近亲人的损害赔偿）★★ 143

> **第711条（对近亲人的损害赔偿）**
>
> 侵害他人生命者，对受害人父母、配偶者及子女，其财产权未受侵害的场合，也必须赔偿损害。

第2节 特别共同侵权行为

特别侵权行为，是为了减轻民法第709条单独加害人一般侵权行为，及民法第719条复数加害人一般侵权行为的要件之中，对原告而言，难以证明的加害人故意或过失,加害人的行为与损害发生之间的因果关系的证明责任,以使受害人救济变得容易而设置的制度。

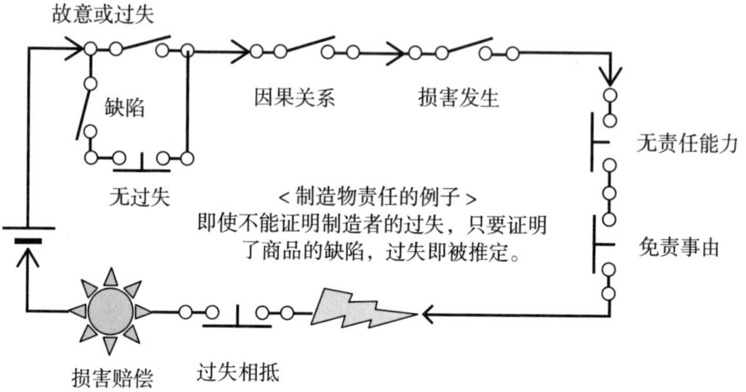

图 19　特别侵权行为举证责任的转换

这种情况就单独侵权行为而言,若按照模仿电气回路描绘的图示进行阐述的话,是给故意或过失的开关,或者,因果关系的开关附加辅助通路,可以理解为原告证明责任的转换,给被告科以证明无过失、没有因果关系的责任。上文的图 19 特别侵权行为举证责任的转换,关于特别侵权行为将原告的举证责任转换给被告的方法,通过给电气回路附加辅助通路的比喻进行了说明。虽然图 19 终归不过只是以制造物责任作为一例制作的模式图,但使辅助通路的开关发生变化的道理,在理解一般侵权行为与特别侵权行为的关系上是很有参考价值的。

144 **条文 79　〔100〕第 714 条(无责任能力人的监督义务人等的责任)**

第 714 条(无责任能力人的监督义务人等的责任)

①在依前两条〔责任能力〕规定无责任能力人不负其责任的场合,对该无责任能力人负法定监督义务的人,负赔偿该无责任能力人给第三人造成损害的责任。但监督义务人未懈怠该义务,或者不懈怠该义务损害也会发生时,不在此限。

②代替监督义务人监督无责任能力人的人,负前款责任。

基本判例 115　最二判昭 49・3・22 民集 28 卷 2 号 347 页(抚慰金请求事件)

判定即使是未成年人有责任能力的场合,在能够认定监督义务人的义务违反与该未成年人的侵权行为所发生结果之间的相当因果关系时,解释为监督义务人成立基于民法第 709 条的侵权行为是相当的,民法第 714 条的规定并不妨碍这种解释的理由的事例。[判例百選Ⅱ第 89 事件][判プラⅡ第 356 事件]

最新判例 27　最一判平 27・4・9 法院网站(损害赔偿请求事件)撤销自判

判定无责任辨识能力的未成年人踢的足球从校园蹦到道路上,自动二轮车驾驶人为避开足球摔倒负伤,之后死亡了的场合,在如下(1)至(3)等判示的情形下,应该说该未成年人的亲权人,没有懈怠民法第 714 条第 1 款规定的监督义务人的义务。

(1)上述未成年人,是下课后在为儿童开放的小学校园,向以使用可能状态设置的足球门进行任意球练习,并没有特别地向着道路踢球等情况。

(2)向上述足球门踢球,球蹦到道路上不被视为常态。

(3)上述未成年人的亲权人父母,通常每天都在进行不要做危险行为的教育,对上述未成年人在本件中的行为并不存在具体的预见可能等特别情况。

(参照条文〔1〕民法第 709 条★★★,民法第 712 条,〔100〕民法第 714 条)

最新判例 28　最三判平 28・3・1 法院网站(损害赔偿请求事件)

(1)不能因为是与精神障碍人同居的配偶,就认为相当于民法第 714 条第 1 款所谓"监督无责任能力人的法定义务人"。

(2)即使不是相当于法定监督义务人的人,参照与无责任能力人之间的身份关系和日常生活中的接触状况,在对防止对第三人的加害行为方面,该人现实实施的对该无责任能力人的监督样态已超过单纯事实上的监督等情况应视为已接受该监督义务的特别情况的场合,作为准法定监督义务人,得 145
类推适用民法第 714 条第 1 款。

(3)因认知症无辨识责任能力人 A 站立在轨道上与列车发生冲突给铁

道公司造成损害的场合,A 的妻子 Y_1,长年与 A 同居,在长子 Y_2 等的知情下担当 A 的照顾人,Y_1 当时 85 岁左右,下肢麻痹痉挛被认定"要介入看护 I",在对 A 的介入看护接受了 Y_2 妻子 B 的辅助等判示的情况下,Y_1 并不相当于民法第 714 条第 1 款所定准法定监督义务人。

(4)因认知症无辨识责任能力人 A 站立在轨道上与列车发生冲突给铁道公司造成了损害的场合,A 的长子 Y_2 参加了有关照顾 A 的商谈,Y_2 的妻子 B 住在 A 宅近邻,来到 A 宅辅助 A 妻子 Y_1 照顾 A,Y_2 自身当时 20 年以上未与 A 同居,上述事故发生前也不过是 1 个月 3 次左右,周末探访 A 宅等判示的情况下,Y_2 并不相当于民法第 714 条第 1 款所规定的准法定监督义务人[对(1)(2)有补足意见,对(4)有意见]。

(参照条文〔1〕民法第 709 条★★★,民法第 713 条,〔100〕民法第 714 条,〔79〕民法第 752 条)

条文 80　〔4〕第 715 条(使用人等的责任)★★★

第 715 条(使用人等的责任)

①为某项事业使用他人者,对被用人就执行其事业给第三人造成的损害负赔偿责任。但使用人对被用人的选任及其事业的监督已尽相当注意时,或者即使已尽相当注意损害仍会发生时,不在此限。

②代使用人监督事业者,亦负前款责任。

③前两款的规定,不妨碍使用人或者监督人对被用人求偿权的行使。

基本判例 116　最一判昭 51·7·8 民集 30 卷 7 号 689 页(损害赔偿请求事件)

判定使用人,在因被用人就其事业的执行所实施加害行为,而遭受直接损害,或者基于作为使用人承担损害赔偿责任而蒙受损害的场合,使用人可以参照其事业的性质、规模、设施的状况,被用人业务的内容、劳动条件、勤奋态度、加害行为的样态、对加害行为预防或者损失分散上对使用人的关照程度及其他诸般情况,从损害公平分担的立场出发,在依诚实信用原则被认定

为相当的限度内,对被用人提起损害的赔偿或者求偿请求的事例。[判例百選Ⅱ第91事件][判プラⅡ第365事件]

条文81 〔99〕第716条(订货人的责任) 146

> **第716条(订货人责任)**
>
> 订货人,对承包人就其工作给第三人造成的损害不负赔偿责任。但对订货或指示该订货人有过失时,不在此限。

基本判例117 最二判平19·7·6民集61卷5号1769页(损害赔偿请求事件)

判定从事建筑物建筑工作的设计人、施工人及工程监理人(设计、施工人等),当进行建筑物的建筑时,在对没有契约关系的居住者等的关系上,解释为也应对该建筑物负作为建筑物不可或缺的基本安全性关照的注意义务是相当的。并且,设计、施工人等因懈怠此义务使建筑物上存在有损作为建筑物基本安全性的瑕疵,由此侵害了居住人等的生命、身体或财产的场合,只要主张侵权行为成立的人没有虽知道上述瑕疵的存在,但仍然以此为前提购入该建筑物等特别情形,设计、施工人等就要对由此所生损害负有侵权行为的赔偿责任的事例。[判例百選Ⅱ第82事件][判プラⅡ第288事件]

条文82 〔23〕第717条(土地工作物等的占有人及所有人的责任)★

> **第717条(土地工作物等的占有人及所有人的责任)**
>
> ①因土地工作物的设置或保存上有瑕疵的情况致他人发生损害时,该工作物的占有人,对受害人负有赔偿该损害的责任。但占有人为防止损害发生已尽必要注意时,所有人必须赔偿该损害。
>
> ②前款规定,准用于竹木栽植或者支撑有瑕疵的场合。
>
> ③在前两款的场合,对损害原因另有负责任者时,占有人或所有人,得对该人行使求偿权。

最新判例 29　最二判平 25 · 7 · 12 判时 2200 号 63 页(损害赔偿请求,民诉法第 260 条第 2 款申请事件)撤销发回重审

判定在从昭和 45 年开始至平成 14 年勤务于墙面露出喷刷石棉的建筑物期间,由于暴露在该石棉粉尘之下罹患恶性胸膜中皮瘤者的继承人,基于民法第 717 条第 1 款但书对该建筑物所有人提起的请求损害赔偿的诉讼,原审在对同建筑物被评价为欠缺了通常应有的安全性从哪个时点开始始终不明的情况下,就以引进了平成 7 年一部分被修改的政令及平成 17 年所制定省令*规定制定的规制措施为根据,对昭和 45 年以后时期的建筑物的设置
147 和保存瑕疵的有无立即作出了判断,存在审理未尽的违法。(参照条文〔23〕民法第 717 条★)

第 3 节　一般共同侵权行为

〔9〕民法第 719 条★★★的共同侵权行为,过去都是作为一种特别侵权行为进行分类的。但是,与〔1〕民法第 709 条★★★是单独侵权行为的一般法同样,〔9〕民法第 719 条★★★的共同侵权行为,也是复数加害人竞合的特别侵权行为的一般法【共同侵权行为的一般论,参照[浜上 · 共同侵权行为研究(1995)]】。

民法规定的特别侵权行为,除〔100〕第 714 条(无责任能力人的监督义务人等的责任),〔21〕第 723 条★(名誉毁损的原状恢复)外,〔4〕第 715 条★★★(使用人等的责任),〔99〕第 716 条(订货人责任),〔23〕第 717 条★(土地工作物等的占有人及所有人的责任),及〔3〕第 722 条★★★(过失相抵 · 加害人与受害人过失行为竞合的侵权行为),都是因复数原因者的侵权行为,〔9〕民法第 719 条★★★的共同侵权行为,是这些特别法的一般法。

另外,〔9〕第 719 条★★★的共同侵权行为责任,如图 20 因共同行为受害人发生损害场合的责任构造显示的那样,加害人对损害的部分性因果关系(作用部分)作为负担部分,而其他共同侵权行为人的因果关系部分则作为

---

* 省令:省,政府部委。省令,各省大臣对主任行政事务,为施行法律或者政令(执行命令),或者基于法律或政令的特别委任(委任命令)发布的命令,没有法律的委任,不得设置罚则、设置对国民科以义务限制权利的规定(行政组织法第 12 条),总理府令也与省令的性质相同。参照〔日〕竹内昭夫等编:《法律学新辞典》,有斐阁平成 2 年 4 月第三版,第 749 页。——译者注

保证部分,是真正的连带债务(民法第 432 条以下)。

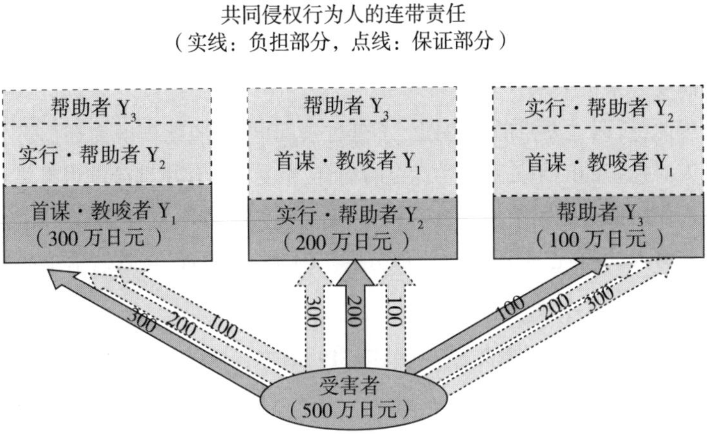

图 20　因共同行为受害人发生损害场合的责任构造

与此相对,通说、判例将这种连带责任考虑为不真正连带债务。但是,民法中在真正的连带债务(民法第 432 条以下)以外,不存在关于连带责任的规定。并且,对所谓“不真正连带债务是何种债务”“不真正连带债务有没有负担部分”和“在不真正连带债务中求偿关系能否得到承认”,学说上未达成一致。因此,以这种民法上无根据,学说也不一致的不明了概念为根据下判决的做法是极其危险的(例如,最一判平 6・11・24 判时 1514 号 82 页,共同侵权行为人中一人被免除责任的场合,就使其他共同侵权行为人承担了过苛的责任)。 148

不真正连带债务,本来不过是作为“因为没有负担部分,不发生求偿关系的债务”的说明被采用的概念。因此,在对共同侵权行为,学说、判例(最一判昭 46・9・30 判时 646 号 47 页,最二判昭 63・7・1 民集 42 卷 6 号 451 页,最二判平 3・10・25 民集 45 卷 7 号 1173 页)均一致承认共同侵权行为人之间求偿关系的现代,应作为时代性错误的概念予以废除。

总之,若承认求偿关系,那就不能不承认负担部分与保证部分的存在。因此,对共同侵权行为人,应当适用真正连带债务(民法第 432 条以下)的规定。

再有,关于过失相抵(〔3〕民法第 722 条★★★),这个制度始终都被认为是考虑加害人过失与受害人过失,对受害人的损害赔偿额予以减额处理的制度。

但是，要是说因为受害人过失少就将损害赔偿额予以减额处理的话，对于若是（加害人的）过失大就对损害赔偿额予以增额处理（例如，要是采用惩罚性赔偿制度的话）是值得考虑的。但在日本，依过失的多寡增减损害赔偿额的制度并未被采用。

因此，所谓过失相抵，事实上，不是过失问题，而应该理解为在加害人与受害人对损害的因果关系发生竞合的场合，将受害人作用部分的因果关系与加害人作用部分的因果关系加以分离，对受害人自身作用部分的因果关系，作为受害人的"自己责任"，对该部分否定对加害人的损害赔偿请求的制度（不是过失相抵，是所谓因果相抵）。

条文 83 〔9〕第 719 条（共同侵权行为人的责任）★★★

第 719 条（共同侵权行为人的责任）

数人因共同侵权行为造成他人损害时，各自连带负赔偿该损害的责任。不知共同行为人中何人造成了该损害时，亦同。

教唆及帮助了行为人的人，视为共同行为人，适用前款的规定。

基本判例 118 最二判昭 63・7・1 民集 42 卷 6 号 451 页（损害赔偿请求本诉，同反诉事件）

149 判定被用人就其使用人事业的执行，与第三人的共同侵权行为给他人施加损害的场合，第三人在超过按照自己与被用人之间过失比例所定应该自己负担的部分向受害人赔偿了损害后，就被用人的负担部分可以对使用人进行求偿的事例。［判例百選Ⅱ第 93 事件］［判プラⅡ第 375 事件］

条文 84 〔3〕第 722 条（损害赔偿的方法及过失相抵）★★★

第 722 条（损害赔偿的方法及过失相抵）

第 417 条〔损害赔偿的方法〕的规定，对因侵权行为的损害赔偿准用。

受害人有过失时，法院得考虑此，判定损害赔偿额。

基本判例 119　最大判昭 39·6·24 民集 18 卷 5 号 854 页(损害赔偿等请求事件)

判定在斟酌受害人未成年人过失的场合,以未成年人具备足以辨识事理的智能为足,对未成年人,不像使负侵权行为责任的场合那样以具备足以辨识行为责任的智能为必要的事例。[民法判例百選Ⅱ第 100 事件][判プラⅡ第 383 事件]

基本判例 120　最三判平 8·10·29 民集 50 卷 9 号 2474 页(损害赔偿请求事件)

判定即使受害人具有平均体格乃至与通常体质不同的身体特征,在尚不相当于疾患的场合,只要不存在特殊情形,在算定受害人损害赔偿额时不得斟酌身体特征的事例。[判例百選Ⅱ第 101 事件][判プラⅡ第 389 事件]

基本判例 121　最三判平 13·3·13 民集 55 卷 2 号 328 页(损害赔偿请求事件)

判定受害人因交通事故受了若被放置将导致死亡的伤害,在事故后被搬入的 Y 医院,若能够对受害人给予通常可期待的适当贴切的观察过程等,脑内出血被早期发现并施以适当贴切治疗,可以说有高度盖然性能挽救受害人的生命。所以,本件交通事故与本件医疗事故都招致了受害人的死亡这一不可分的结果,对这一结果均具有相当因果关系。因此,本件交通事故中的运行行为与本件医疗事故中的医疗行为相当于民法第 719 条所定共同侵权行为。所以,各侵权行为人应该对受害人所遭受损害的全额连带地负责任。在本件这种分别独立地成立的复数侵权行为顺次竞合的共同侵权行为中也没
有进行其他不同解释的理由,所以,在与受害人的关系上,以各侵权行为人对 150
结果发生的作用比例分配案件中受害人所遭受损害额度,在各侵权行为人限定应负责任的损害额度的做法是不得允许的。过失相抵是对因侵权行为所生损害在加害人与受害人之间以各自过失的比例为基准谋求相对性公平负担的制度,所以,在本案的共同侵权行为中,过失相抵也应是按照各侵权行为的加害人与受害人之间的过失比例进行,而不允许斟酌其他的侵权行为人与受害人之间的过失比例进行过失相抵的事例。[判例百選Ⅱ第 102 事件][判プラⅡ第 369 事件]

第4节　损害赔偿方法的特别规则

侵权行为的法律效果,通常限定在损害赔偿。但是,存在仅有损害赔偿,作为受害人的救济尚不充分的场合。其中一例,就是名誉毁损的场合。〔21〕民法第723条★(名誉毁损中的原状恢复),作为名誉毁损的法律效果,规定了"可以代替损害赔偿,或者与损害赔偿同时,为进行恢复名誉判命适当处分"。

侵权行为的效果,事实上,并非限定于损害赔偿和原状恢复。民法第117条(无权代理人的责任)规定,"不能证明自己的代理权,且无法得到本人追认时,遵从对方的选择,对对方履行或负损害赔偿责任"。无权代理人与对方之间没有契约关系,毫无疑问这是侵权行为责任。因此,无权代理人,对对方所负侵权行为责任的法律效果负履行责任。再者,有归责事由的本人与无权代理人的对方的共同侵权行为责任,实际上是表见代理的构造也就一目了然了[参照图8表见代理与无权代理人、本人的共同侵权行为责任之间的关系(见边码53)]。

并且,最近,在以损害赔偿的手段救济受害人比较困难的场合,不是等待损害发生才认定损害赔偿,而是在恢复困难的损害的发生有预见可能性的场合,对有蒙受这种损害之虞者,作为侵权行为的法律效果之一,认可停止侵害请求权【详见[加賀山·消費者の差止請求権(1995)493-528頁]】。

条文85　〔21〕第723条(名誉毁损的原状恢复)★

★〔21〕第723条(名誉毁损的原状恢复)

对毁损他人名誉者,法院得依受害人的请求,代替损害赔偿,或者与损害赔偿并用,为进行恢复名誉而命令适当处分。

基本判例122　最三判平9·5·27民集51卷5号2024页(损害赔偿请求事件)

判定作为侵权行为之侵害利益的所谓名誉,是有关人的品性、德行、名声、信用等人格价值受社会客观评价的情况(最大判昭61·6·11民集40卷

4号872页)。所谓名誉毁损,就是指使这种客观性社会评价降低的行为的事例。[判例百選Ⅱ第88事件][判プラⅡ第302事件]

基本判例123　最三判平9·9·9民集51卷8号3804页(损害赔偿请求事件) 151

判定当以某事实为基础表明意见乃至评论而发生名誉毁损时,在该行为关联着与公共利害有关的事实,且其目的是专为谋求公益的场合,在证明了构成该意见乃至评论前提的事实的重要部分是真实情况时,只要不是涉及人身攻击等偏离了意见乃至评论领域界限的言行,该行为就欠缺违法性,即使在没有证明作为意见乃至评论前提的事实是真实的情况时,若所摘示事实与名誉毁损场合相对比,则行为人对事实真实性的信任是有相当理由的,也没有过失的事例。[判例百選Ⅱ第88事件][判プラⅡ第303事件]

第5节　侵权行为请求权的消灭时效

条文86　〔24〕第724条(基于侵权行为的损害赔偿请求权的期间限制)★

> **第724条(基于侵权行为的损害赔偿请求权的期间限制)**
>
> 基于侵权行为的损害赔偿请求权,自受害人或者其法定代理人知道损害及加害人时起3年间不行使时,因时效归于消灭。自侵权行为时起经过20年时,亦同。

基本判例124　最二判昭48·11·16民集27卷10号1374页(损害赔偿请求事件)

判定受害人在侵权行为发生的当时不确切知道加害人的住所氏名,并且在当时的状况下对此行使赔偿请求权,事实上是不可能的,只有当该状况中止,受害人确认了加害人的住所氏名时,才相当于"知道加害人时"的事例。[判例百選Ⅱ第103事件][判プラⅡ第392事件]

基本判例 125　最三判平 16・4・27 民集 58 卷 4 号 1032 页(损害赔偿,民诉法第 260 条第 2 款的假执行原状恢复请求事件)

判定因在身体中积蓄了才会对人的健康构成危害的物质所造成损害,以及像那种经过一定潜伏期间后症状才显现出来的损害那样的,因该侵权行为所造成损害,在性质上,是在加害行为终结经过相当一段时间之后才发生的场合,该损害的全部或者一部分发生时,构成除斥期间的起算点的事例。[判例百選Ⅱ第 104 事件] [判プラⅡ第 398 事件]

第12章　婚　姻

关于财产法,遵从宪法第29条第2款"财产权的内容,要适合公共福祉,由法律加以规定",〔6〕民法第1条★★★第1款规定"私权,必须适合公共福祉"。 152

同样,民法第4编亲属编中的婚姻规定,也应按宪法第24条第1款规定的那样,要遵从"婚姻,只基于两性合意成立,夫妇必须以享有同等权利为基本,通过相互协助来维持"的宗旨。然而,现实中的民法,虽然两性合意,但是婚姻可能不成立,并且"当事人婚姻不申报时",婚姻也可能被认为"无效"(民法第742条)。

再有,宪法第24条第2款规定"配偶的选择,财产权、继承、住居选定,关于离婚和婚姻及家族相关的其他事项,法律必须立足于个人尊严与两性本质上的平等制定"。但是,现实民法,并未立足于两性本质上的平等。民法第731条(婚姻适龄)规定,男女就有差别,民法第733条(再婚禁止期间)也只规定了女性的再婚禁止期间。

婚姻适龄变更为男女平等没有任何困难,男女都16岁即可。当然,男女都为18岁也是可能的。同样,关于再婚禁止期间,将使该问题产生的民法第772条第2款婚生推定的期间规定为200日,或者以科学根据为基础规定为280日,就没有仅对女性设置婚姻禁止期间的必要。这是一个只要最高法院认定民法第731条、第733条违反宪法就能解决的问题,但是最高法院就是不下这种判断。国会议员,还有大多数国民也都没有理解,民法的规定对于实现两性本质上的平等是多么重要的课题。

在这种状况下,将婚姻"必须以夫妇享有同等权利为基本,依相互协助来维持"的宪法第24条第1款精神加以具体化的〔79〕民法第752条(同居、互助及扶助的义务),及〔62〕民法第760条(婚姻费用的分担),进入了民法条文·适用频度表前100,可以说这也是在家族法中,给个人尊严与两性本质上平等的实现留下了希望。

第1节　婚姻的成立与婚姻的效力

条文87　〔79〕第752条(同居、合作及扶助的义务)

> **第752条(同居、合作及扶助的义务)**
> 夫妇须同居,相互协力扶助。

153 **基本判例126　大决昭5·9·30民集9卷926页(对依民事诉讼法第734条申请驳回决定的抗告事件)**

判定命令夫妇同居的判决不能通过间接强制〔妻子自决定之日起15日以内妻子若不回家的,须1日支付5日元的间接强制〕予以执行的事例。

条文88　〔62〕第760条(婚姻费用的分担)

> **第760条(婚姻费用的分担)**
> 夫妇考虑其资产、收入及其他一切情况,分担由婚姻所生费用。

基本判例127　最三决平18·4·26家月58卷9号31页(对婚姻费用分担申请认容审判的抗告驳回决定的许可抗告事件)

判定关于身为独立开业的税理士的丈夫的婚姻费用分担额,将从所得金额扣除社会保险费等后的金额认定为总收入,再从此总收入中扣除基于税法等标准比例所负担的税金等,并在推计应构成丈夫的婚姻费用分担额算定基础的收入之上,进行这种算定的原审判断〔所谓依标准算定方式的算定〕是合理的事例。

第2节　协议离婚

协议离婚最困难的问题，是离婚后子女的监护与夫妇财产的清算问题。在此意义上也可以说，将指导这一问题解决的〔75〕民法第766条(有关离婚后子女监护事项的规定等)及〔43〕民法第768条(财产分与)列入民法条文·适用频度表前100中，是当然的。

不过，〔43〕民法第768条(财产分与)，关于夫妻财产，在民法第762条第1款违反宪法第24条的前提下，以夫妻财产名义人规定夫妻财产的单独所有财产这一点上存在问题。

若遵照宪法第24条第2款"关于配偶的……财产权，法律必须立足于个人的尊严与两性本质上的平等制定"，则夫妇财产之中，共同利用的财产，应解释为夫妇平等享有各自份额的共有(合有)，不应解释为串通虚伪表示的财产名义人的财产。夫妇共同利用的土地，房屋，家财等财产，离婚之际不应从财产名义人处"分与"财产给他的配偶，而应是以共有财产被"分割、清算"。因此，〔43〕民法第768条的条文标题不应是财产"分与"，应解释为财产"分割"。

条文89　〔75〕第766条(有关离婚后子女监护事项的规定等) 154

> **第766条(有关离婚后子女监护事项的规定等)**
>
> 父母进行协议离婚时，关于子女的监护人及其他关于监护的必要事项，以其协议决定。协议不成，或者协议不能时，由家庭法院予以决定。
>
> 为子女的利益有必要时，家庭法院可以变更子女的监护人，得对其他监护人命令相当处分。
>
> 依前两款规定，在监护范围外，父母的权利义务不发生变更。

最新判例30　最一决平25·3·28民集67卷3号864页(对间接强制执行抗告驳回决定的许可抗告事件)驳回　[判例百選Ⅲ第20事件]

(1)在命令监护方必须允许非监护方与子女会面交流的审判中，在会面交流的日时和频度、各次会面交流时间长度、子女的交接方法等，已作出具体规定,可以说监护方应做特定给付没有欠缺的场合,得基于上述审判对监护方作出间接强制决定。

(2)在命令监护方必须允许非监护方与子女会面交流的审判中,判示在如下①、②那样规定的情况下,可以说监护方应做特定给付没有欠缺,基于上述审判可以对监护方作出间接强制决定。

①会面交流日程等:每月 1 次,每月第 2 个星期六上午 10 时至下午 4 时;考虑到子女的福祉,选择在非监护方指定的自己住宅以外的场所。

②子女的交接场所,监护方自己住宅以外的场所,由当事人间协议决定。协议不成时,所定车站检票口附近。监护方于会面交流开始时在交接场所将子女交给非监护方,除子女交接场面外,监护方不出现在会面交流现场。非监护方的会面交流终结时在交接场所将子女交给监护方。

(参照条文〔75〕民法第 766 条)

条文 90　〔43〕第 768 条(财产分与)

第 768 条(财产分与)

①进行协议上离婚者之一方,得向对方请求财产分与。

②关于依前款规定进行的财产分与,当事人间协议不成时,或者协议不能时,当事人得向家庭法院请求代替协议之处分。但自离婚时起经过两年时,不在此限。

155 ③在前款场合,家庭法院,考虑当事人双方依该协议所得财产额及其他一切事情,决定是否应该进行分与和分与额以及方法。

基本判例 128　最二判昭 46・7・23 民集 25 卷 5 号 805 页(抚慰金请求事件)

判定即使是在已完成财产分与的场合,当不能解释为其中已包含了损害赔偿要素,或者在其金额及方法上被认定为不足以慰藉分与请求者精神痛苦的情况时,不妨碍请求者以对方的侵权行为为理由另外请求因离婚的抚慰金的事例。[家族法判例百選第 17 事件][判プラⅢ第 18 事件][判例百選Ⅲ第 17 事件]

基本判例129　最三判昭53·11·14民集32卷8号1529页(离婚等请求事件)

判定在离婚诉讼中,法院在决定财产分与的额度及方法时,应以考虑当事人双方的一切情况为宗旨,在民法第771条、第768条第3款的规定上是非常明确的,婚姻存续期间过去的婚姻费用分担样态也不例外是情况之一。所以,法院得决定包含因当事人一方过当负担了婚姻费用而做清算给付的财产分与额度及方法的事例。[家族法判例百選第16事件][判例百選Ⅲ第16事件]

第3节　裁判离婚

配偶之一方不愿离婚、无法协议离婚的场合,愿离婚的对方配偶,就要利用裁判离婚。〔19〕民法第770条★★是在配偶一方不认可离婚的场合,强制性地使婚姻关系终结的程序。

〔19〕民法第770条★★,采用了民法条文的典型模式,若深入理解这个条文,就能够掌握民法法律要件与法律效果的典型起草模式。

〔19〕民法第770条★★第1款看上去是并列地写出五个离婚原因。但是,读一下第2款就会明白,五个离婚原因是被分为两种类型的。

第一,第1款第1项至第4项的离婚原因。依第2款,这些要件"考虑一切事情认为婚姻的继续是相当的时,得驳回离婚请求",很清楚这未必是离婚能得到认可的要件。所谓法律要件,是指其被认定时,必生其法律效果的要素。所以,〔9〕民法第770条★★第1款的离婚原因之中,第1项至第4项记载的,就不是真的法律要件。

条文91　〔19〕第770条(裁判离婚)★★ 156

第770条(裁判离婚)

(1)夫妇之一方,限下列场合,始得提起离婚诉讼。

①配偶有不贞行为时。

②被配偶恶意遗弃时。

③配偶3年以上生死不明时。

④配偶罹患强度精神病,康复无望时。

⑤有其他婚姻继续困难的重大事由时。

(2)即使在有前款第1项至第4项所举事由的场合,法院在考虑一切情况认为婚姻继续相当时,仍得驳回离婚请求。

第二,第1款第5项离婚原因,第2款对此无任何言及。这个情况与从第1项至第4项相反,法院是必须认可离婚请求的,这才是真的离婚原因。

那么,民法为什么要做这种复杂的规定呢?其理由,正如真的法律要件第1款第5项“婚姻继续有困难的重大事由时”所示,是由非常抽象的概念构成的。为此,民法是将离婚原因以具体易懂的顺序排列出来的。

但是,这种规定方式不仅难以理解,并且还有给人一种这是从上往下按强弱顺序排列离婚原因的误解的危险。所以,作为民法条文的起草模式,我们介绍以下这种最易懂、误解最少的方法。

重点36　民法条文理想的起草模式

民法条文不生误解的、易懂的改写方法:

①记述真法律要件(抽象即可)与法律效果。

②将真法律要件例示法律上推定出的具体例。

尝试以上述模式简明易懂地替换民法第770条,就可以成为以下这种易懂条文。

第770条(裁判离婚)修改私案

(1)夫妇一方,限婚姻继续有困难重大事由时,得提起离婚诉讼。

(2)在符合以下各项的场合,推定婚姻继续有重大困难事由:

157 ①配偶有不贞行为时。

②被配偶恶意遗弃时。

③配偶3年以上生死不明时。

④配偶罹患强度精神病,康复无望时。

上述修正案比现行民法更易懂。这是为什么呢?因为在第1款明确了作为裁判上真的法律要件的离婚原因与作为其法律效果的裁判上的离婚得到明确的基础之上,在第2款写出真的法律要件在法律上得到推定的具体例。

若采用条文替换原则,则不仅真的法律要件简明易懂,而且使追加以真的法律要件进行法律上推定的具体例[例如,DV(domestic violence)(最三判昭33・2・25家月10卷2号39頁(离婚请求事件),広島高判昭31・4・27家月10卷2号40頁),配偶一方对家事・育儿不协助等],删除不适合的内容都变得容易。再有,若能活用替换原则,则以下那种将民法第770条修改成适合现代社会婚姻的法律提案也会变得容易。

重点37　理想起草模式的具体例(民法第770条修正案)

第770条(裁判离婚)修改・私案

(1)夫妇一方,限婚姻继续有困难的重大事由,得提起离婚诉讼。

(2)符合以下各项的场合,推定为婚姻继续有困难的重大事由者:

①配偶有不贞行为时。

受到配偶虐待时。

②被配偶恶意遗弃时。

配偶违反第752条的规定,不履行协助义务时。

配偶违反第760条的规定,不履行婚姻费用分担义务时。

③配偶3年以上生死不明时。

夫妇分居5年以上时。(←参照民法修改要纲案)

④配偶罹患强度精神病,康复无望时。

(3)即使在有前款所列各项事由的场合,法院在考虑一切情况认定婚姻继续相当时,亦得驳回离婚请求。

{第1款第1项关系} 158

基本判例130　最一判昭48・11・15民集27卷10号1323页(离婚等请求上告事件)

判定民法第770条第1款第1项规定的所谓“配偶有不贞行为时”,是指有配偶的人基于自由意思,与配偶以外的人结成性关系。这种场合,不问是否基于对方的自由意思，对夫在昭和 42 年 4 月至同年 10 月末期间，与同伙共谋，基于自己的自由意思，自己强行奸淫妇女 3 名，结成性关系的场合，认定夫有不贞行为是相当的，妻提出的离婚请求得到认可的事例。[判プラⅢ第 22 事件]

{1 款 4 项关系}

基本判例 131　最三判昭 45・11・24 民集 24 卷 12 号 1943 页(离婚请求上告事件)

判定在妻罹患强度精神病康复无望的场合，妻的娘家并非到了没有夫的支出就欠缺疗养费的资产状态，另一方面，存在夫的生活尽管没达到能够给妻支出充分疗养费的富余程度，但对过去的疗养费，与作为妻的看护人的父亲之间进行了分割支付的商谈，并遵从此全部支付完毕，对将来的疗养费也在法院尝试进行的和解中表明了在可能范围内进行支付的意思，夫妇间的子女也是自其出生当时开始持续养育至今等情况时，不属于依民法第 770 条第 2 款应驳回离婚请求的场合的事例。[家族法判例百選第 13 事件][判プラⅢ第 71 事件][判例百選Ⅲ第 13 事件]

{1 款 5 项关系}

基本判例 132　最大判昭 62・9・2 民集 41 卷 6 号 1423 页(离婚请求事件)

判定即使是由有责配偶提出的离婚请求，但在从夫妇年龄及同居期间对比来看，相当长期间〔本件中是 36 年间〕分居，其间无未成熟子女的场合，只要没有对方配偶因离婚会造成精神、社会、经济上被置于极其苛刻状态等允许离婚请求就可以说是显著违反社会正义的特殊情况，就不能仅以请求是由有责配偶提出的而不予允许的事例。[家族法判例百選第 14 事件][判プラⅢ第 27 事件][判例百選Ⅲ第 14 事件]

第 13 章　亲　子

在亲子关系中,养亲子关系也与婚姻同样依合意成立。但作为亲子关系 159
中心性存在的实亲子关系,并不是当事人的合意,而是血缘,在现代则由 DNA 的承继这一事实形成。

亲子关系之中,母子关系,能够从分娩的事实比较容易地认定血缘关系。但是,对父子关系,就不能简单地认定血缘关系。因此,民法就要在第 772 条使用法律上的双重推定来认定血缘关系。即采用第一,妻在婚姻中是否怀胎了,"妻在婚姻中怀胎的子女,推定为夫的子女"(民法第 772 条第 1 款);第二,"婚姻成立之日起经过 200 日后或者婚姻解除或撤销之日起 300 日以内所生子女,推定为在婚姻中怀胎者"。

但是,这种规定在现代缺乏合理性,已堕入无意义的规定。之所以这样说,是因为,第一,子通常是怀胎 280 日出生的,从婚姻成立之日起 200 日和从婚姻的解消或撤销之日起 300 日,不存在设置那种 100 日差的必要性。毋宁说,基于这种日差,最高法院认可[最大判平成 27 年 12 月 16 日判决(损害赔偿请求事件)驳回]仅对女性强加 100 日再婚禁止期间(民法第 733 条)的规定,而从两性本质上的平等的观点出发,200 日与 300 日之差应予以解消。

第二,民法第 772 条第 2 款,将推定妻在婚姻中怀胎的起算日作为"婚姻成立之日起",这在现代社会也是无意义的。因为在奉子成婚(知道怀胎了之后进行婚姻登记的婚姻形态)现象多见的现代,推定起算日应该是婚约日或者同居开始日,将推定起算日作为婚姻登记日,早已失去意义。

将这种无意义的推定规定奉为金科玉律,一方面,对推定不准确出生的子女,容认亲子关系不存在确认之诉,从而剥夺该子女的继承权;另一方面,对与通过性转换被承认为男性的人结婚的妻在婚姻中怀胎的子女,承认父子关系的推定(最二判平25・12・10民集67卷9号1847頁[判例百選Ⅲ第35事件])等,实亲子关系的认定方法,已成为脱离现代社会情势的制度。

在子女谋求了解身世的权利逐渐得到承认的现代,在亲子关系发生争议的场合,只能通过DNA鉴定来决定,构成父子关系认定基准的民法第772条有进行根本性改定之必要。

第1节　实亲子关系

160 亲子关系确认之诉,从来都被认为是以保护非婚生子女为目的。但是,在现代,从子女谋求了解身世权利的观点出发,产生了重新审视亲子关系确认之诉的必要。从这种观点出发,在婚生关系诉讼中,受时代错误的民法第772条婚生推定规定的束缚,限制DNA鉴定的解释构成主流。但是,在亲子关系确认中,考虑到民法第786条(对与亲子关系确认相反事实的主张)可以利用DNA鉴定的事实进行主张这一点,在亲子关系确认之诉中,也应当得到活用。

条文92　〔81〕第787条(亲子关系确认之诉)

第787条(亲子关系确认之诉)

子女、其直系亲属或这些人的法定代理人,可以提起亲子关系确认之诉。但自父或母死亡之日起经过3年时,不在此限。

基本判例133　最二判昭29・4・30民集8卷4号861页(亲子关系确认请求事件)

判定考虑到亲子关系确认是创设非婚生子女与其父母之间法律上亲子关系的制度,在现行法上应将亲子关系确认之诉解释为形成之诉的制度的事例。[家族法判例百選第27事件][判プラⅢ第57事件]

基本判例134　最二判平1・11・10民集43卷10号1085页(确认亲子关系不存在等请求再审事件)

判定在以检察官为被告的亲子关系确认之诉中,谋求亲子关系确认的亡

父之子,对诉讼的确定判决并非再审诉讼适格原告的事例。[家族法判例百選第 29 事件]

第 2 节　亲　权

亲子关系,应该是在广义上的社会监视、协助下培养起来的关系。初次抚养子女的父母亲,谁都是没有经验者,经验者的指导是必要的。即使是父母共同行使亲权的场合,没有身边的亲人们和社会的支援,完成亲权、亲义务也是困难的。

在离婚的场合,共同亲权变更为单独亲权,亲权的行使单独地进行,此时发生亲子被社会孤立弊害的危险性高。因离婚发生的向单独亲权的转换,对子女而言,意味着父母一方放弃亲权,应该考虑为这不能对抗子女。

条文 93　〔49〕第 819 条(离婚和亲子关系确认场合的亲权人) 161

第 819 条(离婚和亲子关系确认场合的亲权人)

①父母协议离婚时,其协议必须规定以其一方为亲权人。

②裁判离婚的场合,法院决定父母一方为亲权人。

③子女出生前父母离婚的场合,亲权由母行使。但子女出生后,父母可以协议决定父为亲权人。

④父对亲子关系确认的子女的亲权,限父母协议决定父为亲权人时,父行使亲权。

⑤第 1 项、第 3 项或前项的协议不成时,或协议不能时,家庭法院可依父或母的请求,代替协议作出审判。

⑥认定为子女利益有必要时,家庭法院,可依子女亲属请求,将亲权人变更为另一方。

最新判例 31　最一决平 26・4・14 民集 68 卷 4 号 279 页(对市町村长处分不服申请审判的抗告审撤销决定的许可抗告事件)撤销自判

户籍事务掌管者,对基于亲权人变更确定审判的户籍申报,除因该审判无效其判断内容不发生相关效力的场合，不得以该审判的法令违反为理由进行不受理上述申报的处分。（参照条文户籍法第79条，户籍法第121条，〔49〕民法第819条）

条文94　〔72〕第820条（监护及教育的权利义务）

> **第820条（监护及教育的权利义务）**
>
> 行使亲权的人，为此利益而享有行使子女监护及教育的权利，负有义务。

基本判例135　最一决平12・5・1民集54卷5号1607页（会面交涉审判的原审判变更决定的许可抗告事件）

判定在婚姻关系破裂父母处于分居状态的场合，关于不与子女同居的父母一方与子女的会面交涉，父母之间协议不成或者协议不能时，家庭法院得类推适用民法第766条，依家事审判法第9条第1款乙类第4项，对会面交涉判命相当处分的事例。［家族法判例百選第42事件］［判プラⅢ第85事件］

第14章　继　承

第1节　继承开始与继承效力 162

人死亡,则继承开始(民法第882条)。死亡了的人称为被继承人,继受(继承)被继承人财产的人称为继承人(谁成为继承人,民法第886条—第895条有规定)。被继承人的财产,既有家财等加法财产,也包含着借财等减法财产。继承人,对被继承人的全部财产包括加法财产和减法财产,继承一切权利义务(包括承继)。

但是,对像劳动契约上的权利义务,组合契约上的权利义务那种限于被继承人一代的权利义务(一身专属的权利义务),继承人不得继承(〔48〕民法第896条)。要取得一身专属的权利,以新的契约(如缔结新的劳动契约,加入组合等新的注册程序)为必要。

并且,严格的程序是必要的,但继承人可以放弃继承,或作出限定承认(民法第915条以下)。作出了放弃继承(民法第938条—第940条)的继承人,完全不承继被继承人的权利义务。还有,在继承人作出了限定承认(民法第922条—第937条)的场合,通过继承加法财产,仅在该范围内,负减法财产清偿责任(有限责任)的方法,只继承被继承人的加法财产与减法财产之间差额的做法得到认可。

不利用这种特别方式,承认了继承时,在复数继承人共同继承的场合,关于各共同继承人,继承多少份额,民法第900条—第905条详细地作出了规定。特别是,在有接受被继承人遗赠,生前有作为生计资本接受赠与的共同继承人等场合,依〔95〕民法第903条,通过将特别受益份"返回"到计算上的继承财产上来计算继承份,从而使其他继承人的继承份增加,使接受特别受益的继承人的继承份只在该部分减额这样的方法,来维持共同继承人之间的公平。

条文 95　〔48〕第 896 条(继承的一般效力)

第 896 条(继承的一般效力)

继承人,自继承开始之时起,继承属于被继承人财产的一切权利义务。但被继承人一身专属者,不在此限。

基本判例 136　最大判昭 42・11・1 民集 21 卷 9 号 2249 页(抚慰金请求事件)

判定因侵权行为的抚慰金请求权,即使受害人生前没有表明请求的意思,也构成继承对象。这是因为,关于损害赔偿请求权发生的时点,民法依该损害是财产上的还是财产以外的,分别进行不同的处理,并且即使抚慰金请求权发
163 生场合的被害法益是该受害人一身专属的,因侵害了此权利而发生的抚慰金请求权本身,与财产上的损害赔偿请求权相同,也只是单纯的金钱债权,没有应该解释为不能构成继承对象的法律根据。依据民法第 711 条,与生命被侵害的受害人有一定身份关系者,能够取得与受害人所取得抚慰金请求权有别的固有的抚慰金请求权,而此二者的请求权的受害法益不同,是能够并存的。并且,受害人的继承人,未必依同条规定就一定能够取得抚慰金请求权,所以,就不该解释为因为有同条规定抚慰金请求权就不能构成继承的对象的事例。[家族法判例百選第 64 事件][判プラⅡ第 348 事件][判例百選Ⅲ第 60 事件]

条文 96　〔95〕第 903 条(特别受益人的继承份)

第 903 条(特别受益人的继承份)

①共同继承人中,有从被继承人接受遗赠,或者因婚姻或养子收养,或者作为生计资本接受赠与者时,在被继承人继承开始时的既有财产的价额加上其赠与的价额视为继承财产,以从依前三条规定算定的继承份之中扣除了该遗赠或赠与价额的余额作为该人的继承份。

②遗赠或赠与的价额，与继承份的价额相等，或者超过此时，受遗赠者或者受赠与者，不能继承其继承份。

③被继承人表示了与前两款规定不同的意思时，其意思表示，在不违反关于遗留份规定的范围内有其效力。

基本判例 137　最二决平 16・10・29 民集 58 卷 7 号 1979 页（对决定遗产分割及贡献分处分审判的抗告审的变更决定的许可抗告事件）

判定以被继承人为保险契约人及被保险人，基于以共同继承人的一人或者一部分人为保险金收取人的养老保险契约被作为保险金收取人的继承人所取得死亡保险金请求权，不相当于民法第 903 条第 1 款规定的相关遗赠或者赠与的财产。但保险金的额度对遗产总额的比率，要综合考虑作为保险金收取人的继承人及其他共同继承人与被继承人之间的关系，各继承人的生活实际状态等诸般情况，当存在作为保险金收取人的继承人与其他共同继承人之间发生的不公平，参照民法第 903 条的宗旨达到了应该评价为显著地终究是不能认可程度的特殊情况的场合，通过同条的类推适用，准于特别受益构成取回对象的事例。[家族法判例百選第 65 事件][判プラⅢ第 131 事件][判例百選Ⅲ第 61 事件]

第 2 节　遗产分割

在继承开始时有多数继承人的场合，被继承人的财产，伴随遵从继承份 164
的共有份额，由共同继承人来继承。

就是说，共同继承的场合，在继承开始时，遗产属于共同继承人共有（民法第 898 条）。

这种共有状态，只不过是向各继承人单独所有转换进程的最初阶段，最终通过遗产被分割的过程，继承程序终结。

这种场合的共有财产的分割，与民法第 256 条以下共有物的分割程序不同，将基于〔76〕民法第 906 条以下的遗产分割程序得到实现。

条文 97　〔76〕第 906 条(遗产分割的基准)

> **第 906 条(遗产分割的基准)**
>
> 遗产的分割,考虑属于遗产的物或权利的种类及性质,各继承人的年龄、职业、身心状态及生活状况以及其他一切事情进行之。

遗产分割中,在考虑遗产共同继承人继承份的同时,依据与此不同的别的考虑事项,即依据〔76〕民法第 906 条所明记“属于遗产的物或权利的种类及性质,各继承人的年龄、职业、身心状态及生活状况以及其他一切事情”加以分割。

但在〔76〕民法第 906 条以下的遗产分割程序中,有以下两点致命缺陷,构成遗产分割无法顺利进行的原因。

第一,民法中,欠缺关于应主导遗产分割的管理人的选定,任务及权限的规定。在发生骨肉相争的经验法则上一个道理得到明确:要使遗产分割顺利进行,主导该程序的财产管理人是必要的。

预想在受赠人与继承人对遗嘱执行有争议的场合,根据遗嘱(民法第 1006 条),或者依利害关系人的请求(民法第 1010 条),选定遗嘱执行人的制度,为遗嘱执行的顺利进行,准备了详细的规定。

但是,在发生遗产纠纷的场合预想得到的遗产分割程序中,不存在关于为管理遗产,顺利进行分割的遗产管理人的选任、任务的规定。这样一来,平和地且合理地进行遗产分割就是困难的。

第二,在遗产分割中,当共同继承人意见有分歧时,关于以何种方式调整意见(全员一致是否必要,能否以多数表决决定,或者是否可以在各自享有份额范围内单独决定),欠缺规定。

不过,民法在〔33〕民法第 907 条第 2 款中规定“共同继承人之间协议不成,或者不能协议时,各共同继承人得请求家庭法院进行该分割”。但是,由
165 于共同继承人之间欠缺自主的决定基准,即使有法院的介入,也并非就能够期待得到合理的解决。

对于继承人存在与否不明确场合的继承人搜索、继承财产管理等,民法

在第951条以下,设置了关于使"继承财产法人"成立,选定继承财产管理人,其任务的规定。

在预想得到纠纷激化的遗产分割程序中,参考继承财产法人管理人制度,制定遗产分割管理人制度,恐怕是继承法最重要的紧急课题。

条文98　〔33〕第907条(遗产分割的协议和审判等)

第907条(遗产分割的协议和审判等)

①共同继承人,除依下条规定被继承人遗嘱禁止的场合,得随时依其协议进行遗产的分割。

②关于遗产分割,共同继承人之间协议不成或者不能协议时,各共同继承人得向家庭法院请求该分割。

③在前款的场合有特别事由时,家庭法院得规定,对遗产的全部或一部分,禁止其分割。

基本判例138　最二判平11·6·11民集53卷5号898页(贷款及欺诈行为撤销请求事件)

判定共同继承人之间成立的遗产分割协议,能够成为欺诈行为撤销权行使对象的事例(其理由是:遗产分割协议,是因继承开始成为共同继承人共有的继承财产,其全部或者一部分,通过向各继承人单独所有,或者向新的共有关系转移,使继承财产归属得到确定的制度。所以,其性质上,可以说是以财产权为标的的法律行为)。[家族法判例百選第70事件][判プラⅡ第72事件][判例百選Ⅲ第68事件]

最新判例32　最二判平25·11·29民集67卷8号1736页(共有物分割等请求事件)一部分退回,一部分驳回

(1)关于共有物,遗产共有份额与其他共有份额并存的场合,作为共有人谋求解消遗产共有份额与其他共有份额之间共有关系的方法,裁判上应采用的程序是基于民法第258条的共有物分割诉讼,通过共有物分割判决享有遗产共有份额的人被分与的财产构成遗产的分割对象,对这种财产共有关系的解消,应通过基于民法第907条的遗产分割进行。

(2)关于遗产共有份额与其他共有份额并存的共有物，在将遗产的共有享有份额使其他的享有共有享有份额者取得，通过赔偿其价格的方法得到了分割判决的场合，曾享有遗产的共有份额者被支付的赔偿金，应该是依遗产分割其归属已得到确定的金额。接受了赔偿金支付的人，在遗产被分割完毕
166 之前负有保管此遗产的义务。

(3)在法院通过将遗产共有份额使其他共有份额享有人取得，并赔偿该价格使该赔偿金作为遗产分割对象的方法进行共有物分割判决的场合，该判决中，享有遗产的共有份额的人们直至遗产被分割完毕，决定应保管的赔偿金范围的基础上，得命令取得同享有份额的人按各自应保管范围的额度支付赔偿金。(参照条文民法第 258 条，〔33〕民法第 907 条)

最新判例 33　最大决平 28・12・19 法院网站(对遗产分割审判抗告驳回决定的许可抗告事件)

判定被共同继承的普通存款债权、通常存款债权及定期存款债权，无论哪种债权，并非均与继承开始同时当然按继承份被分割，而是构成遗产分割的对象的事例(对过去判例的变更)。(参照条文〔33〕民法第 907 条)

第 3 节　由继承财产法人进行继承人的搜索与继承财产的管理

关于继承人是否存在不明确的场合，民法第 951 条以下，不仅规定了由“继承财产法人”进行继承人的搜索(〔86〕民法第 958 条)，对特别缘故人的继承财产分与(〔90〕民法第 958 条之 3)，而且规定了继承财产管理人的选任程序，继承财产法人在达成其目的终结了其作用时，在视继承财产管理人的行为仍然有效的同时，仍作出“法人视为未曾成立”的处理。这种程序终结后涉及溯及效力，视为不成立的思维方式，与遗产分割一旦终结，则“遗产分割，上溯至继承开始之时发生其效力”(民法第 909 条)的思维方式是相通的。

条文 99　〔86〕第 958 条(继承人的搜索公告)

> **第 958 条(继承人的搜索公告)**
>
> 前条第 1 款的期间届满后,有无继承人尚不明时,家庭法院可应继承财产管理人或者检察官的请求,必须公告如果有继承人在一定期间内必须主张其权利的宗旨。此场合,其期间不得少于 6 个月。

因此,为了使构成继承最大问题的遗产分割能够顺利进行,民法第 951 条以下进一步发展“继承财产法人”的思维方式,继承开始时被继承人的财产全部转移给“继承财产法人”,须选任继承财产管理人,并应在其主导下进行遗产分割程序。限该程序已终结的场合,共同继承人可以追溯至开始取得关于遗产的权利之时。

与此相反,遗产分割程序尚未完结的场合,共同继承人不能对遗产取得 167
权利。若一定期间经过,仍然无法达成分割协议时,类推适用民法第 959 条,构筑一种被继承人的财产,由继承财产管理人处分,剩余财产归属国库的制度是必要的。

若这种制度实现,则从最初就以作为遗产共同所有人的意识主张权利,不协助遗产分割协议的共同继承人,完全不能取得权利。某些场合,还会招致遗产归属国库的事态。为此,要避免这种事态,共同继承人们就要积极地配合遗产分割,这样就可以期待遗产分割中骨肉相争情况的大幅减少。

条文 100　〔90〕第 958 条之 3(对特别缘故者的继承财产分与)

> **第 958 条之 3(对特别缘故者的继承财产分与)**
>
> ①在前条的场合,家庭法院认为相当时,得依曾与被继承人同生计者,被继承人疗养看护的努力者及其他曾与被继承人有特别缘故者的请求,将清算后残存的继承财产的全部或者一部分给予这些人。
>
> ②前款请求,必须在第 958 条〔继承人搜索公告〕期间届满后 3 个月以内提起。

基本判例139　最二判平1·11·24民集43卷10号1220页(不动产登记申请驳回决定撤销请求事件)

判定共有人之一人死亡,继承人不确定,对继承债权人和受遗者的清算程序已终结时,该共有份额,成为针对基于民法第958条之3的特别缘故者的财产分与对象。若该财产未被分与时,依民法第255条归属于其他共有人的事例(有反对意见)。[家族法判例百選第56事件][判プラⅢ第152事件]

第 15 章　为实践训练、逆向授课的课题

如前言所述,本书是民法学习书。但是,也可以作为教师授课、专题讨论课等的教材,特别是作为实践训练、逆向授课的预习教材使用,可以进行如下三种尝试。 168

第一,把对象集中在民法条文 · 适用频度表前 10,预习之际,制作检验学习目标所达程度的"填空测验题"。学生预习本书中的三星(★★★)部分,尚不知答案时,通过重新阅读作为启示的列举页面,应该就能得到正解。

第二,在把对象集中在民法条文 · 适用频度表前 10 的同时,对进行逆向授课之际的集体讨论课题,事前可以制作"为进行讨论的作业课题",以便扎实地进行预习。学生在准备逆向授课的集体讨论时,可以详细阅读本书的解说及所指示判例集,以备讨论之用。

第三,跨越民法条文 · 适用频度表前 100 整体,鸟瞰民法各领域,从透彻理解每个领域的目的出发,制作测验学习目标到达程度的问题。但愿这些内容,不仅对学习者有用,还对将本书作为教材使用的教师有帮助。

第 1 节　适用频度表前 10 的学习目标达到程度的检验(预习课题)

【检验题 1】(民法条文 · 适用频度表前 10 总论)

请在以下问题句子的空栏(A)—(D)内, 填入合适的数字,并将文章完成(请参照本书边码 10)。

在民法条文之中,被法院最频繁地适用的领域是侵权行为法。这一领域不过只有(A　　　　)个条文,但适用频度却达到(B　　　　)%,适用频度远远高于其他条文。其理由是,在发生新民事纠纷的场合,主要是通过适

用(C　　　　　　　)条★★★,使其问题得到解决的。

与此相对,在物权法领域,条文数有 104 条之多,但适用频度为(D　　)%,非常之低。其理由是,物权法中包含现在几乎不使用的永佃权等条文。

【检验题 2】(适用频度第 1—4 位、第 9 位与适用频度第 5 位之间的关系)

请在以下问题句子的空栏(A　)—(L　)中填入适当数字或用语,将文章完成(参照本书边码 14、87、140—143)。另外,同记号填入同内容。

169 民法适用频度表前 10 之中,适用频度第 1 位的民法(A　　　　　　　)条★★★与适用频度第 5 位的民法(B　　　　　　　)条★★★合起来,是代表(C　　　　)责任的条文。

该责任的中心,是损害赔偿责任,为追究该责任,作为其共通的要件,以有归责性的(D　　　　)和(E　　　　),加害行为与结果之间的(F　　　　)的存在,是作为结果而发生的(G　　　　)的三个必要条件。

关于一般侵权行为规定于适用频度第 1 位的民法(A　　　　　　　)条★★★,是非常重要的条文,但为使作为其效果的损害赔偿请求得到认定,除了要对对应方作为权利阻却抗辩加以主张的无责任能力抗辩的民法(H　　　　)条、民法(I　　　　　　)条,及正当防卫、紧急避险抗辩的(J　　　　)条之外,对主张权利已消灭的适用频度第 24 位的民法(K　　　　)条的消灭时效抗辩,也有适当贴切地予以应对的必要。就是这样,为了对作为一般侵权行为条文的民法(A　　　　　　)条★★★不作单独的理解,而与前面举出的权利阻却要件、权利消灭要件等一并理解。在本书中,利用(L　　　　　　　)图,关于学习方法我们提出了综合深入理解侵权行为法的建议。

【检验题 3】(适用频度第 6、8 位含有民法总则概观)

请在以下问题句子的空栏(A　)—(K　)内,填入适当用语,将文章完成(参照本书边码 27、33、36、41)。

民法总则规定了以下四个部分。第一,由适用于民法整体的原则部分的适用频度第 6 位的(A　　)条★★★与未进入适用频度表前 10 但也是重要条文的(B　　)条构成。像这两个条文那样对全部条文均可搭配适用的条文,在贯穿于所有条文被适用的意义上,被称为「(C　　　　)」。

第二,规定了私权的(D　　　　)部分,这里,包含像我们这样的(E　　　　)和像公司那样的(F　　　　)。而民法适用频度表前 10 中没有包含与此相应的条文,其理由是,占据其中心地位的成年监护制度是比较新的制度;另外,伴随着“关于一般社团法人及一般财团法人的法律”的制定,与其相应的部分被大量删除。

第三,规定了私权的(G　　　　)的部分,虽然没有进入适用频度表前 10,但作为其最初的条文第 85 条,给出了(H　　　　)的定义。除此之外,旧民法将(I　　　　)包含在这一定义中,现行民法却将此删除了,从而使民法发生了标的与标的物的混同。

第四,被称为“私权的发生、变更、消灭”部分,规定了私权的(J 170
　　),其重要内容,是广泛地包含契约和遗嘱等民法的中心性课题的概念“(K　　　　)”,适用频度第 8 位的民法第 90 条★★★(公序良俗),就包含在其中。

【检验题 4】(适用频度第 7 位的不动产物权变动)

请在以下问题句子的空栏(A　)—(F　)中,填入适当的用语,将文章完成(参照本书边码 47)。

在私权中,关于财产权的规定,分为第二编的(A　　)权与第三编的(B　　)权。在构成第二编的中心的所有权继承取得中,占有重要地位的不动产物权变动,登记发挥着重要作用,适用频度第 7 位的民法第(C　　　　)条★★★,当然是适用于不动产二重转让的对抗问题,但除此之外,对构成契约无效、撤销场合的善意第三人,相当于第三人原始取得的(D　　　　)的场合,相当于一般继承的(E　　　　)的场合是否也得适用,学说、判例上产生了对立,对于学习而言是一个困难的领域。在本书中,作为欲将这些问题统一解决的一般思维方式,我们提倡使用否认概念(F　　　　)的一般理论。

【检验题 5】(适用频度表前 10 的不当得利关联条文群)

请在以下问题句子的空栏(A　)—(E　)中,填入适当用语,将文章完成(参照本书边码 135)。

民法具有作为为解决民事纠纷的(A　　　　)的性格。所谓(A　　　　)是与特别法相对的概念,在特别法规定不能适用的困难问题发生的场合，也能处理这种例外问题的接盘的性质。在发生依个别条文不能解决的复杂问题的场合，适用频度第 6 位的民法第 1 条，特别是，民法第 1 条★★★第 2 款的诚实信用原则，民法第 1 条★★★第 3 款的权利滥用规定，经常作为一般条款加以适用。

具有与此相似性质的是，一般规定与特别规定的关系。例如，适用条文适用频度第 10 位的民法第 703 条★★★（不当得利返还义务），就是不当得利的一般规定。

第一，已给付若契约成立则为期待之物，因契约不成立，而发生了返还必要的场合，作为不当得利之中第一类型的（B　　　　）不当得利的规定，适用频度第 10 位的民法第 703 条★★★，适用频度第 83 位的民法第（C　　　　　　）条的规定等得以适用。

第二，在误认为自己是债务人或者保证人而向债权人作出了清偿，债权人也以为其是真正的债务人、保证人给自己做了清偿，而懈怠了对真正的债
171 务人的请求，致使该债权因时效消灭的场合，因为本就是错误清偿，所以应遵从第一类型的（B　　　　）不当得利，错误清偿人可以对债权人请求已给付之物的返还。但是，那样的话，对相信清偿有效而失去债权的债权人来说过于苛刻，所以民法第 707 条，在以其第 1 款否定了错误清偿人的（B　　　　）不当得利的同时，为救济错误清偿人，以其第 2 款承认错误清偿人对从错误清偿人免除债务而利得的债务人享有请求权。这是作为不当得利第二类型的（D　　　　）不当得利。

第三，即将构成侵权行为，却因欠缺归责性而未构成侵权行为，但因为损害发生了，所以进行该损害的填补是适当贴切的场合，作为不当得利之中第三类型的（E　　　　）不当得利的规定，占有的不当得利的条文第 190 条（恶意占有人的返还），第 191 条（占有人的损害赔偿），第 248 条（附合、混和或伴随加工补偿金的请求）等得以适用。

这样，在与作为债权关系代表例的契约、无因管理、侵权行为等复杂问题发生的场合，民法作为其接盘准备了不当得利的规定，设法使纠纷解决的实体法规则毫无遗漏。所谓特别法有漏洞，但民法没有漏洞的说法，就是因为这种一般规定作为接盘对个别规定做好了准备。

第 2 节　适用频度表前 10 的相关讨论课题

【讨论题 1】适用频度为零的条文的价值

在本书中，根据判例数据库（TKC 法律信息数据库·LEX/DB 互联网），列举了被法院适用频度高的 100 个条文，现在我们逆向地，再对适用频度最低（法院适用次数零件）的条文进行考察。

适用频度为零的条文中，例如，像民法第 726 条（亲等的计算）包含规定构成亲属、继承法最根本的一亲等、二亲等……的计算方法的条文。这种条文，重要到若无该规定，有关身份的规定就会全部无法发挥作用的程度，由于其已浸透在市民生活中，也不构成裁判，只是适用频度最低而已。从这种情况我们可以得知，适用频度低，未必代表该条文的价值低。

也就是说，被法院适用频度的高低，只不过是显示该条文重要性的指标之一，不过是适用频度高的，重要性高的概率大，适用频度低的，重要性低的概率大这一盖然性问题。适用频度低的条文中，也包含重要条文，这种情况是不可否定的。

既然适用频度为零的条文也是有影响的，那么，让我们比较一下这次民
法（债权法）修改被删除的民法第 527 条（要约撤回通知的延迟），和同样适
用频度为零却未被删除也未被修改的民法第 528 条（要约加以变更的承 172
诺）。一条被删除，另一条既未被删除又未被修改，考虑一下理由，是应该删
除，还是不修改好，讨论一下。关于这一点，请参考［加賀山：電子消費者契
約法の問題点（2008）571-595 頁］。

【讨论题 2】民事责任竞合问题

〔1〕民法第 709 条★★★的侵权行为责任与〔5〕民法第 415 条★★★的债务不履行责任，作为民事责任发生竞合的场合很多。在这些场合中，两种责任的消灭时效期间有很大不同，侵权行为是自知道加害人起 3 年，事件（损害）发生起 20 年，而债务不履行的消灭时效是从债务不履行开始 10 年间。但是，就责任的性质而言，两者都是损害赔偿责任，算定基准也只是适用，和类推适用〔16〕民法第 416 条★★（损害赔偿的范围）的不同，而要件几乎是一样的。因此，请大家选取交通事故这种纯粹侵权行为与医疗过错这种债务不履

行责任的竞合(参照基本判例121,边码149),围绕以下几点,进行一下讨论。

第一,是归责事由(过失)的问题。在对驾驶人的过失与医院的担当者的归责事由的判断中,〔1〕关于民法第709条★★★侵权行为与民法第415条★★★债务不履行的判断基准(例如医疗水准),是否有不同,探讨一下。

关于过失,正如“对应该预见的损害发生,懈怠了结果回避措施”所说,是作为行为义务违反构成的,所以当事人通过对对方主张、举证“应做而未做”,使过失的证明成为可能。这种情况下,站在行为人的立场,为了不被说成是过失,就构成了应该做什么、做到什么程度的问题。关于这一点,法与经济学,从经济学上的视点出发,进行了过失的数量性分析,可作参考。请阅读参考文献列举的[クーター=ユーレン・法と経済学(1997)352-384頁],在理解了侵权行为法教科书介绍的庞德公式,若根据经济分析,哪里错误、必须进行何种修正的基础上,针对什么得到证明就是没有过失,讨论一下。关于这一点,可阅读参考文献中列举的[加賀山・不法行為における定量分析の必要性(2011)17-58頁]。

第二,是因果关系的问题。因果关系是什么?列举关于“无彼即无此”定式化有效的场合,与发生破绽场合的具体例子,考虑一下,为什么在“无彼即无此”的思考中,作为因果关系的证明不能说是必要且充分的。

173 再有,什么是相当因果关系?关于其思维方式,受到了何种批判?尽管如此,法院今天仍然在使用相当因果关系的思维方式进行判断,考虑一下其理由。

第三,是因果关系与过失相抵的相互关系问题。面对因果关系错综复杂的事件,关于以“无彼即无此”为基准决定因果关系存否的事实性因果关系理论,以行为是否使结果发生的盖然性相当程度提高的以“相当因果关系”为基准的理论,以及称为“因果相抵”的以〔3〕民法第722条★★★所代表“过失相抵”的相互关系,尝试进行探讨。

【讨论题3】权利外观法理(表见代理)与共同侵权行为的关系

作为广泛涵盖民法总则的原理,有权利外观法理(Rechtsscheintheorie)。这是在作出与真实情况相反外观行为的人有归责事由,而信赖其外观实施了某行为的人是善意且无过失的场合,其应基于外观负责任的理论。关于意思表示的〔92〕民法第93条[心中(真意)保留],民法第94条(虚伪表示),以及表见代理[〔71〕民法第 109 条(因代理权授予表示的表见代理),〔15〕民法第 110 条★★(权限外行为的表见代理),民法第 112 条(代理权消灭后的表见代理)]与此理论相当。

其中,以〔15〕民法第 110 条★★(权限外行为的表见代理)为例来看,关于本人对对方所负责任的性质,有将表见代理作为准于有权代理,考虑为有权代理说,还有认为表见代理不过是无权代理之一种,其性质是侵权行为责任的学说。

本书介绍的这些学说中,以本人归责性,无权代理人责任(民法第 117 条的履行责任)为根据,考虑本人和无权代理人对对方负共同侵权行为责任,对方根据〔9〕民法第 719 条★★★(共同侵权行为)和民法第 117 条,考虑可以对对方追究履行或损害赔偿责任的学说(参照本书边码 54)。

表见代理,应该考虑为有权代理,还是应该作为无权代理之一种适用民法第 719 条★★★和民法第 117 条？以基本判例 25(边码 54)为题材,尝试讨论一下。

【讨论题 4】不动产物权变动与对抗问题

不动产的二重转让要适用〔7〕民法第 177 条★★★是毫无疑问的。但是,对意思表示以外发生物权变动(例如,因时间经过发生变动的取得时效,因人死亡事件发生权利变动的继承等),是否可以适用民法第 177 条★★★存在争议。并且,关于依意思表示的物权变动,也有对无效、撤销、解除等发生溯及效力的物权变动,民法第 177 条★★★是否得以适用,学说上存在对立观点。

为此,下面我们考虑一下这种事例。假设 A 被 B 欺骗将甲不动产出售给了 B,也登记转移给了 B,但发现被欺骗的 A 撤销了买卖契约,B 将甲不动 174
产出售给了善意的 C。在这种假设下,①在 A 从 B 取回登记的场合,善意的 C 能否依民法第 96 条第 3 款向 A 请求将登记转移给 C。②C 已从 B 取得登记的场合,A 能否援用撤销的溯及效力,对 C 请求转移登记。以基本判例 41(边码 67)为题材,尝试参考本书(边码 51)的对抗不能的一般理论进行讨论。

【讨论题 5】误汇款与不当得利返还请求权

存款委托人 A,通过银行向 B 汇款,却误汇给了 C 的场合,对被该银行所生 C 名义的存款债权,C 能否有效取得该存款债权,或者能否认定因误汇款得到的存款债权是无效的，误汇款委托人 A 证明是误汇款的情况，基于〔10〕民法第 703 条★★★对该银行行使不当得利返还请求权，使存款债权从 C 名义回归 A 名义，特别是在因欺诈造成误汇款事件日益增多的当下，这是一个很大的问题。

关于这个问题，以基本判例 103（边码 133）为题材，尝试讨论一下因误存款的汇款债权是谁的。

第 3 节　综合练习问题（各领域目的的理解）

民法理解起来比较困难的理由，一个是条文数庞大，另一个是与其他法律不同，民法是在日本近代化初期比较早的时候起草的，欠缺有关法律“目的”“宗旨”的规定。

因此，为使通读了本书的读者，能够领会民法的“目的”“宗旨”，我们准备了再次确认在何种程度上理解民法各领域的目的的练习题。一边理解这些练习题，一边重新阅读本文，应该会对民法目的有更深一步的理解。

1. 通则（通则的意义与民法的目的）

【问题 1-1】所谓通则意味着什么？参考“关于法适用的通则法”这一法律，记述 400 字以内的文章（参照本书边码 27）。

【问题 1-2】民法中，并未规定法律的“目的”“宗旨”。民法的“目的”或者民法的“宗旨”是什么？参考日本宪法第 29 条、第 24 条、第 22 条等，以起草民法目的的条文的形式回答（参照本书边码 29）。

2. 民法总则（民法总则的适用范围与民法总则的目的）

【问题 2-1】民法总则的适用范围是什么？是否涉及亲属、继承？记述 400 字以内的文章（参照本书边码 26）。

175 【问题 2-2】民法总则，整体上规定了什么？将民法总则的“目的”或者整体像，记述 400 字以内的文章（参照本书边码 33）。

3. 物权（物权的标的与标的物）

【问题 3-1】物权的“标的”与“标的物”是什么？以所有权为例，关于所有权的标的、所有权的标的物，记述 400 字以内的文章（参照本书边码 39）。

【问题 3-2】占有权是物权吗？在对租借人、受托人等的占有是否能称为物权记述400字以内的文章的基础上,再对用益物权,能否作为债权构成这一点,参考赞否意见,记述自己的意见写成400字以内的文章(参照本书边码62)。

4. 担保物权(担保物权的标的与标的物发生混同的理由)

【问题4-1】担保物权的“标的”是什么?在以担保物权(留置权、先取特权、质权、抵押权)的所有开头条文为中心进行探讨的基础上,就担保物权的“标的”记述400字以内的文章(参照本书边码72—73)。

【问题4-2】担保物权的“标的物”是什么?以担保物权的所有条文为对象,在400字以内记述“标的”与“标的物”被混同使用之处的基础上,再在400字以内论述其混乱形成的原因及解决方法(参照本书边码72)。

5. 债权总论(债权的标的与标的物的异同,债务不履行的意义)

【问题5-1】债权的“标的”是什么?在图书馆、阅览室等处阅览民法现代语化(2004年—2005年)实行以前的文语、假名书写的条文,指出3个以上条文中债权的“标的”与“标的物”被错误规定的地方,而在现行民法中,其得到了怎样的修改?在400字以内加以论述(参照本书边码39、86)。

【问题5-2】在400字以内指出债务不履行三分类说的缺陷,在此基础上,在400以内字归纳整理出在“履行拒绝”概念被承认的场合,“履行不能”这一概念应该怎样定义?最后,再在400字以内论述“履行不能”这一概念是否还有必要(参照本书边码87—89)。

6. 契约(契约的目的与目的达成不能场合的解决方法)

【问题6-1】契约的“目的”是什么?对13个典型契约,分别探讨其目的是什么?整体论述800字以内(参照本书契约类型“典型契约”边码123—124)。

【问题6-2】以民法的契约中规定的全部条文为对象,在契约“目的不能达成”的场合,或者“达成目的变得不能”,又或者“不能达成目的”时,民法采取何种解决策略?在400字以内进行论述(参照本书边码90、122)。

7. 不当得利(不当得利的目的与类型) 176

【问题7-1】不当得利的“目的”是什么?在考虑债权发生原因的相互关系的同时,在400字以内进行论述(参照本书边码120、135)。

【问题7-2】关于不当得利的类型在400字以内整理归纳其内容,同时在

400字以内论述现行民法的哪个条文符合其类型(参照本书边码135、170、171)。

8. 侵权行为(侵权行为法的目的与共同侵权行为的性质)

【问题8-1】侵权行为法的“目的”是什么？在400字以内归纳侵权行为法条文占民法全部条文适用频度40%的理由的基础上,以某个条文为焦点,将侵权行为规定的存在理由在400字以内加以论述(参照本书边码120、135)。

【问题8-2】共同侵权行为是真正连带债务,还是不真正连带债务？在将两种立场在400字以内加以归纳的基础上,再在400字以内论述自己的见解(参照本书边码147—148)。

9. 亲属(婚姻的目的与亲子的现代意义)

【问题9-1】婚姻的“目的”是什么？在参考宪法第24条在400字以内归纳婚姻目的的基础上,对婚姻“目的”不能达成时,配偶可以采取何种方法？在400字以内进行论述(参照本书边码152、155以下)。

【问题9-2】亲子关系是根据什么成立的？选取父子关系或者母子关系,考虑现代生殖辅助医疗发展的场合,父子关系或者母子关系应该通过什么方法来证明,在800字以内归纳整理之(参照本书边码159—160)。

10. 继承(继承的目的与继承财产的管理与归属)

【问题10-1】继承的“目的”是什么？限定在任何场合都能继承被继承人财产的人,请在400字以内论述其理由(参照本书边码162)。

【问题10-2】不是继承人,但可以从继承财产获得利益的有哪些人？包含国家。用400字以内进行论述(参照本书边码162、168)。

结　语

1. 本书的意义

(1)民法全部条文以适用频度顺序重排

本书的第一个意义，是利用判例数据库，对民法从第 1 条—第 1044 条的条文，从被法院适用频度最高的条文(民法第 709 条)到迄今为止法院一次也没有适用过的(142 个条文)，按照适用频度重新进行排序。

通过这项工作，制作了民法条文 · 适用频度表前 10、表前 20、表前 30，从而使在解决民事纠纷之际，对法院愿意适用的条文以客观基准进行选别成为可能。

第一，此项研究可作为学习民法之际的指南使用。这是因为，对于没有时间学习民法所有条文的人来说，可以考虑时间性的制约去安排，“至少尝试把表前 10 的条文集中地进行学习”，“不仅是财产法，若亲属法也结合起来学习，则至少就可以把表前 20 的条文学习一下吧”，像本书那样，“为理解民法的整体像，就把能够涵盖民法所有领域的表前 100 的所有条文也都学习一下吧”……这样的设想就构成了能够提示自主控制民法学习方法的客观基准。

第二，作为民法研究者，也可以了解在 1057 个条文之多的民法条文中，若自己的研究领域进入了适用频度表前 10、表前 20、表前 30，那么就能够认识到该研究领域是热门领域。相反，若以迄今为止 1 次也没被适用的条文为研究对象，那么，包含对未被适用的理由进行深入研究，则可以对取得迄今为止尚未得到的重要研究成果有较高的期待。

(2)民法条文 · 适用频度表前 100 的条文顺序重排与解说

本书的第二个意义，在于通过民法条文 · 适用频度表前 100，按照民法条文的适用频度高低顺序重新排列，使对民法几乎所有领域，以适用频度最高的条文为中心，用较短的时间，促进学习效率的提高成为可能。

若将本书第二部分与条文和条文的解说结合起来阅读就能知道，这种学习方法只用从前学习民法整体像所包含具体条文所需的 1/10 时间，就能使理解民法各领域最重要的要点成为可能。

178 迄今为止，在民法的学习上，由于条文数过多，在部分性学习与把握整体像学习之间保持平衡是非常困难的。为理解民法整体，理解一个一个的条文是必要的，但为理解一个一个的条文，在民法整体的体系中定位一个一个的条文也是必要的。短时间内，二者都弄得一知半解，结果因受挫折以致半途而废的情况很多。

尽管如此，限制性地选择应该学习的民法条文是困难的。这是因为，关于应该优先学习哪些条文并不存在客观基准。而本书，则按照法院适用频度这一客观基准，决定应该最先学习的民法条文，这样就把学习对象限定在 10 个条文、20 个条文、30 个条文等，都变成可能，我相信，这一点不仅对民法学习者学习效率的提高会有所帮助，还可期待对从事民法教学的教师有所帮助，可助教育改革一臂之力。

2. 今后的课题

(1) 本书的发展性课题

本书卷末，附有著者摘编的民法条文 · 适用频度表前 100 中出现的所有用语（不仅有单词、熟语，还包括要件与效果），以汉字编码顺序列表。

关于此表的一部分，本文已做介绍，还考虑到此表的运用：着眼用语的性质，按照法律效果、法律要件的顺序重排，就可以制作成由事实检索适用条文的法律用语逆序检索辞典。若使用本法律用语的逆序辞典，应该就可以由事实检索出应适用的条文，若将此表高效地加以活用，不是完全可以活用到民事法律咨询相谈的工作上吗？

在这一作业的延长线上，将民法所有用语按法律效果、法律要件、要素的顺序重排的民法用语逆序辞典的构想就摆在面前，预定将来要向着研究开发能够从记述事实自动检索到该事实所应适用条文的系统发展。若能如此，民法人工智能的实现就不只是梦想了。

无论怎样，现代社会人工智能的发展是非常显著的。人工智能与人不同,是可以24小时使用、推进学习的。

在不久的将来,与象棋和围棋职业被迫与人工智能进行对决的情形一样,法律专家也可能不得不与人工智能(法律事务处理机器人、法律文书自动检索机器人、律师机器人、检察官机器人、法官机器人)对决。

179

对必须生存在与具备人工智能竞争的严峻时代的年轻人来说,应该清醒地认识到:光靠背诵、理解通说、判例,就能在工作上应付一下的时代已宣告终结(仅以通说、判例进行操作,将与象棋和围棋职业一样,不用多久,人类将不能战胜人工智能)。

若这样考虑,包括法律在内,所有领域的专家,应该意识到,要么领导人工智能,要么利用人工智能。不能培养出更高度的思考能力,就不能作为专家生存下去的时代已经在逼近,不应继续依赖逻辑破绽、敷衍了事的通说和判例,应当为能够诞生符合逻辑的创造性思考而努力。

(2)为将本书作为教育教材活用的课题

本书是作为民法的自学书而执笔的。为此,考虑到检索等的便宜,将民法条文·适用频度表前100按顺序进行了解读。但是,为将本书作为教师的教材加以利用,教育用课程“第15章为实践训练、逆向授课的课题”(参照边码168以下)就成为必要。

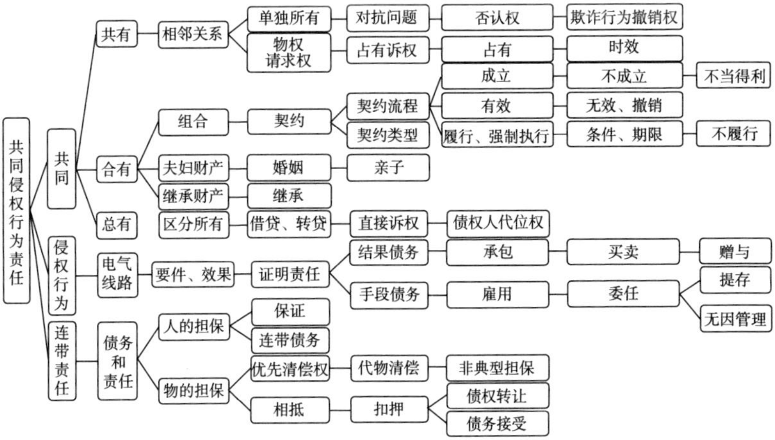

图21　由一个条文通过联想讲解100个条文的尝试

若假定著者将本书作为教材加以利用,著者就会按照图 21 那样,并不依条文顺序,而是选择最初只说明的 1 个条文(民法第 719 条),然后跟随联想,展开全部 100 个条文的解说这样一种方法。

图 21 是在本书的执笔阶段,著者考虑的阐述民法 100 个条文之际预想的展开图,是否能够经受真正的实践训练和逆向授课具体课程的检验,还有必要做进一步的深入探讨。

参考文献

[梅・民法要義(二)(1896)]

梅謙次郎『民法要義』巻之二(物権編)明法堂・有斐閣(1896)

[梅・民法要義(三)(1887)]

梅謙次郎『民法要義』巻之三(債権編)明法堂・有斐閣(1887)

[加賀山・民法 613 条の直接訴権(1)(1977)],[加賀山・民法 613 条の直接訴権(2)(1977)]

加賀山茂「民法 613 条の直接訴権《action directe》について(1)」阪大法学 102 号(1977/3) 65-105 頁

加賀山茂「民法 613 条の直接訴権《action directe》について(2・完)」阪大法学 103 号(1977/10) 87-136 頁

[加賀山・対抗不能の一般理論(1986)]

加賀山茂「対抗不能の一般理論について－対抗要件の一般理論のために－」判例タイムズ 618 号(1986/12) 6-22 頁

[加賀山・消費者の差止請求権(1995)]

加賀山茂「消費者被害と事故予防 － 消費者の差止請求権の法律構成」『森島昭夫先生還暦記念』日本評論社(1995/11) 493-528 頁

[加賀山・民法体系 1(1996)]

加賀山茂『民法体系 1』信山社(1996/10)

[加賀山・民法学習法入門(2007)]

加賀山茂『現代民法　学習法入門』信山社(2007)

[加賀山・契約法講義(2007)]

加賀山茂『契約法講義』日本評論社(2007/11)

[加賀山・電子消費者契約法の問題点(2008)]

加賀山茂「電子消費者契約法の問題点:錯誤無効の限定と民法五二七条の適用除外」名大法政論集 227 号(加藤雅信教授退職記念論文集)(2008/12)571-595 頁

[加賀山・担保法(2009)]

加賀山茂『現代民法・担保法』信山社(2009/12)

[加賀山・債権担保法講義(2011)]

加賀山茂『債権担保法講義』日本評論社(2011/09)

[加賀山・不法行為における定量分析の必要性(2011)]

加賀山茂「故意又は過失,因果関係における定量分析の必要性 -過失に関する「ハンドの定式」の誤解の克服,および,因果関係におけるベイズの定理の応用を中心に-」明治学院大学法科大学院ローレビュー 15 号(2011/12)17-58 頁

181 [加賀山・民法改正案の評価(2015)]

加賀山茂『民法改正案の評価-債権関係法案の問題点と解決策』信山社(2015/11)

[加賀山・立替払契約の購入者の保護(2015)]

「『第三者のためにする契約』の活用による立替払い契約の購入者の保護」明治学院大学法科大学院ローレビュー第 23 号(2015/12)1-12 頁

[加賀山・民法改正における社会通念の不要性(2016)]

加賀山茂「民法改正案における『社会通念』概念の不要性」明治学院大学ローレビュー第 23 号(2016/03)1-20 頁

[金子=新堂・法律学小辞典]

金子宏=新堂幸司編『法律学小辞典』〔第 4 版補訂版〕有斐閣(2008)

[川島・科学としての法律学(1964)]

川島武宜『科学としての法律学』弘文堂(1964/5)

[川島・科学としての法律学の発展(1987)]

川島武宜『「科学としての法律学」とその発展』弘文堂(1987/6)

[クーター=ユーレン・法と経済学(1997)]

ロバート・D・クーター，トーマス・S・ユーレン著/太田勝造訳『新版 法と経済学』商事法務研究会(1997/10)

[佐野・明治民法基盤(2016)]

佐野智也『立法沿革研究の新段階—明治民法情報基盤の構築』信山社(2016/5/27)

[判例百選Ⅰ]，[判例百選Ⅱ]

潮見佳男=道垣内弘人『民法判例百選Ⅰ 総則・物権』〔第7版〕有斐閣(2015/1)

潮見佳男=道垣内弘人『民法判例百選Ⅱ 債権』〔第7版〕有斐閣(2015/1)

[清水元・担保物権法(2009/11)]

清水元『プログレッシブ民法-担保物権法』成文堂(2009/1)

[鈴木・物権法講義(1994)]

鈴木禄弥『物権法講義』〔4訂版〕創文社(1994)

[瀬木・絶望の裁判所(2014)]

瀬木比呂志『絶望の裁判所』講談社現代新書 (2014/2)

[瀬木・ニッポンの裁判(2015)]

瀬木比呂志『ニッポンの裁判』講談社現代新書 (2015/1)

[曽野=山手・国際売買法(1993)]

曽野和明・山手正史『国際売買法』〔現代法律学全集 60〕青林書院(1993)

[二宮・家族法(2013)]

二宮 周平『家族法 (新法学ライブラリ)』新世社(2013/12)

[浜上・表見代理不法行為説]

浜上 則雄「表見代理不法行為説」阪大法学 59・60 合併号(1966/12)66-110 頁

[浜上・連帯債務の本質(1972)] 182

浜上 則雄「連帯債務の本質と免除」(判例と学説 民法-39-)法学セミナー 200 号(1972/08)102-106 頁

[浜上・部分的因果関係の理論(1972)]

浜上則雄「損害賠償法における『保証理論』と『部分的因果関係の理

論』(1)民商66巻4号(1972/07/15)523−553頁,(2)民商66巻5号(1972/08/05)737−767頁

［浜上・共同不法行為研究(1995)］

浜上則雄『現代共同不法行為の研究』(学術選書) 信山社 (1995/9)

［深川・相殺の担保的機能(2008)］

深川裕佳『相殺の担保的機能』(学術選書19)信山社(2008/10)

［深川・多数当事者間相殺(2012)］

深川裕佳『多数当事者間相殺の研究』(学術選書97)信山社(2012/9)

［フット・名もない顔もない司法(2007)］

ダニエル H. フット『名もない顔もない司法−日本の裁判は変わるのか』NTT出版(2007/11)

［平田・信義則の基層にあるもの(2006)］

平田 勇人『信義則とその基層にあるもの』成文堂(2006/10)

［家族法判例百選］

水野紀子＝大村敦志＝窪田充見『家族法判例百選』〔第7版〕有斐閣(2008/10)

［判例百選Ⅲ］

水野紀子＝大村敦志『民法判例百選Ⅲ　親族・相続』有斐閣(2015/2)

［民法理由書(1987)］

広中俊雄『民法修正案(前三編)の理由書』有斐閣(1987)

［判プラⅠ］,［判プラⅡ］,［判プラⅢ］

松本恒雄＝潮見佳男『判例プラクティス民法Ⅰ総則・物権』信山社(2010/3)

松本恒雄＝潮見佳男『判例プラクティス民法Ⅱ債権』信山社(2010/6)

松本恒雄＝潮見佳男『判例プラクティス民法Ⅲ親族・相続』信山社(2010/8)

［森島・不法行為法(1987)］

森島 昭夫『不法行為法講義』(法学教室全書)有斐閣(1987/3)

［我妻＝有泉＝清水・コンメンタール民法(2016)］

我妻栄＝有泉亨＝清水誠『我妻・有泉コンメンタール民法　総則・物

権・債権』〔第 4 版〕日本評論社(2016/9)
[渡辺・求償権の基本構造(2006)]
渡邊 力『求償権の基本構造—統一的求償制度の展望 』関西学院大学研究叢書(2006/2)

条文索引*

---

* 本索引所列页码为原书页码,即本书页边码。——译者注

判例索引*

基本判例索引

* 本索引所列页码为原书页码,即本书页边码。——译者注

最新判例索引(平成 25 年度以降の判例)

资　料

1. 民法全部条文 · 法院适用频度一览表

表 13　民法全部条文法院适用频度一览表

频度顺序	条数	条文标题	频度	%	
1	709	因侵权行为的损害赔偿	14984	30.1	196
2	710	财产以外损害的赔偿	8206	16.5	
3	722	损害赔偿的方法及过失相抵	3797	7.6	
4	715	使用人等的责任	3482	7.0	
5	415	因债务不履行的损害赔偿	2890	5.8	
6	1	基本原则	2317	4.7	
7	177	关于不动产物权变动的对抗要件	1673	3.4	
8	90	公序良俗	1231	2.5	
9	719	共同侵权行为人的责任	1136	2.3	
10	703	不当得利的返还义务	937	1.9	
11	95	错误	840	1.7	
12	541	因履行迟滞等的解除权	820	1.6	
13	612	借贷权的转让及转借的限制	810	1.6	
14	601	租赁	782	1.6	
15	110	权限外行为的表见代理	735	1.5	
16	416	损害赔偿的范围	689	1.4	

(续表)

频度顺序	条数	条文标题	频度	%
17	38–84	关于法人的设立、管理、解散的规定(删除)	579	1.2
18	711	对近亲属的损害赔偿	576	1.2
19	424	欺诈行为撤销权	564	1.1
20	770	裁判上的离婚	556	1.1
21	656	准委任	542	1.1
22	723	名誉毁损中的原状恢复	539	1.1
23	555	买卖	486	1.0
24	717	土地工作物等的占有人及所有人的责任	476	1.0
25	724	因侵权行为的损害赔偿请求权的期间限制	473	0.9
26	616	使用借贷规定的准用	461	0.9
27	644	受任者的注意义务	458	0.9
28	162	所有权的取得时效	454	0.9
29	91	任意性规定与不同意思表示	438	0.9
30	446	保证人的责任等	425	0.9
31	369	抵押权的内容	424	0.9
32	94	虚伪表示	421	0.8
33	466	债权的转让性	421	0.8
34	907	遗产分割的协议和审判等	397	0.8
35	467	指名债权转让的对抗要件	392	0.8
36	423	债权人代位权	370	0.7
37	92	与任意性规定不同的习惯	352	0.7
38	623	雇用	337	0.7
39	99	代理行为的要件及效果	334	0.7
40	478	对债权的准占有人的清偿	333	0.7
41	533	同时履行的抗辩	326	0.7

197

（续表）

频度顺序	条数	条文标题	频度	%
42	587	消费借贷	319	0.6
43	666	消费寄托	313	0.6
44	395	抵押建筑物使用人的交付缓期	300	0.6
45	768	财产分与	298	0.6
46	505	相抵的要件等	291	0.6
47	166	消灭时效的进行等	289	0.6
48	708	不法原因给付	271	0.5
49	96	欺诈和胁迫	269	0.5
50	896	继承的一般效力	269	0.5
51	819	离婚和亲子关系确认场合的亲权人	261	0.5
52	86	不动产及动产	259	0.5
53	412	履行期与履行迟滞	256	0.5
54	643	委任	254	0.5
55	482	代物清偿	252	0.5
56	632	承包	249	0.5
57	545	解除的效果	248	0.5
58	570	卖主的瑕疵担保责任	240	0.5
59	167	债权等的消灭时效	233	0.5
60	192	即时取得	229	0.5
61	388	法定地上权	228	0.5
62	404	法定利率	227	0.5
63	696	和解的效力	226	0.5
64	760	婚姻费用的分担	223	0.4
65	540	解除权的行使	215	0.4
66	648	受任者的报酬	215	0.4

（续表）

	频度顺序	条数	条文标题	频度	%
	67	33	法人的设立等	214	0.4
	68	249	共有物的使用	212	0.4
	69	206	所有权的内容	211	0.4
	70	147	时效的中断事由	206	0.4
	71	180	占有权的取得	202	0.4
	72	493	清偿的提供方法	197	0.4
	73	109	由代理权授予表示的表见代理	186	0.4
	74	820	监护及教育的权利义务	186	0.4
	75	605	不动产租赁的对抗力	185	0.4
	76	145	时效的援用	184	0.4
	77	766	关于离婚后子女监护事项的规定等	182	0.4
198	78	906	遗产分割的基准	181	0.4
	79	418	过失相抵	177	0.4
	80	420	赔偿额的预定 1	176	0.4
	81	752	同居、互助及扶助的义务	173	0.3
	82	113	无权代理	172	0.3
	83	787	亲子关系确认之诉	169	0.3
	84	494	提存	153	0.3
	85	704	恶意受益人的返还义务等	153	0.3
	86	295	留置权的内容	149	0.3
	87	651	委任的解除	148	0.3
	88	958	继承人的搜索公告	148	0.3
	89	304	物上代位	146	0.3
	90	506	相抵的方法及效力	146	0.3
	91	146	时效利益的放弃	144	0.3

(续表)

频度顺序	条数	条文标题	频度	%
92	958_3	对特别缘故者的继承财产的分与	144	0.3
93	149	裁判上的请求	143	0.3
94	93	内心真意保留	142	0.3
95	695	和解	141	0.3
96	372	留置权等规定的准用	140	0.3
97	903	特别受益人的继承份 1	137	0.3
98	176	物权的设定及转移	136	0.3
99	501	因清偿代位的效果	136	0.3
100	127	条件成就场合的效果	133	0.3
101	716	订货人的责任	133	0.3
102	714	无责任能力人的监督义务人等的责任 2	128	0.3
103	898	共同继承的效力 1	127	0.3
104	877	扶养义务人	122	0.2
105	108	自己契约及双方代理	121	0.2
106	593	使用借贷	121	0.2
107	588	准消费借贷	119	0.2
108	634	承包人的担保责任 1	117	0.2
109	511	将接受支付停止侵害的债权作为受动债权进行相抵的禁止	116	0.2
110	398	作为抵押权标的的地上权等的放弃	115	0.2
111	153	催告	114	0.2
112	210	为通向公路的其他土地的通行权 1(要件)	114	0.2
113	242	不动产的附合	114	0.2
114	556	买卖一方的预约	112	0.2
115	772	婚生的推定	112	0.2

（续表）

	频度顺序	条数	条文标题	频度	%
	116	802	收养的无效	112	0.2
	117	892	推定继承人的废除	112	0.2
	118	454	连带保证场合的特别规则	111	0.2
	119	597	借用物的返还时期	111	0.2
199	120	884	继承恢复请求权	110	0.2
	121	258	依裁判进行的共有物的分割	109	0.2
	122	557	订金	109	0.2
	123	156	承认	108	0.2
	124	826	利益相反行为	107	0.2
	125	879	扶养的程度和方法	107	0.2
	126	904	特别受益人的继承份 2	107	0.2
	127	432	履行的请求	106	0.2
	128	207	土地所有权的范围	105	0.2
	129	536	债务人的风险负担等	104	0.2
	130	252	共有物的管理	102	0.2
	131	414	强制履行	100	0.2
	132	1031	遗赠和赠与的减量请求	100	0.2
	133	468	指名债权转让中债务人的抗辩	99	0.2
	134	491	应支付本金、利息及费用场合的充当	99	0.2
	135	968	自笔证书遗嘱	99	0.2
	136	915	应承认或放弃继承的期间 1	97	0.2
	137	200	占有回收的诉讼	95	0.2
	138	198	占有保持的诉讼	93	0.2
	139	280	地役权的内容	93	0.2
	140	619	借贷更新的推定等	93	0.2

（续表）

频度顺序	条数	条文标题	频度	%	
141	969	公证证书遗嘱	93	0.2	
142	608	由租借人支付费用的偿还请求	92	0.2	
143	617	未定期间租赁的解约的提出	92	0.2	
144	500	法定代位	90	0.2	
145	549	赠与	90	0.2	
146	904_2	贡献份	90	0.2	
147	537	为第三人订立的契约	89	0.2	
148	646	受任者所收取物的交付等	89	0.2	
149	964	包括遗赠及特定遗赠	89	0.2	
150	130	条件成就的妨害	88	0.2	
151	667	组合契约	88	0.2	
152	85	定义	87	0.2	
153	370	抵押权效力的所及范围 1	85	0.2	
154	791	子女的姓氏变更	82	0.2	
155	814	裁判上的解除收养等	82	0.2	
156	97	对异地人的意思表示	79	0.2	
157	112	代理权消灭后的表见代理	79	0.2	
158	266	地价	78	0.2	
159	459	受委托的保证人的求偿权	78	0.2	
160	798	以未成年人为养子的收养	78	0.2	
161	163	所有权以外的财产权的取得时效	77	0.2	
162	718	动物的占有人等的责任	76	0.2	200
163	265	地上权的内容	75	0.2	
164	362	权利质权的标的等	75	0.2	
165	12	被保佐人及保佐人	74	0.1	

（续表）

频度顺序	条数	条文标题	频度	%
166	154	扣押、假扣押及假处分 1	74	0.1
167	550	非书面赠与的撤回	74	0.1
168	419	金钱债务的特别规则	73	0.1
169	1012	遗嘱执行人的权利义务	73	0.1
170	442	连带债务人之间的求偿权	71	0.1
171	761	关于日常家事的债务的连带责任	71	0.1
172	135	期限到来的效果	70	0.1
173	199	占有保全之诉	70	0.1
174	504	债权人所做担保的丧失等	70	0.1
175	742	婚姻的无效	70	0.1
176	764	婚姻规定的准用	70	0.1
177	604	租赁的存续期间	69	0.1
178	543	因履行不能的解除权	68	0.1
179	178	关于动产物权的转让的对抗要件	67	0.1
180	392	共同抵押中代价的红利	67	0.1
181	899	共同继承的效力 2	67	0.1
182	606	租赁物的修缮等	66	0.1
183	834	亲权丧失的审判	66	0.1
184	489	法定充当	65	0.1
185	519	免除	65	0.1
186	458	对连带保证人所生事由的效力	64	0.1
187	3	权利能力	61	0.1
188	87	主物及从物	61	0.1
189	117	无权代理人的责任	60	0.1
190	173	2 年的短期消灭时效 2	60	0.1

（续表）

频度顺序	条数	条文标题	频度	%	
191	705	已知债务不存在而做的清偿	60	0.1	
192	897	关于祭祀的权利的承继	60	0.1	
193	786	对与亲子关系确认相反的事实的主张	58	0.1	
194	427	分割债权及分割债务	57	0.1	
195	509	将侵权行为所生债权作为受动债权进行相抵的禁止	57	0.1	
196	513	更改	57	0.1	
197	488	清偿的充当的指定	56	0.1	
198	697	无因管理	56	0.1	
199	560	他人权利的买卖中卖主的义务	55	0.1	
200	908	遗产分割方法的指定及遗产分割的禁止	55	0.1	
201	185	占有性质的变更	54	0.1	
202	213	为至公道的其他土地的通行权 4(偿金的例外)	54	0.1	
203	594	由借主进行的使用及收益	54	0.1	
204	342	质权的内容	53	0.1	201
205	554	死因赠与	53	0.1	
206	175	物权的创设	52	0.1	
207	579	回购的特约	52	0.1	
208	641	订货人所订契约的解除	52	0.1	
209	447	保证债务的范围	51	0.1	
210	561	他人权利的买卖中卖主的担保责任	51	0.1	
211	566	在有地上权等场合卖主的担保责任	51	0.1	
212	779	亲子关系确认	50	0.1	
213	938	继承放弃的方式	50	0.1	

（续表）

频度顺序	条数	条文标题	频度	%
214	817	因解除收养恢复姓氏之际权利的承继	49	0.1
215	4	成年	48	0.1
216	565	数量不足或物的一部分灭失场合中卖主的担保责任	48	0.1
217	702	管理者所支付费用的偿还请求等	48	0.1
218	720	正当防卫及紧急避险	48	0.1
219	712	责任能力	47	0.1
220	474	第三人的清偿	46	0.1
221	653	委任的终结事由	46	0.1
222	818	亲权人	46	0.1
223	398_2	最高额抵押权	45	0.1
224	799	婚姻规定的准用	45	0.1
225	174	1 年的短期消灭时效	44	0.1
226	186	关于占有样态等的推定	44	0.1
227	251	共有物的变更	44	0.1
228	795	有配偶者以未成年人为养子的收养	44	0.1
229	976	死亡危急紧迫者的遗嘱	44	0.1
230	188	对占有物行使权利的适法性推定	43	0.1
231	223	界标的设置	43	0.1
232	137	期限利益的丧失	42	0.1
233	322	种苗和肥料供给的先取特权	42	0.1
234	465	共同保证人间的求偿权	42	0.1
235	484	清偿的场所	42	0.1
236	568	强制拍卖中的担保责任	42	0.1
237	148	时效中断的效力所及者的范围	41	0.1

(续表)

频度顺序	条数	条文标题	频度	%	
238	157	中断后时效的进行	41	0.1	
239	268	地上权的存续期间	41	0.1	
240	378	代价清偿	41	0.1	
241	7	监护开始的审判	40	0.1	
242	136	期限的利益及其放弃	40	0.1	
243	169	附定期金债权的短期消灭时效	40	0.1	
244	181	代理占有	40	0.1	
245	364	以指名债权为标的的质权的对抗要件	40	0.1	202
246	650	受任者所支付费用等的偿还请求等	40	0.1	
247	1041	依对遗留份权利人的价额清偿	40	0.1	
248	381	抵押权消灭请求 3	39	0.1	
249	657	寄托	39	0.1	
250	824	财产的管理及代表	39	0.1	
251	922	限定承认	39	0.1	
252	963	遗嘱能力 3	39	0.1	
253	1013	妨害遗嘱执行的行为的禁止	39	0.1	
254	283	地役权的时效取得 1	38	0.1	
255	374	抵押权顺位的变更	38	0.1	
256	496	提存物的取回	38	0.1	
257	583	回购的实行	38	0.1	
258	602	短期租借	38	0.1	
259	645	受任者所做报告	38	0.1	
260	880	关于扶养的协议或审判的变更或撤销	38	0.1	
261	900	法定继承份	38	0.1	
262	234	边界线附近建筑的限制 1	37	0.1	

（续表）

	频度顺序	条数	条文标题	频度	%
	263	367	删除	37	0.1
	264	375	抵押权的被担保债权的范围	37	0.1
	265	771	协议上的离婚规定的准用	37	0.1
	266	865	要监护监督人同意的行为	37	0.1
	267	119	无效行为的追认	36	0.1
	268	384	债权人的视为承诺	36	0.1
	269	413	受领迟滞	36	0.1
	270	520	混同	36	0.1
	271	887	子女及其代袭者等的继承权	36	0.1
	272	921	法定单纯承认	36	0.1
	273	116	无权代理行为的追认	35	0.1
	274	263	有共有性质的入会权	35	0.1
	275	627	期间未定雇用的解约的提出	35	0.1
	276	11	保佐开始的审判	34	0.1
	277	121	撤销的效果	34	0.1
	278	256	共有物的分割请求 1	34	0.1
	279	400	特定物的交付场合的注意义务	34	0.1
	280	422	因损害赔偿的代位	34	0.1
	281	437	对连带债务人的一人的免除	34	0.1
	282	633	报酬的支付时期	34	0.1
	283	670	业务执行的方法	34	0.1
	284	13	要保佐人同意的行为等	33	0.1
	285	264	准共有	33	0.1
	286	460	受委托的保证人的事前的求偿权	33	0.1
203	287	767	因离婚的姓氏恢复等	33	0.1

(续表)

频度顺序	条数	条文标题	频度	%
288	101	代理行为的瑕疵	32	0.1
289	189	善意的占有人对果实的取得等	32	0.1
290	196	占有人所支付费用的偿还请求	32	0.1
291	481	接受了支付停止侵害的第三债务人的清偿	32	0.1
292	985	遗嘱效力的发生时期	32	0.1
293	123	撤销及追认的方法	31	0.1
294	182	现实的交付及简易的交付	31	0.1
295	544	解除权的不可分性	31	0.1
296	817_2	特别养子收养的成立	31	0.1
297	841	父母所提出未成年监护人选任的请求	31	0.1
298	845	辞任监护人所提出新监护人选任的请求	31	0.1
299	902	依遗嘱的继承份的指定	31	0.1
300	152	破产程序参加	30	0.1
301	239	无主物的归属	30	0.1
302	613	转借的效果	30	0.1
303	762	夫妇间财产的归属	30	0.1
304	817_7	为子女的利益所特别必要性	30	0.1
305	838	监护的开始	30	0.1
306	919	继承的承认及放弃的撤回和撤销	30	0.1
307	20	限制行为能力人的对方的催告权	29	0.1
308	140	期间的起算 2	29	0.1
309	193	盗品和遗失物的恢复 1(公开市场)	29	0.1
310	882	继承开始的原因	29	0.1
311	203	占有权的消灭事由	28	0.1
312	434	对连带债务人的一人的履行请求	28	0.1

（续表）

	频度顺序	条数	条文标题	频度	%
	313	559	对有偿契约的准用	28	0.1
	314	591	返还的时期	28	0.1
	315	909	遗产分割的效力	28	0.1
	316	1023	前遗嘱与后遗嘱的抵触等	28	0.1
	317	197	占有之诉	27	0.1
	318	457	对主债务人所发生事由的效力	27	0.1
	319	563	权利的一部分属他人场合下卖主的担保责任 1	27	0.1
	320	662	寄托者所提起返还请求	27	0.1
	321	781	亲子关系确认的方式	27	0.1
	322	1042	减量请求权的期间限制	27	0.1
	323	184	依指示的占有转移	26	0.1
	324	398_20	最高额抵押权本金的确定事由	26	0.1
	325	202	本权与诉讼的关系	25	0.1
	326	428	不可分债权	25	0.1
	327	492	清偿提供的效果	25	0.1
	328	187	占有的承继	24	0.0
204	329	255	共有份额的放弃及共有人的死亡	24	0.0
	330	270	永佃权的内容	24	0.0
	331	426	欺诈行为撤销权的期间的限制	24	0.0
	332	487	债权证书的返还请求	24	0.0
	333	668	组合财产的共有	24	0.0
	334	732	重婚的禁止	24	0.0
	335	952	继承财产的管理人的选任	24	0.0
	336	21	限制行为能力人的诈术	23	0.0

（续表）

频度顺序	条数	条文标题	频度	%
337	37	外国法人的登记	23	0.0
338	100	不表示为本人进行的意思表示	23	0.0
339	179	混同	23	0.0
340	183	占有改定	23	0.0
341	401	种类债权	23	0.0
342	521	有承诺期间规定的要约	23	0.0
343	739	婚姻的申报	23	0.0
344	885	关于继承财产的费用	23	0.0
345	951	继承财产法人的成立	23	0.0
346	174_2	判决所确定权利的消灭时效	22	0.0
347	348	转质	22	0.0
348	502	因一部分清偿的代位	22	0.0
349	891	继承人的不适格事由	22	0.0
350	298	留置权人的留置物保管等	21	0.0
351	405	利息转入本金	21	0.0
352	440	相对性效力的原则	21	0.0
353	499	任意代位	21	0.0
354	512	相抵的充当	21	0.0
355	580	回购的期间	21	0.0
356	621	关于损害赔偿及费用偿还的请求权的期间限制	21	0.0
357	628	因不得已事由导致雇用的解除	21	0.0
358	688	清算人职务及权限并剩余财产的分割方法	21	0.0
359	777	婚生否认之诉的起诉期间 1	21	0.0
360	878	扶养的顺位	21	0.0

（续表）

	频度顺序	条数	条文标题	频度	%
	361	974	证人及到场人的不适格事由	21	0.0
	362	128	条件成否未定期间对方利益侵害的禁止	20	0.0
	363	142	期间的届满 2	20	0.0
	364	211	为至公路的其他土地的通行权 2(方法)	20	0.0
	365	430	不可分债务	20	0.0
	366	618	将规定期间的租赁加以解约的权利的留保	20	0.0
	367	30	宣告失踪	19	0.0
	368	190	因恶意占有人所得果实的返还等	19	0.0
	369	246	加工	19	0.0
	370	276	永佃权的消灭请求	19	0.0
205	371	306	一般先取特权	19	0.0
	372	425	欺诈行为撤销的效果	19	0.0
	373	453	检索的抗辩	19	0.0
	374	526	异地人间契约的成立时期	19	0.0
	375	576	有权利丧失之虞场合买主价款支付的拒绝	19	0.0
	376	675	对组合成员的组合债权人的权利行使	19	0.0
	377	676	组合成员享有份额的处分及组合财产的分割	19	0.0
	378	774	婚生的否认	19	0.0
	379	797	以未满 15 岁的人做养子的收养	19	0.0
	380	859	财产的管理及代表	19	0.0
	381	864	要监护监督人同意的行为 1	19	0.0
	382	990	包括受遗赠者的权利义务	19	0.0
	383	1010	遗嘱执行人的选任	19	0.0
	384	1022	遗嘱的撤回	19	0.0
	385	155	扣押、假扣押及假处分 2	18	0.0

（续表）

频度顺序	条数	条文标题	频度	%
386	294	无共有性质的入会权	18	0.0
387	338	不动产工程的先取特权的登记	18	0.0
388	373	抵押权的顺位	18	0.0
389	620	租赁的解除的效力	18	0.0
390	635	承包人的担保责任 2	18	0.0
391	658	寄托物的使用及由第三人保管	18	0.0
392	860	利益相反行为	18	0.0
393	881	扶养请求权的处分的禁止	18	0.0
394	1043	遗留份的放弃	18	0.0
395	2	解释基准	17	0.0
396	111	代理权的消灭事由	17	0.0
397	439	关于连带债务人的一人的时效完成	17	0.0
398	784	亲子关系确认的效力	17	0.0
399	846	监护人的解任	17	0.0
400	893	依遗嘱所推定继承人的废除	17	0.0
401	1004	遗嘱书的检认	17	0.0
402	1029	遗留份的算定 1	17	0.0
403	28	管理人的权限	16	0.0
404	104	由任意代理人进行复代理人的选任	16	0.0
405	125	法定追认	16	0.0
406	220	为排水的低地通水	16	0.0
407	383	抵押权消灭请求的程序	16	0.0
408	389	抵押地之上的建筑物的拍卖	16	0.0
409	402	金钱债权 1	16	0.0
410	456	有数位保证人的场合	16	0.0

（续表）

	频度顺序	条数	条文标题	频度	%
	411	508	以因时效消灭了的债权作为自动债权进行的相抵	16	0.0
206	412	553	附负担的赠与	16	0.0
	413	637	承包人的担保责任的存续期间 1	16	0.0
	414	649	由受任者提出的费用预付请求	16	0.0
	415	681	已脱离退出组合成员所享有份额的返还	16	0.0
	416	775	婚生否认之诉	16	0.0
	417	895	推定继承人废除的审判确定前的遗产的管理	16	0.0
	418	1015	遗嘱执行人的地位	16	0.0
	419	22	住所	15	0.0
	420	132	不法条件	15	0.0
	421	209	邻地的使用请求	15	0.0
	422	235	边界线附近的建筑的限制 2	15	0.0
	423	297	由留置权人进行果实的收取	15	0.0
	424	398_3	最高额抵押权的被担保债权的范围	15	0.0
	425	636	关于承包人担保责任规定的不适用	15	0.0
	426	674	组合成员损益分配的比例	15	0.0
	427	678	组合成员的脱退 1	15	0.0
	428	707	他人债务的清偿	15	0.0
	429	754	夫妇间的契约的撤销权	15	0.0
	430	853	财产的调查及目录的制成	15	0.0
	431	905	继承份的取回权	15	0.0
	432	939	继承放弃的效力	15	0.0
	433	1019	遗嘱执行人的解任及辞任	15	0.0
	434	129	条件成否未定期间的权利的处分等	14	0.0

（续表）

频度顺序	条数	条文标题	频度	%	
435	134	随意条件	14	0.0	
436	194	盗品或遗失物的恢复 2(闭锁市场)	14	0.0	
437	205	准占有	14	0.0	
438	417	损害赔偿的方法	14	0.0	
439	448	保证人的负担比主债务重的场合	14	0.0	
440	534	债权人的风险负担	14	0.0	
441	614	租赁费的支付时期	14	0.0	
442	679	组合成员的脱退 2	14	0.0	
443	713	无责任能力人的监督义务人等的责任 1	14	0.0	
444	1028	遗留份的归属及其比例	14	0.0	
445	8	成年被监护人及成年监护人	13	0.0	
446	25	不在者的财产的管理	13	0.0	
447	88	天然果实及法定果实	13	0.0	
448	107	复代理人的权限等	13	0.0	
449	311	动产的先取特权	13	0.0	
450	351	物上保证人的求偿权	13	0.0	
451	479	对无受领权限者的清偿	13	0.0	
452	495	提存的方法	13	0.0	
453	572	不负担保责任的特约	13	0.0	
454	575	果实的归属及价款利息的支付	13	0.0	207
455	577	有抵押权等登记场合买主价款支付的拒绝	13	0.0	
456	609	因减收而提起的租赁费减额请求	13	0.0	
457	611	因租借物一部分灭失提起的租赁费减额请求等	13	0.0	
458	817_6	父母的同意	13	0.0	

（续表）

频度顺序	条数	条文标题	频度	%
459	34	法人的能力	12	0.0
460	126	撤销权的期间限制	12	0.0
461	131	既成条件	12	0.0
462	308	雇用关系的先取特权	12	0.0
463	350	留置权及先取特权规定的准用	12	0.0
464	363	债权质的设定	12	0.0
465	371	抵押权效力的涉及范围 2	12	0.0
466	394	从抵押不动产以外财产的清偿	12	0.0
467	398_12	最高额抵押权的转让	12	0.0
468	406	选择债权中选择权的归属	12	0.0
469	480	对受取证书持有人的清偿	12	0.0
470	485	清偿的费用	12	0.0
471	486	受取证书的交付请求	12	0.0
472	510	将禁止扣押债权作为受动债权进行相抵的禁止	12	0.0
473	564	权利的一部分属他人场合中卖主的担保责任 2	12	0.0
474	811	协议上的解除收养等	12	0.0
475	910	继承开始后被确认亲子关系者的价额支付请求权	12	0.0
476	986	遗赠的放弃	12	0.0
477	1040	受赠者转让了赠与标的的场合等	12	0.0
478	1044	代位继承及继承份规定的准用	12	0.0
479	32	失踪宣告的撤销	11	0.0
480	36	登记	11	0.0
481	103	未规定权限的代理人的权限	11	0.0

（续表）

频度顺序	条数	条文标题	频度	%	
482	243	动产的附合 1	11	0.0	
483	514	因债务人交替的更改	11	0.0	
484	599	因借主死亡的使用借贷终结	11	0.0	
485	625	使用人权利转让的限制等	11	0.0	
486	847	监护人的不适格事由	11	0.0	
487	994	因受遗者死亡的遗赠失效	11	0.0	
488	1030	遗留份的算定 2	11	0.0	
489	143	按日历期间的计算	10	0.0	
490	150	支付督促	10	0.0	
491	151	和解及调解的申请	10	0.0	
492	172	2 年的短期消灭时效 1	10	0.0	
493	240	遗失物的拾得	10	0.0	
494	241	埋藏物的发现	10	0.0	
495	281	地役权的附从性	10	0.0	
496	333	先取特权与第三取得者	10	0.0	208
497	403	金钱债权 2	10	0.0	
498	443	懈怠通知的连带债务人的求偿的限制	10	0.0	
499	452	催告的抗辩	10	0.0	
500	490	应进行数个给付场合的充当	10	0.0	
501	542	因定期行为履行迟滞的解除权	10	0.0	
502	567	有抵押权等场合下卖主的担保责任	10	0.0	
503	581	回购特约的对抗力	10	0.0	
504	586	交换	10	0.0	
505	652	委任解除的效力	10	0.0	
506	683	组合解散的请求	10	0.0	

（续表）

频度顺序	条数	条文标题	频度	%
507	744	不适法婚姻的撤销	10	0.0
508	785	亲子关系确认撤销的禁止	10	0.0
509	793	以尊亲属或年长者作养子的禁止	10	0.0
510	835	管理权丧失的审判	10	0.0
511	843	成年监护人的选任	10	0.0
512	953	关于不在者财产管理人规定的准用	10	0.0
513	961	遗嘱能力 1	10	0.0
514	970	秘密证书遗嘱	10	0.0
515	9	成年被监护人的法律行为	9	0.0
516	133	不能条件	9	0.0
517	138	期间计算的通则	9	0.0
518	164	因占有中止等使取得时效的中断 1	9	0.0
519	170	3 年的短期消灭时效 1	9	0.0
520	250	共有份额比例的推定	9	0.0
521	303	先取特权的内容	9	0.0
522	349	依契约的质物的处分的禁止	9	0.0
523	360	不动产质权的存续期间	9	0.0
524	377	抵押权处分的对抗要件	9	0.0
525	397	抵押不动产因时效取得而抵押权的消灭	9	0.0
526	444	无偿还资力者负担部分的分担	9	0.0
527	469	指示债权转让的对抗要件	9	0.0
528	546	契约解除与同时履行	9	0.0
529	654	委任终结后的处分	9	0.0
530	727	因收养的亲属关系的发生	9	0.0
531	728	因离婚等的姻亲关系的终结	9	0.0

（续表）

频度顺序	条数	条文标题	频度	%	
532	776	婚生的承认	9	0.0	
533	837	亲权或管理权的辞任及恢复	9	0.0	
534	863	监护事务的监督	9	0.0	
535	870	监护的计算 1	9	0.0	
536	959	剩余财产归属国库	9	0.0	
537	201	占有之诉的提起期间	8	0.0	
538	225	围障的设置	8	0.0	209
539	236	关于边界线附近建筑的习惯	8	0.0	
540	245	混和	8	0.0	
541	247	附合、混和或加工的效果	8	0.0	
542	254	关于共有物的债权	8	0.0	
543	302	因占有的丧失所致留置权的消灭	8	0.0	
544	344	质权的设定	8	0.0	
545	345	由质权设定者进行代理占有的禁止	8	0.0	
546	352	动产质的对抗要件	8	0.0	
547	376	抵押权的处分	8	0.0	
548	438	与连带债务人的一人之间的混同	8	0.0	
549	462	未受委托的保证人的求偿权	8	0.0	
550	464	连带债务或不可分债务的保证人的求偿权	8	0.0	
551	571	卖主的担保责任与同时履行	8	0.0	
552	573	价款的支付期限	8	0.0	
553	589	消费借贷的预约与破产程序的开始	8	0.0	
554	598	借主的收去	8	0.0	
555	638	承包人担保责任的存续期间 2	8	0.0	
556	737	父母对未成年人婚姻的同意	8	0.0	

（续表）

	频度顺序	条数	条文标题	频度	%
	557	805	养子是尊亲属或年长者场合的收养的撤销	8	0.0
	558	812	婚姻规定的准用	8	0.0
	559	862	监护人的报酬	8	0.0
	560	889	直系尊亲属及兄弟姐妹的继承权	8	0.0
	561	924	限定承认的方式	8	0.0
	562	944	财产分离请求后由继承人进行的管理	8	0.0
	563	956	继承财产管理人的代理权的消灭	8	0.0
	564	89	孳息的归属	7	0.0
	565	120	撤销权人	7	0.0
	566	144	时效的效力	7	0.0
	567	248	伴随附合,混和或加工偿金的请求	7	0.0
	568	310	日用品供给的先取特权	7	0.0
	569	382	抵押权消灭请求的时期	7	0.0
	570	429	对不可分债权人的一人所生事由等的效力	7	0.0
	571	461	主债务人对保证人进行偿还的场合	7	0.0
	572	473	无记名债权转让中债务人抗辩的限制	7	0.0
	573	548	由解除权人的行为等导致解除权的消灭	7	0.0
	574	578	由卖主提起的价款提存的请求	7	0.0
	575	659	无偿受托人的注意义务	7	0.0
	576	763	协议上的离婚	7	0.0
	577	851	监护监督人的职务	7	0.0
	578	852	委任及监护人规定的准用	7	0.0
	579	886	关于继承的胎儿的权利能力	7	0.0
210	580	927	对继承债权人及受遗赠者的公告及催告	7	0.0
	581	929	公告期满后的清偿	7	0.0

（续表）

频度顺序	条数	条文标题	频度	%
582	932	为清偿进行的继承财产的换价	7	0.0
583	936	继承人有数人场合的继承财产的管理人	7	0.0
584	960	遗嘱的方式	7	0.0
585	6	未成年人营业的许可	6	0.0
586	14	保佐开始的审判等的撤销	6	0.0
587	160	关于继承财产的时效的停止	6	0.0
588	161	因天灾等导致的时效停止	6	0.0
589	168	定期金债权的消灭时效	6	0.0
590	191	由占有人所做损害赔偿	6	0.0
591	313	不动产借贷的先取特权的标的物的范围 1	6	0.0
592	393	共同抵押中代位的附记登记	6	0.0
593	435	与连带债务人的一人之间进行的更改	6	0.0
594	436	由连带债务人的一人进行的相抵等	6	0.0
595	518	担保向更改后债务的转移	6	0.0
596	529	悬赏广告	6	0.0
597	538	第三人的权利的确定	6	0.0
598	574	价款的支付场所	6	0.0
599	624	报酬的支付时期	6	0.0
600	682	组合的解散事由	6	0.0
601	689	终身定期金契约	6	0.0
602	734	近亲属间婚姻的禁止	6	0.0
603	740	婚姻申报的受理	6	0.0
604	783	胎儿或已死亡之子的亲子关系确认	6	0.0
605	803	收养的撤销	6	0.0
606	816	因解除收养而恢复姓氏等	6	0.0

（续表）

	频度顺序	条数	条文标题	频度	%
	607	840	未成年监护人的选任	6	0.0
	608	842	（删除）	6	0.0
	609	1018	遗嘱执行人的报酬	6	0.0
	610	1025	被撤回遗嘱的效力	6	0.0
	611	31	宣告失踪的效力	5	0.0
	612	115	无权代理人的对方的撤销权	5	0.0
	613	124	追认的要件	5	0.0
	614	158	未成年人和成年被监护人与时效的停止	5	0.0
	615	204	代理占有权的消灭事由	5	0.0
	616	216	关于水流工作物的修缮等	5	0.0
	617	253	关于共有物的负担	5	0.0
	618	307	共益费用的先取特权	5	0.0
	619	316	不动产借贷先取特权的被担保债权的范围 2（有押金场合）	5	0.0
	620	356	由不动产质权人进行的使用及收益	5	0.0
211	621	398_7	最高额抵押权的被担保债权的转让等	5	0.0
	622	398_22	最高额抵押权的消灭请求	5	0.0
	623	399	债权的标的	5	0.0
	624	449	（限制行为能力人）得撤销的债务的保证	5	0.0
	625	472	指示债权转让中债务人抗辩的限制	5	0.0
	626	569	债权的卖主的担保责任	5	0.0
	627	603	短期租赁的更新	5	0.0
	628	642	因对订货人破产程序开始的解除	5	0.0
	629	647	受任人对金钱消费的责任	5	0.0
	630	673	关于组合成员对组合业务及财产状况的检查	5	0.0

（续表）

频度顺序	条数	条文标题	频度	%
631	680	组合成员的除名	5	0.0
632	698	紧急无因管理	5	0.0
633	733	再婚禁止期间	5	0.0
634	749	离婚规定的准用	5	0.0
635	750	夫妇的姓氏	5	0.0
636	773	以确定父为目的的诉讼	5	0.0
637	778	婚生否认之诉的起诉期间 2	5	0.0
638	790	子女的姓氏	5	0.0
639	822	惩戒	5	0.0
640	849	监护监督人的选任	5	0.0
641	901	代位继承人的继承份	5	0.0
642	911	共同继承人间的担保责任	5	0.0
643	958_2	无主张权利者的场合	5	0.0
644	962	遗嘱能力 2	5	0.0
645	975	共同遗嘱的禁止	5	0.0
646	982	通过普通方式做遗嘱的规定的准用	5	0.0
647	1034	遗赠减量的比例	5	0.0
648	15	辅助开始的审判	4	0.0
649	19	审判相互的关系	4	0.0
650	32_2	同时死亡的推定	4	0.0
651	212	为至公路的其他土地的通行权 3(偿金)	4	0.0
652	221	通水用工作物的使用	4	0.0
653	233	竹木枝的切除及根的切取	4	0.0
654	244	动产的附合 2	4	0.0
655	337	不动产保存的先取特权的登记	4	0.0

（续表）

	频度顺序	条数	条文标题	频度	%
	656	387	有抵押权人同意登记场合的租赁的对抗力	4	0.0
	657	391	由抵押不动产的第三取得人支出费用的偿还请求	4	0.0
	658	398_4	最高额抵押权的被担保债权的范围及债务人的变更	4	0.0
	659	408	选择权的转移	4	0.0
	660	503	由债权人进行的债权证书交付等	4	0.0
	661	515	因债权人交替的更改 1	4	0.0
	662	524	承诺期间未定的要约	4	0.0
212	663	552	定期赠与	4	0.0
	664	562	他人权利买卖中善意卖主的解除权	4	0.0
	665	622	（删除）	4	0.0
	666	629	雇用更新的推定等	4	0.0
	667	663	寄托物返还的时期	4	0.0
	668	665	委任规定的准用	4	0.0
	669	672	业务执行组合成员的辞任及解任	4	0.0
	670	685	组合的清算及清算人的选任	4	0.0
	671	701	委任规定的准用	4	0.0
	672	721	关于损害赔偿请求权的胎儿的权利能力	4	0.0
	673	765	离婚申报的受理	4	0.0
	674	789	准正*	4	0.0
	675	817_9	与生父母亲属关系的终结	4	0.0
	676	825	父母一方以共同名义所实施行为的效力	4	0.0
	677	866	被监护人财产等受让的撤销	4	0.0

* 子女的婚生认定及姓氏决定。——译者注

（续表）

频度顺序	条数	条文标题	频度	%
678	869	委任及亲权规定的准用	4	0.0
679	875	关于监护所生债权的消灭时效	4	0.0
680	920	单纯承认的效力	4	0.0
681	931	对受遗赠者的清偿	4	0.0
682	934	作出不当清偿的限定承认人的责任等	4	0.0
683	940	由继承放弃者进行的管理	4	0.0
684	955	继承财产法人的不成立	4	0.0
685	966	被监护人遗嘱的限制	4	0.0
686	973	成年被监护人的遗嘱	4	0.0
687	1006	遗嘱执行人的指定	4	0.0
688	1036	受遗赠者的孳息返还	4	0.0
689	5	未成年人的法律行为	3	0.0
690	24	暂定住所	3	0.0
691	35	外国法人	3	0.0
692	105	选任了复代理人的代理人的责任	3	0.0
693	106	由法定代理人进行复代理人的选任	3	0.0
694	114	无权代理人的对方的催告权	3	0.0
695	122	得撤销行为的追认	3	0.0
696	214	对自然水流妨害的禁止	3	0.0
697	219	水流的变更	3	0.0
698	237	边界线附近挖掘的限制	3	0.0
699	259	关于共有债权的清偿	3	0.0
700	260	参加共有物的分割	3	0.0
701	282	地役权的不可分性	3	0.0
702	296	留置权的不可分性	3	0.0

（续表）

	频度顺序	条数	条文标题	频度	%
	703	299	由留置权人所支出费用的偿还请求	3	0.0
	704	300	留置权的行使与债权的消灭时效	3	0.0
213	705	321	动产买卖的先取特权	3	0.0
	706	343	质权的标的	3	0.0
	707	353	质物占有的恢复	3	0.0
	708	380	抵押权消灭请求 2	3	0.0
	709	386	抵押权消灭请求的效果	3	0.0
	710	396	抵押权的消灭时效	3	0.0
	711	409	第三人的选择权	3	0.0
	712	431	向可分债权或可分债务的变更	3	0.0
	713	445	连带的免除与无进行清偿资力者负担部分的分担	3	0.0
	714	465_2	贷款等最高额保证契约的保证人的责任等	3	0.0
	715	471	向记名式所持人支付债权的债务人的调查的权利等	3	0.0
	716	476	作为清偿的已交付物的取回 2	3	0.0
	717	532	优等悬赏广告	3	0.0
	718	539	债务人的抗辩	3	0.0
	719	595	借用物费用的负担	3	0.0
	720	600	关于损害赔偿及费用偿还请求权的期间限制	3	0.0
	721	655	委任终结的对抗要件	3	0.0
	722	660	受托者的通知义务	3	0.0
	723	671	委任规定的准用	3	0.0
	724	686	清算人业务的执行方法	3	0.0
	725	700	由管理者所做无因管理的继续	3	0.0

（续表）

频度顺序	条数	条文标题	频度	%	
726	725	亲属的范围	3	0.0	
727	729	因解除收养亲属关系的终结	3	0.0	
728	748	婚姻撤销的效力	3	0.0	
729	751	生存配偶的恢复姓氏等	3	0.0	
730	753	由婚姻所做成年拟制	3	0.0	
731	769	离婚恢复姓氏之际权利的承继	3	0.0	
732	796	有配偶者的收养	3	0.0	
733	800	收养申报的受理	3	0.0	
734	808	婚姻撤销等规定的准用	3	0.0	
735	815	养子未满 15 岁场合解除收养之诉的当事人	3	0.0	
736	817_5	成为养子者的年龄	3	0.0	
737	823	职业的许可	3	0.0	
738	827	财产管理中的注意义务	3	0.0	
739	830	第三人无偿给予子女的财产的管理	3	0.0	
740	834_2	亲权停止的审判	3	0.0	
741	836	亲权丧失、亲权停止和管理权丧失审判的撤销	3	0.0	
742	839	未成年监护人的指定	3	0.0	
743	876	保佐的开始	3	0.0	
744	888	（删除）	3	0.0	
745	890	配偶的继承权	3	0.0	
746	894	推定继承人废除的撤销	3	0.0	
747	917	继承应予以承认或放弃的期间 3	3	0.0	214
748	930	期限前债务等的清偿	3	0.0	
749	941	依继承债权人或受遗赠者请求所做财产分离	3	0.0	

（续表）

频度顺序	条数	条文标题	频度	%
750	957	对继承债权人及受遗赠者的清偿	3	0.0
751	967	依普通方式所做遗嘱的种类	3	0.0
752	983	依特别方式所做遗嘱的效力	3	0.0
753	988	由受遗者继承人所做遗赠承认或放弃	3	0.0
754	995	遗赠无效或失效场合财产的归属	3	0.0
755	1033	赠与和遗赠减量的顺序	3	0.0
756	1035	赠与减量的顺序	3	0.0
757	10	监护开始的审判的撤销	2	0.0
758	98	依公示的意思表示	2	0.0
759	118	单独行为的无权代理	2	0.0
760	238	关于边界线附近挖掘的注意义务	2	0.0
761	257	共有物的分割请求 2	2	0.0
762	261	分割中共有人的担保责任	2	0.0
763	262	关于共有物的证书	2	0.0
764	269	工作物等的收去等	2	0.0
765	269_2	以地下或空间为标的的地上权	2	0.0
766	273	关于租赁规定的准用	2	0.0
767	305	先取特权的不可分性	2	0.0
768	319	即时取得规定的准用	2	0.0
769	326	不动产保存的先取特权	2	0.0
770	327	不动产工程的先取特权	2	0.0
771	346	质权的被担保债权的范围	2	0.0
772	347	质物的留置	2	0.0
773	390	由抵押不动产第三取得者所做买受	2	0.0
774	398_9	最高额抵押权人或债务人的合并	2	0.0

（续表）

频度顺序	条数	条文标题	频度	%	
775	398_14	最高额抵押权的共有	2	0.0	
776	421	赔偿额的预定 2	2	0.0	
777	441	关于连带债务人的破产程序的开始	2	0.0	
778	450	保证人的要件	2	0.0	
779	463	懈怠通知的保证人的求偿限制	2	0.0	
780	470	指示债权的债务人的调查的权利等	2	0.0	
781	497	不适合提存的物等	2	0.0	
782	517	更改前的债务不消灭的场合	2	0.0	
783	523	已迟延承诺的效力	2	0.0	
784	525	申报者的死亡或行为能力的丧失	2	0.0	
785	551	赠与者的担保责任	2	0.0	
786	558	关于买卖契约的费用	2	0.0	
787	630	雇用的解除的效力	2	0.0	
788	687	作为组合成员的清算人的辞任及解任	2	0.0	
789	706	期限前的清偿	2	0.0	215
790	755	夫妇的财产关系	2	0.0	
791	788	关于亲子关系确认后子女监护事项的规定等	2	0.0	
792	810	养子女的姓氏	2	0.0	
793	813	解除收养申报的受理	2	0.0	
794	844	监护人的辞任	2	0.0	
795	871	监护的计算 2	2	0.0	
796	916	应作出继承的承认或放弃的期间 2	2	0.0	
797	923	共同继承人的限定承认	2	0.0	
798	925	限定承认时的权利义务	2	0.0	
799	935	公告期间内未申报的继承债权人及受遗赠者	2	0.0	

（续表）

频度顺序	条数	条文标题	频度	%
800	945	关于不动产的财产分离的对抗要件	2	0.0
801	949	财产分离请求的防止等	2	0.0
802	954	继承财产管理人的报告	2	0.0
803	965	有关继承人规定的准用	2	0.0
804	989	遗赠的承认及放弃的撤回及撤销	2	0.0
805	992	由受遗赠者的孳息取得	2	0.0
806	993	由遗赠义务人所支付费用的偿还请求	2	0.0
807	996	不属继承财产的权利的遗赠 1	2	0.0
808	1011	继承财产目录的制成	2	0.0
809	1014	关于特定财产的遗嘱的执行	2	0.0
810	1017	遗嘱执行人有数人场合的任务执行	2	0.0
811	1027	与附负担遗赠相关的遗嘱的撤销	2	0.0
812	17	要辅助人同意内容的审判等	1	0.0
813	18	辅助开始的审判等的撤销	1	0.0
814	23	居所	1	0.0
815	27	管理人的职务	1	0.0
816	29	管理人的担保提供及报酬	1	0.0
817	102	代理人的行为能力	1	0.0
818	141	期间的届满 1	1	0.0
819	159	夫妇间权利的时效停止	1	0.0
820	165	因占有中止等所发生取得时效的中断 2	1	0.0
821	171	3 年的短期消灭时效 2	1	0.0
822	195	因动物占有所发生权利的取得	1	0.0
823	218	设置向邻地灌注雨水工作物的禁止	1	0.0
824	226	围障的设置及保存费用	1	0.0

（续表）

频度顺序	条数	条文标题	频度	%	
825	227	由相邻者的一人进行围障的设置	1	0.0	
826	229	边界标等共有的推定 1	1	0.0	
827	267	相邻关系规定的准用	1	0.0	
828	271	由永佃权人实施土地变更的限制	1	0.0	
829	274	租佃费的减免	1	0.0	
830	285	用水地役权	1	0.0	
831	291	地役权的消灭时效 1	1	0.0	216
832	301	因担保的供与致留置权的消灭	1	0.0	
833	309	殡葬费用的先取特权	1	0.0	
834	312	不动产租赁的先取特权	1	0.0	
835	314	不动产租赁的先取特权的标的物的范围 2	1	0.0	
836	325	不动产的先取特权	1	0.0	
837	330	动产的先取特权的顺位	1	0.0	
838	334	先取特权与动产质权的竞合	1	0.0	
839	336	一般先取特权的对抗力	1	0.0	
840	341	关于抵押权规定的准用	1	0.0	
841	355	动产质权的顺位	1	0.0	
842	359	设定行为有另外规定的场合等	1	0.0	
843	366	由质权人实施债权的取得等	1	0.0	
844	398_11	最高额抵押权的处分	1	0.0	
845	398_13	最高额抵押权的部分转让	1	0.0	
846	398_16	共同最高额抵押	1	0.0	
847	398_19	最高额抵押权的本金的确定请求	1	0.0	
848	407	选择权的行使	1	0.0	
849	410	因不能的选择债权的特定	1	0.0	

（续表）

	频度顺序	条数	条文标题	频度	%
	850	411	选择的效力	1	0.0
	851	451	其他担保的供与	1	0.0
	852	455	催告抗辩及检索抗辩的效果	1	0.0
	853	477	作为清偿所交付物的消费和被转让场合清偿的效力等	1	0.0
	854	483	特定物的依现状交付	1	0.0
	855	516	因债权人交替的更改 2	1	0.0
	856	522	承诺通知的延期到达	1	0.0
	857	530	悬赏广告的撤回	1	0.0
	858	535	附停止条件双务契约中的风险负担	1	0.0
	859	582	回购权的代位行使	1	0.0
	860	584	共有享有份额附回购特约的买卖 1	1	0.0
	861	590	出借人的担保责任	1	0.0
	862	607	违反租借人意思的保存行为	1	0.0
	863	615	租借人的通知义务	1	0.0
	864	626	有期间规定的雇用的解除	1	0.0
	865	631	因破产程序开始所做对使用人解约申请	1	0.0
	866	639	担保责任存续期间的伸长	1	0.0
	867	640	不负担保责任的特约	1	0.0
	868	691	终身定期金契约的解除	1	0.0
	869	692	终身定期金契约的解除与同时履行	1	0.0
	870	730	亲属间的扶助	1	0.0
	871	735	直系姻亲间婚姻的禁止	1	0.0
217	872	736	养亲子等之间婚姻的禁止	1	0.0
	873	747	因欺诈或胁迫的婚姻的撤销	1	0.0

（续表）

频度顺序	条数	条文标题	频度	%
874	758	夫妇财产关系变更的限制等	1	0.0
875	780	亲子关系确认能力	1	0.0
876	792	成为养亲者的年龄	1	0.0
877	794	监护人以被监护人为养子的收养	1	0.0
878	806	监护人与被监护人之间无许可收养的撤销	1	0.0
879	809	婚生子女身份的取得	1	0.0
880	817_8	监护的状况	1	0.0
881	821	居所的指定	1	0.0
882	828	财产管理的计算 1	1	0.0
883	831	委任规定的准用	1	0.0
884	848	未成年监护监督人的指定	1	0.0
885	854	财产目录制成前的权限	1	0.0
886	857	关于未成年被监护人的人身监护的权利义务	1	0.0
887	858	成年被监护人意思的尊重及人身关照	1	0.0
888	859_2	成年监护人有数人场合的权限的行使等	1	0.0
889	867	代未成年被监护人行使的亲权	1	0.0
890	872	未成年被监护人与未成年监护人等之间的契约等撤销	1	0.0
891	874	委任规定的准用	1	0.0
892	876_4	赋予保佐人代理权的审判	1	0.0
893	876_6	辅助的开始	1	0.0
894	876_9	赋予辅助人代理权的审判	1	0.0
895	918	继承财产的管理	1	0.0
896	926	由限定承认者进行的管理	1	0.0
897	928	公告期届满前清偿的拒绝	1	0.0

（续表）

	频度顺序	条数	条文标题	频度	%
	898	947	对继承债权人及受遗赠者的清偿	1	0.0
	899	948	从继承人固有财产的清偿	1	0.0
	900	950	依继承人的债权人的请求进行的财产分离	1	0.0
	901	969_2	公证证书遗嘱方式的特别规则	1	0.0
	902	972	秘密证书遗嘱方式的特别规则	1	0.0
	903	979	船舶遭难者的遗嘱	1	0.0
	904	980	遗嘱关系人的署名及盖章	1	0.0
	905	987	对受遗赠者进行遗赠的承认或放弃的催告	1	0.0
	906	1002	附负担遗赠	1	0.0
	907	1005	罚款	1	0.0
	908	1007	遗嘱执行人任务的开始	1	0.0
	909	1016	遗嘱执行人的复任权	1	0.0
	910	1021	关于遗嘱执行费用的负担	1	0.0
	911	1024	遗嘱书或遗赠标的物的撤销	1	0.0
	912	1032	附条件的权利等的赠与或遗赠的部分减量	1	0.0
	913	1037	因受赠者无资力所致损失的负担	1	0.0
218	914	1038	附负担赠与的减量请求	1	0.0
	915	1039	不相当的对价的有偿行为	1	0.0
	916	16	被辅助人及辅助人	0	0.0
	917	26	管理人的改任	0	0.0
	918	98_2	意思表示的受领能力	0	0.0
	919	139	期间的起算 1	0	0.0
	920	208	建筑物的区分所有(删除)	0	0.0
	921	215	水流障碍的除去	0	0.0
	922	217	关于费用负担的习惯	0	0.0

（续表）

频度顺序	条数	条文标题	频度	%
923	222	堰的设置及使用	0	0.0
924	224	境界标的设置及保存的费用	0	0.0
925	228	关于围障设置等的习惯	0	0.0
926	230	境界标等共有的推定 2	0	0.0
927	231	共有障壁的增高工程 1	0	0.0
928	232	共有障壁的增高工程 2	0	0.0
929	272	永佃权的转让或土地租赁	0	0.0
930	275	永佃权的放弃	0	0.0
931	277	关于永佃权的习惯	0	0.0
932	278	永佃权的存续期间	0	0.0
933	279	工作物等的收去等	0	0.0
934	284	地役权的时效取得 2	0	0.0
935	286	承役地所有人的工作物设置义务等 1	0	0.0
936	287	承役地所有人的工作物设置义务等 2	0	0.0
937	288	承役地所有人的工作物的使用	0	0.0
938	289	因承役地的时效取得而地役权消灭 1	0	0.0
939	290	因承役地的时效取得而地役权消灭 2	0	0.0
940	292	地役权的消灭时效 2	0	0.0
941	293	地役权的消灭时效 3	0	0.0
942	315	不动产租赁先取特权的被担保债权的范围 1	0	0.0
943	317	旅馆宿泊的先取特权	0	0.0
944	318	运输的先取特权	0	0.0
945	320	动产保存的先取特权	0	0.0
946	323	农业劳务的先取特权	0	0.0
947	324	工业劳务的先取特权	0	0.0

（续表）

	频度顺序	条数	条文标题	频度	%
	948	328	不动产买卖的先取特权	0	0.0
	949	329	一般先取特权的顺位	0	0.0
	950	331	不动产先取特权的顺位	0	0.0
	951	332	同一顺位的先取特权	0	0.0
	952	335	一般先取特权的效力	0	0.0
	953	339	已登记不动产保存或不动产工程的先取特权	0	0.0
	954	340	不动产买卖的先取特权的登记	0	0.0
	955	354	动产质权的实行	0	0.0
219	956	357	由不动产质权人进行管理的费用等的负担	0	0.0
	957	358	由不动产质权人提起利息请求的禁止	0	0.0
	958	361	抵押权规定的准用	0	0.0
	959	365	以指示债权为标的的质权的对抗要件	0	0.0
	960	368	删除	0	0.0
	961	379	抵押权消灭请求 1	0	0.0
	962	385	拍卖申请的通知	0	0.0
	963	398_5	最高额抵押权的最高额的变更	0	0.0
	964	398_6	最高额抵押权的本金确定期日的决定	0	0.0
	965	398_8	最高额抵押权人或债务人的继承	0	0.0
	966	398_10	最高额抵押权人或债务人的公司分割	0	0.0
	967	398_15	抵押权顺位的转让或放弃与最高额抵押权的转让或部分转让	0	0.0
	968	398_17	共同最高额抵押的变更等	0	0.0
	969	398_18	累积最高额抵押	0	0.0
	970	398_21	最高额抵押权的最高额的减额请求	0	0.0
	971	433	关于连带债务人的一人的法律行为的无效等	0	0.0

（续表）

频度顺序	条数	条文标题	频度	%
972	465_3	贷款等最高额保证契约的本金确定期日	0	0.0
973	465_4	贷款等最高额保证契约的本金的确定事由	0	0.0
974	465_5	保证人是法人的贷款等债务的最高额保证契约的求偿权	0	0.0
975	475	作为清偿所交付物的取回 1	0	0.0
976	498	提存物受领的要件	0	0.0
977	507	履行地不同的债务的相抵	0	0.0
978	527	要约撤回通知的延迟送达	0	0.0
979	528	对要约加以变更的承诺	0	0.0
980	531	接受悬赏广告的报酬的权利	0	0.0
981	547	催告解除权的消灭	0	0.0
982	585	附共享份额的回购特约买卖 2	0	0.0
983	592	价额的偿还	0	0.0
984	596	出借人的担保责任	0	0.0
985	610	因减收的解除	0	0.0
986	661	提存人的损害赔偿	0	0.0
987	664	寄托物返还的场所	0	0.0
988	669	金钱出资不履行的责任	0	0.0
989	677	组合债务人提起相抵的禁止	0	0.0
990	684	组合契约解除的效力	0	0.0
991	690	终身定期金的计算	0	0.0
992	693	终身定期金债权存续的宣告	0	0.0
993	694	终身定期金的遗赠	0	0.0
994	699	管理人的通知义务	0	0.0
995	726	亲等的计算	0	0.0

（续表）

	频度顺序	条数	条文标题	频度	%
	996	731	婚姻适龄	0	0.0
220	997	738	成年被监护人的婚姻	0	0.0
	998	741	在外国日本人间的婚姻的方式	0	0.0
	999	743	婚姻的撤销	0	0.0
	1000	745	不适龄者的婚姻的撤销	0	0.0
	1001	746	再婚禁止期间内的婚姻的撤销	0	0.0
	1002	756	夫妇财产契约的对抗要件	0	0.0
	1003	757	（删除）	0	0.0
	1004	759	财产管理人变更及共有财产分割的对抗要件	0	0.0
	1005	782	成年子女的亲子关系的确认	0	0.0
	1006	801	在外国日本人间的收养的方式	0	0.0
	1007	804	养亲是未成年人场合的收养的撤销	0	0.0
	1008	806_2	无配偶同意的收养等的撤销	0	0.0
	1009	806_3	无子女的监护人同意的收养等的撤销	0	0.0
	1010	807	养子是未成年人场合的无许可收养的撤销	0	0.0
	1011	811_2	夫妇养亲与未成年人的解除收养	0	0.0
	1012	817_3	养亲夫妇的共同收养	0	0.0
	1013	817_4	成为养亲的年龄	0	0.0
	1014	817_10	特别养子收养的解除收养	0	0.0
	1015	817_11	因解除收养导致的与生父母亲属关系的恢复	0	0.0
	1016	829	财产管理的计算 1	0	0.0
	1017	832	关于财产管理所生亲子间的债权的消灭时效	0	0.0
	1018	833	代子女所享有亲权的行使	0	0.0
	1019	850	监护监督人的不适格事由	0	0.0
	1020	855	监护人对被监护人的债权或债务的申报义务	0	0.0

（续表）

频度顺序	条数	条文标题	频度	%	
1021	856	对被监护人已取得包括财产场合的法律准用	0	0.0	
1022	857_2	未成年监护人有数人场合的权限的行使等	0	0.0	
1023	859_3	关于成年被监护人居住用不动产处分的许可	0	0.0	
1024	861	支出金额的预定及监护事务的费用	0	0.0	
1025	868	只有关于财产权限的未成年监护人	0	0.0	
1026	873	对返还金利息的支付等	0	0.0	
1027	876_2	保佐人及临时保佐人的选任等	0	0.0	
1028	876_3	保佐监督人	0	0.0	
1029	876_5	保佐事务及保佐人任务的终结等	0	0.0	
1030	876_7	辅助人及临时辅助人的选任等	0	0.0	
1031	876_8	辅助监督人	0	0.0	
1032	876_10	辅助事务及辅助人任务的终结等	0	0.0	
1033	883	继承开始的场所	0	0.0	
1034	912	对因遗产分割所接受债权的担保责任	0	0.0	
1035	913	有无资力共同继承人场合担保责任的分担	0	0.0	
1036	914	依遗嘱的担保责任的决定	0	0.0	
1037	933	继承债权人及受遗者换价程序的参加	0	0.0	
1038	937	有法定单纯承认事由场合的继承债权人	0	0.0	
1039	942	财产分离的效力	0	0.0	221
1040	943	财产分离请求后继承财产的管理	0	0.0	
1041	946	物上代位规定的准用	0	0.0	
1042	971	方式欠缺秘密证书遗嘱的效力	0	0.0	
1043	977	传染病隔离者的遗嘱	0	0.0	
1044	978	在船者的遗嘱	0	0.0	
1045	981	署名或盖章不能的场合	0	0.0	

（续表）

频度顺序	条数	条文标题	频度	%
1046	984	在外国日本人遗嘱的方式	0	0.0
1047	991	受遗者所做担保的请求	0	0.0
1048	997	不属继承财产的权利的遗赠 2	0	0.0
1049	998	不特定物的遗赠义务人的担保责任	0	0.0
1050	999	遗赠的物上代位	0	0.0
1051	1000	作为第三人权利标的的财产的遗赠	0	0.0
1052	1001	债权遗赠的物上代位	0	0.0
1053	1003	附负担遗赠的受遗者的免责	0	0.0
1054	1008	对遗嘱执行人的就职催告	0	0.0
1055	1009	遗嘱执行人的不适格事由	0	0.0
1056	1020	委任规定的准用	0	0.0
1057	1026	遗嘱撤回权放弃的禁止	0	0.0

2. 民法条文·适用频度表前 100 用语一览表

下面的表 14，是将民法条文·适用频度表的 100 个条文中出现的所有用语（单词、熟语、法律要件、法律效果）全部挑选出来，并将其阶层关系清晰地整理成了民法用语一览表。

配列，为了使关联用语能够连续配置，按汉字代码顺序进行。其理由是若按日语假名的 AIUEO 顺序配列，就会在一系列的法律用语中被插入别的概念，而无法构造性地进行配列。而汉字代码，虽并非严密的 AIUEO 顺序，可能多少会有些不便，但考虑到以汉字的音读配列，检索上没有障碍。

此表的利用价值，有以下两个。

【1. 自制民法用语辞典】当学习民法条文·适用频度表的 100 个条文之际，若遇到不明白意思的用语，就在此表检索该用语，查阅法律用语辞典和法条注释经典，若再将该用语的意义写进该处，则自制的法律辞书就问世了。

作为试验，我们查一下民法最先的条文（第 1 条第 1 款）中出现的“私权”。可以看到“公权的反义词”这一著者注。接着,再看一下“公共福祉”项目,可以看到连接着的是“必须适合公共福祉”这一项目,在那里还可看到〔私权的限制〕这一注释。这样,若自己再追加上评论,民法学习不是就变得更加有趣了吗?

【2. 实现从法律效果向适用条文的逆向推论】看这个一览表最右边的一栏,若仅攀登上法律效果这一栏,则在于能够明确使用民法能够实现什么。这个一览表,虽然其由 100 个条文制作而成是有限的,但它使从构成问题的事案的法律效果,法律要件,向能够适用的标的条文进行逆向推论(使相谈事例内容⇒向适用条文推论)成为可能。将来,若对民法全文所有用语都制作成一览表,在那种场合下,就可以期待在法律相谈中经得住实用的检验。

表 14　民法条文 · 适用频度表前 100 出现的用语分析

222

用语	频度	条文	性质
1 个月	1	395 Ⅱ	数值
2 年	1	768 Ⅱ	数值
3 个月	1	958_3 Ⅱ	数值
3 年	3	724,770 Ⅰ 三,787	数值
6 个月	2	395 Ⅰ,958	数值
10 年	2	162 Ⅱ,167 Ⅰ	数值
20 年	3	162 Ⅰ,167 Ⅱ,724	数值
不得预先放弃	1	146	效果(禁止 · 事前放弃 · 时效利益)
任何时候,该协议,得进行遗产分割	1	907 Ⅰ	效果(遗产分割协议)
且	5	162 Ⅰ Ⅱ,192,478	逻辑词
不在此限	18		逻辑词
溯及	1	127 Ⅲ	效果(溯及效)

（续表）

用语	频度	条文	性质
必须	11	1Ⅰ,304Ⅰ,493,651Ⅱ,704,710,711,717Ⅰ,752,958,958_2Ⅱ	效果（义务）
其意思表示，在不违反遗留份有关规定的范围内	1	903Ⅲ	要件（继承份算定额的受领）
必须将其一方定为亲权人	1	819Ⅰ	效果（将父母一方定为亲权人）
因其行为受到了利益的人	1	424Ⅰ	主体
有其他婚姻难以继续的重大事由时	1	770Ⅰ五	要件（裁判上的离婚）
但	30		逻辑词
仍有损害时	1	704	要件（损害赔偿责任）
223 视为	3	446Ⅲ,719Ⅱ,903Ⅰ	效果（视为）
视为（–共同行为人）	1	719Ⅱ	要件（共同侵权行为）
视为（–由书面制作的）	1	446Ⅲ	要件（契约有效）
视为（–继承财产）	1	903Ⅰ	要件（继承份的算定）
视为	2	86Ⅲ,388	效果（视为）
视为（–被设定了地上权）	1	388	效果（视为・地上权设定）
视为（–动产）	1	86Ⅲ	效果（视为・动产）
有不得已的事由时	1	651Ⅱ	要件（解除・委任）
有不得已的事由时，不在此限	1	651Ⅱ	效果（障碍・请求・损害赔偿）
恶意受益人	1	704	主体（返还义务）

（续表）

用语	频度	条文	性质
恶意受益人的返还义务	1	703	标题(703)
恶意受益人的返还义务	1	704	标题(704)
委任	12	643,644,648 Ⅰ Ⅱ Ⅲ,651,656	标题(643)
委任的解除	2	651	标题(651)
委任的本旨	1	644	熟语
负处理委任事务的义务	1	644	效果(义务·受任者的委任事务处理)
非委任事务履行之后	1	648 Ⅱ	要件(报酬请求)
委任者	1	644 Ⅰ	主体
不能对委任者请求报酬	1	644	效果(障碍·受任者的报酬请求)
意思表示	22		单词
意思表示(因欺诈的-)	1	96 Ⅲ	熟语
意思表示(因欺诈或胁迫的-)	1	96 Ⅰ	熟语
意思表示(对对方的-)	2	96 Ⅱ,540	熟语
意思表示(第三人对代理人所做-)	1	99 Ⅱ	熟语
意思表示(当事人的-)	1	176	熟语
意思表示(当事人之一方向对方所做-)	1	506 Ⅰ	熟语

（续表）

224

用语	频度	条文	性质
意思表示(不同于任意性规定的-)	1	91	标题(91)
意思表示(没有别的-时)	1	404	要件(法定利率)
意思表示(表示为本人所做-)	1	99Ⅰ	熟语
意思表示,不得附条件或期限	1	506Ⅰ	要件(相抵)
意思表示的撤销	1	96Ⅲ	要件(撤销)
意思表示无效	1	94Ⅱ	效果(无效)
意思表示可以撤销	1	96Ⅱ	效果(撤销)
不同意思	2	91	熟语
违反	1	612Ⅱ	要件(消灭·解除)
违约金	1	420Ⅲ	单词
遗嘱	1	907Ⅰ	单词
遗产	7	906,907	单词
属于遗产的物和权利	1	906	客体(遗产分割)
考虑属于遗产的物和权利的种类及性质,各继承人年龄、职业、心身状态和生活状况及其他一切事情	1	906	要件(遗产分割)
遗产的分割	5	906,907	熟语
遗产分割的基准	1	906	标题(906)

（续表）

用语	频度	条文	性质
遗产分割的协议和审判	1	907	标题(907)
遗产的分割，要考虑属于遗产的物或权利的种类及性质，各继承人年龄、职业、心身状态和生活状况及其他一切事情进行之	1	906	效果(遗产分割)
遗赠	3	903 Ⅰ Ⅱ	单词
遗赠和赠与的价额，与继承份的价额相等、或超过时	1	903 Ⅱ	要件(障碍·继承份算定额的受领)
遗留份	1	903 Ⅲ	单词
在不违反有关遗留份规定的范围内，有其效力	1	903 Ⅲ	效果(继承份算定额的受领)
一切权利义务	1	896	客体(继承)
考虑一切事情	4	760，768 Ⅲ，770 Ⅱ，906	熟语
考虑一切事情认定婚姻继续相当时	1	770 Ⅱ	要件(障碍·裁判上的离婚)
交付	2	304 Ⅰ，395	单词
运营	1	33 Ⅱ	单词
以经营营利事业为目的的法人	1	33 Ⅱ	主体(权利能力)
援用	2	145	单词
假处分	1	147 二	单词

225

（续表）

用语	频度	条文	性质
家庭法院	10	766Ⅲ,768ⅡⅢ,819ⅤⅥ,907ⅡⅢ,958,958_3Ⅰ	主体（裁判，审判，处分）
家庭法院，得规定期间，对遗产全部或部分，禁止其分割	1	907Ⅲ	效果（禁止·遗产分割）
家庭法院，得代替协议作出审判	1	819Ⅴ	效果（请求·家庭法院审判）
家庭法院，得变更应该监督子女者，对其监护命令相当处分	1	766Ⅱ	效果（命令·子女监护的相关处分）
家庭法院，得将亲权人变更为另一方	1	819Ⅵ	效果（变更·亲权人的变更）
家庭法院，若有了继承人在一定期间内必须公告其权利主张	1	958	效果（义务·继承人搜索公告）
家庭法院，决定应否分与和分与额及方法	1	768Ⅲ	效果（请求·财产分与额及方法）
过失	12	95，109，162 Ⅱ，192，418，478，494，709，716,722	单词
过失（因故意或–）	1	709	要件（侵权行为）
过失（债权人–）	1	418	要件（过失相抵）
过失（重大–）	1	95	熟语
过失（订货人有–时）	1		要件（损害赔偿责任）

（续表）

用语	频度	条文	性质	
过失（受害人有-时）	1	722	要件（过失相抵）	
过失（清偿人无-）	1	494	要件（提存）	
无过失时	1	478	要件（消灭·有效的清偿）	226
因过失未知时	1	109	要件（无权代理）	
过失相抵	2	418,722	标题（418）	
解除的效果	1	545	标题（545）	
解除权	6	420 Ⅱ，540，541，545 Ⅰ Ⅲ	权利	
解除权的行使	3	420Ⅱ,540,545Ⅲ	标题（540）	
解除条件	2	127Ⅱ	熟语	
附解除条件法律行为	1	127Ⅱ	熟语	
各共同继承人，得向家庭法院请求其分割	1	907Ⅱ	效果（遗产分割审判）	
各债务人，得就其对当额通过相抵免除其债务	1	505Ⅰ	效果（消灭·同时消灭）	
各自连带负赔偿该损害的责任	1	719Ⅰ	效果（连带责任）	
各当事人得随时实施该解除	1	651Ⅰ	效果（行使·解除权）	
各当事人，负使其对方恢复原状的义务	1	545Ⅰ	效果（义务·原状恢复）	
确定期限	1	412Ⅰ	熟语	
确定日	1	467Ⅰ	单词	

（续表）

用语	频度	条文	性质
有确定日的证书	1	467Ⅱ	熟语
学术	1	33Ⅱ	单词
不得增减额度	1	420Ⅰ	效果（禁止·赔偿额的增减）
习惯	4	92	单词
监护	8	766,820	单词
在监护范围外，父母的权利义务不发生变更	1	766Ⅲ	效果（子女监护范围外的效力）
监护及教育的权利义务	1	820	标题（820）
监督义务人	3	714	主体（损害赔偿责任）
代监督义务人监督无责任能力人的人	1	714Ⅱ	主体（损害赔偿责任）
管理	3	33Ⅱ,395Ⅰ二	单词
管理者	1	644	主体
管理人	2	395Ⅰ二,958	主体
基本原则	1	1Ⅰ	标题（1）
227 寄托者，得随时请求返还	1	666Ⅱ	效果（请求·随时返还）
依期间决定报酬时	1	648Ⅱ	要件（报酬请求）
期间，不得少于6个月	1	958	效果（继承人搜索公告期间）
期限	7	412 Ⅰ Ⅱ Ⅲ，423 Ⅱ，506Ⅰ	单词
知道期限到来时	1	412Ⅱ	要件（债务不履行·迟滞）

(续表)

用语	频度	条文	性质
期限到来时	1	412 Ⅰ	要件(债务不履行·迟滞)
期限未定时	1	412 Ⅲ	要件(债务不履行·迟滞)
技艺	1	33 Ⅱ	单词
义务	18		单词
义务的履行	1	1 Ⅱ	要件(消灭·免责)
未懈怠义务时	1	714 Ⅰ	要件(损害赔偿责任·免责)
未懈怠义务损害也会发生时	1	714 Ⅰ	要件(损害赔偿责任·免责)
及	32		逻辑词
求偿权	3	372	权利
求偿权(使用人或监督人对被用人的-)	1	715 Ⅲ	权利
求偿权(占有人或所有人,对该人〔原因者〕得行使-)	1	717 Ⅲ	权利
求偿权(物上保证人的-)	1	372	权利
不得请求已给付物的返还	1	708	效果(障碍·返还·不当得利)
拒绝	1	113 Ⅱ	单词
虚伪的意思表示	1	94 Ⅰ	熟语
虚伪表示	1	94	标题(94)
不许	3	1 Ⅲ,466 Ⅰ,505 Ⅰ	效果(禁止·权利滥用)

（续表）

用语	频度	条文	性质
不许（－权利滥用）〔私权限制〕	1	1Ⅲ	效果（禁止）
提存	2	494	标题（494）
从拍卖程序开始前使用或收益者	1	395Ⅰ一	主体
228 共同行为人	2	719ⅠⅡ	主体（共同侵权行为）
视为共同行为人	2	719Ⅱ	效果（视为共同行为人）
不能知道共同行为人中谁施加了该损害时	1	719Ⅰ	要件（共同侵权行为）
共同继承人	4	903,907ⅠⅡ	主体（继承）
共同继承人间协议不成，或协议不能时	1	907Ⅱ	要件（遗产分割审判）
共同侵权行为人的责任	1	719	标题（719）
共有人	1	249	主体
共有物	2	246	客体
共有物的使用	1	249	标题（249）
协议	19	766Ⅰ,768Ⅰ,819ⅠⅢⅣⅤ,907	单词
协议不成时，或协议不能时	4	766Ⅰ,768Ⅱ,819Ⅴ,907	要件（家庭法院审判）
协议不成时，或协议不能时，家庭法院对此做决定	1	766Ⅰ	效果（离婚后子女的监护）
以协议决定	1	766Ⅰ	效果（离婚后子女的监护）

（续表）

用语	频度	条文	性质	
协议上的离婚	3	766Ⅰ,768Ⅰ,819Ⅰ	熟语	
协议上离婚者之一方	1	768Ⅰ	主体(财产分与)	
协助	3	752,768Ⅲ	单词	
强制管理或担保不动产收益执行的管理人从拍卖程序开始后通过租赁使用或收益者	1	395Ⅰ二	主体	
强制拍卖	1	570	单词	
强迫	2	96	单词	
教育	2	820	单词	
对近亲属的损害赔偿	1	711	标题(711)	
金钱返还时	1	545Ⅱ	要件(原状恢复)	
契约	10	113Ⅰ,446ⅡⅢ	单词	
契约(委任-)	5	643,644,648,651,656	熟语	
契约(寄托-)	1	666Ⅱ	熟语	
契约(雇用-)	1	623	熟语	
契约(使用借贷-)	1	616	熟语	
契约(准委任-)	1	656	熟语	229
契约(消费借贷-)	2	587,666Ⅰ	熟语	
契约(承包-)	4	632	熟语	
契约(总务-)	1	533	熟语	
契约(赠与-)	1	903ⅠⅡ	熟语	
契约(租赁-)	4	601,605,612,616	熟语	
契约(买卖-)	2	555,570	熟语	

（续表）

用语	频度	条文	性质
契约（保证-）	3	446Ⅱ Ⅲ	熟语
契约（和解-）	2	695,696	熟语
得解除的契约	2	541,612Ⅱ	效果（得行使·解除权）
对建筑物，视为地上权已设定	1	388	效果（视为·地上权设定）
建筑物拍卖中买受人从买受时起到经过6个月止	1	395Ⅰ	要件（抗辩权·交付缓期）
进行建筑物的使用和收益的人	1	395	主体
不需要将建筑物交付买受人	1	395Ⅰ	效果（抗辩权·建筑物交付）
检察官	1	958	单词
权限	4	99Ⅰ,110	权利
权限外	2	110	权利
权限外行为的表见代理	1	110	标题（110）
权限内	1	99Ⅰ	权利
权利	25		单词
权利的行使	1	1Ⅱ	权利
权利的滥用〔私权的限制〕	1	1Ⅲ	要件（禁止）
权利行使不能	1	423Ⅱ	效果（行使不能·债权人代位权）
能行使权利时	1	166Ⅰ	要件（消灭时效）
权利人	1	166Ⅱ	主体
原因	5	703,708,717Ⅲ	单词

(续表)

用语	频度	条文	性质	
原因(损害-)	1	717Ⅲ	熟语	
原因(不法-)	3	708	熟语	
原因(法律上的-)	1	703	熟语	
故意	1	709	单词	
雇用	2	623	标题(623)	
公的秩序	3	90,91,92	熟语	
与公的秩序无关的规定	2	91,92	熟语	
公益	1	33	单词	
以公益为目的的法人	1	33Ⅱ	主体(权利能力)	230
公共的福祉	1	1Ⅰ	目的(私权的-)	
必须适合公共的福祉〔私权的限制〕	1	1Ⅰ	效果(义务·公共福祉适合性)	
公序良俗	1	90	标题(90)	
公然	3	162ⅠⅡ,192	单词	
表示使效果溯及到其成就以前的意思时	1	127Ⅲ	要件(溯及效)	
丧失效力	1	127Ⅱ	效果(消灭)	
不发生效力	3	113Ⅰ,149,446Ⅱ	效果(无效·无权代理)	
发生效力	12	99Ⅰ,127Ⅰ,176,506Ⅱ,555,587,601,605,623,632,643,695	效果(发生)	
不妨碍效力	1	93	效果(有效)	

（续表）

用语	频度	条文	性质
有效力	3	478,482,903	效果（消灭·有效清偿）
有效力（特别受益，在不违反遗留份规定的范围内其-）	1	903Ⅲ	效果（抗辩权·特别受益的返还拒绝）
有效力（与清偿同一的-）	1	482	效果（消灭·有效清偿）
有效力（清偿，其-）	1	478	效果（消灭·有效清偿）
工作物占有人	1	717Ⅰ	主体（损害赔偿责任）
行为人的教唆者	1	719Ⅱ	主体（共同侵权行为）
在行为或转收时未知损害债权人的事实时	1	424Ⅰ	要件（欺诈行为的撤销）
不行使时	3	167ⅠⅡ,724	要件（消灭时效）
行使	7	166Ⅰ，192，304Ⅰ，501,717	效果（得行使）
行使（-权利）	4	192,423ⅠⅡ,501	效果（得行使·权利）
行使不能	1	423Ⅱ	效果（行使不能·债权人代位权）
得行使（-求偿权）	1	717Ⅲ	效果（行使·求偿权）
231 得行使（-权利）	4	166Ⅰ,423ⅠⅡ,501	效果（得行使·权利）
得行使（-先取特权）	1	304Ⅰ	效果（得行使）
必须做	1	1Ⅱ	效果（义务）
婚姻	5	760,770ⅠⅡ,903Ⅰ	单词
婚姻发生的费用	1	760	熟语
认定婚姻继续相当时	1	770Ⅱ	要件（障碍·裁判上的离婚）

（续表）

用语	频度	条文	性质
婚姻继续困难的重大事由	1	770 Ⅰ	要件（裁判上的离婚）
婚姻费用	1	760	单词
婚姻费用的分担	1	760	标题（760）
扣押	3	147 二，304 Ⅰ	单词
必须扣押	1	304 Ⅰ	要件（优先清偿）
欺诈行为撤销权	1	424	标题（424）
欺诈	4	96 Ⅰ Ⅱ Ⅲ	单词
欺诈和胁迫	2	96	标题（96）
债权	42		权利
债权期限未到来期间	1	423 Ⅱ	要件（债权人代位权·裁判上的代位）
作为债权效力及担保该债权人得行使其享有的一切权利	1	501	效果（得行使·债权人权利）
对债权准占有人已做清偿	1	478 Ⅰ	熟语
对债权准占有人进行清偿	1	478	标题（478）
债权的转让性	1	466	标题（466）
直至债权接受清偿	1	295 Ⅰ	要件（抗辩权·交付拒绝）
债权人	24		主体
债权人拒绝预先受领	1	493	要件（清偿提供·口头的提供）
债权人拒绝清偿的受领，或此受领不能时	1	494	要件（提存）

(续表)

用语	频度	条文	性质
债权人有过失时	1	418	要件(过失相抵)
代位债权人的人	1	501	主体
债权人得请求由此所生损害的赔偿	1	415	效果(请求·损害赔偿)
232 债权人代位权	1	423	标题(423)
债权等的消灭时效	1	167	标题(167)
债权和所有权以外的财产权	1	167Ⅱ	权利
债务	40		义务
债务的性质不被允许时	1	505Ⅰ	要件(相抵)
债务不履行	3	415Ⅰ,418Ⅰ,420Ⅰ	熟语
债务本旨	2	493	熟语
未遵从债务本旨履行时	1	415	要件(债务不履行)
必须遵从债务本旨现实地实施		493	要件(抗辩权·现实的清偿提供)
债务的履行	6	412ⅠⅡⅢ,493,533	熟语
就债务的履行要债权人的行为时	1	493	要件(抗辩权·口头的清偿提供)
债务得免除	2	494,505Ⅰ	效果(消灭·提存)
债务不履行时	1	446Ⅰ	要件(保证人的责任)
债务人	18		主体
债务人已知损害债权人的情况实施的法律行为	1	424Ⅰ	定义(欺诈行为)
债务人应接受的金钱	1	304Ⅰ	熟语

（续表）

用语	频度	条文	性质	
不得对抗债务人及其他第三人	2	467 Ⅰ Ⅱ	效果（对抗不能・指名债权转让）	
得行使属于债务人的权利	1	423 Ⅰ	效果（障碍・行使・债权人代位权）	
债务人一身专属的权利	1	423 Ⅰ	权利	
应归责债务人的事由	1	415	熟语	
因应归责债务人的事由无法履行时	1	415	要件（债务不履行・不能）	
因债务不履行的损害赔偿	1	415	标题（415）	
催告	4	395 Ⅱ，493，541，666 Ⅱ	单词	
裁判	6	145，149，423 Ⅱ，770，819 Ⅱ	单词	
法院	19		单词	
法院不能依此裁判	1	145	效果（裁判不可・无援用）	
法院决定	1	388	效果（裁量・法院）	
得请求法院	2	424 Ⅰ，907 Ⅱ	效果（请求・对法院）	233
法院得考虑此，决定损害赔偿额	1	722 Ⅱ	效果（过失相抵）	
法院得考虑此，决定损害赔偿责任及其金额	1	418	效果（过失相抵）	
法院，不能增减其额	1	420 Ⅰ	效果（禁止・赔偿额的增减）	

（续表）

用语	频度	条文	性质
法院得应受害人请求,代替损害赔偿,或与损害赔偿同时,命令恢复名誉的适当处分	1	723	效果（请求・恢复名誉处分）
法院决定父母一方为亲权人	1	819Ⅱ	效果（决定父母一方为亲权人）
法院得驳回离婚请求	1	770Ⅱ	效果（障碍・裁判上的离婚）
裁判上	5	149,423Ⅱ,770,819Ⅱ	熟语
裁判上的请求	2	149	标题（149）
裁判上的代位	1	423Ⅱ	要件（债权人代位权・裁判上的代位）
裁判上的离婚	2	770,819Ⅱ	标题（770）
财产以外的损害	2	710	熟语
对财产以外的损害也必须予以赔偿	1	710	效果（损害赔偿责任）
财产以外损害的赔偿	1	710	标题（710）
财产权	5	167 Ⅱ, 424 Ⅱ, 555, 710,711	权利
财产权未受侵害的场合	1	711	要件（损害赔偿请求）
财产权向对方转移	1	555	效果（义务・财产权的转移）
约定将财产权转移给对方,对方约定对此支付其价款	1	555	定义（买卖）

（续表）

用语	频度	条文	性质	
不以财产权为标的的法律行为	1	424 Ⅱ	要件（障碍·欺诈行为的撤销）	234
财产分与	1	768	标题（768）	
错误	2	95	标题（95）	
完成工作	1	632	效果（义务·工作的完成）	
使用	19		单词	
使用(共有物的-)	1	249	熟语	
使用(建筑物的-)	2	395 Ⅰ Ⅱ	熟语	
使用（按享有份额的-）	1	249	熟语	
使用(所有物的-)	1	206	熟语	
使用（-或收益）	2	395 Ⅰ，395 Ⅰ 一，二，612 Ⅱ	熟语	
使用,收益及处分	1	206	熟语	
进行使用，收益及处分的权利	1	206	定义（所有权）	
进行使用的人	1	715 Ⅰ	主体	
可以使用	1	249	效果（可以使用）	
使用人	4	715	主体	
使用人对被用人的选任及其事业的监督已尽相当注意时	1	715 Ⅰ	要件（损害赔偿责任·免责）	
代使用人对事业进行监督的人	1	715 Ⅱ	主体（损害赔偿责任）	
使用人等的责任	1	715	标题（715）	

（续表）

用语	频度	条文	性质
使用人或监督人对被用人的求偿权	1	715Ⅲ	权利（求偿权）
不妨碍使用人或监督人对被用人求偿权的行使	1	715Ⅲ	效果（行使·求偿权）
使用借贷	1	616	单词
使用借贷规定的准用	1	616	准用
附始期权利	1	166Ⅱ	权利
子女，其直系卑属或这些人的法定代理人	1	787	主体（亲子关系确认之诉）
应监护子女者	2	766ⅠⅡ	主体（离婚后子女的监护）
监护子女者对其他有关监护的必要事项以其协议规定	1	766Ⅰ	效果（离婚后子女的监护）
235 享有监护及教育子女的权利，负义务	1	820	效果（监护·教育的权利义务）
子女出生后，父母协议，得决定父为亲权人	1	819Ⅲ	效果（定父为亲权人）
子女出生前父母离婚的场合	1	819Ⅲ	效果（母行使亲权）
依子女亲属的请求	1	819Ⅵ	要件（家庭法院审判）
认为为子女的利益有必要时	2	766Ⅱ，819Ⅵ	要件（子女的监护人，亲权人的变更）
指名债权的转让	2	467Ⅰ	熟语
指名债权转让的对抗要件	1	467	标题（467）

（续表）

用语	频度	条文	性质
私权〔公权的反义词〕	1	1 Ⅰ	权利
资产	1	760	单词
考虑资产，收入其他一切事情	1	760	要件（义务·婚姻费用的分担）
为事业使用他人者	1	715 Ⅰ	主体（损害赔偿责任）
就事业的执行给第三人造成损害	1	715 Ⅰ	客体（损害）
已知事实时	1	113 Ⅱ	要件（无权代理）
慈善	1	33 Ⅱ	单词
时效	14	145，146，177，149，162，166，167，724	要件（发生·消灭）
因时效消灭	1	724	效果（消灭·消灭时效）
时效的援用	1	145	标题（145）
时效的中断	2	147，149	熟语
不发生时效中断的效力	1	149	效果（时效的进行）
时效的中断事由	1	147	标题（147）
时效的利益	2	146	熟语
时效利益的放弃	1	145	标题（146）
中断时效	1	166 Ⅱ	效果（时效的中断）
为自己的意思	1	180	单词
得基于自己的权利进行求偿的范围内	1	501	要件（依清偿的代位）
为保全自己的债权	1	423 Ⅰ	目的
得拒绝自己债务的履行	1	533	效果（抗辩权·同时履行）

236

（续表）

用语	频度	条文	性质
自由	2	206,710	单词
借主的使用及收益	1	616	效果（请求·使用·收益）
由借主收去	1	616	效果（请求·使用·收益）
借用物的返还时期	1	616	效果（请求·返还·借用物）
主债务人	1	446Ⅰ	主体
可以撤销	2	96ⅠⅡ	效果（撤销）
交易行为	1	192	熟语
撤诉（诉讼的-）	1	149	熟语
撤销	2	96Ⅲ,424Ⅰ	效果（撤销）
取得	13	162，166Ⅱ，180，192，501一，二，三，605	单词
取得	4	162ⅠⅡ,180,192	效果（权利的发生）
取得（-权利）	1	192	效果（发生·权利）
取得（-所有权）	2	162ⅠⅡ	效果（权利的发生）
取得（-占有权）	1	180	效果（发生·权利）
取得时效	2	162,166Ⅱ	熟语
以种类，品质及数量相同物进行返还	1	587	效果（义务·同价值物返还）
必须在所受利益上附加利息返还	1	704	效果（义务·返还·附利息）
受遗者	1	903Ⅱ	主体（遗赠）
受遗者或受赠者，其继承份不能接受	1	903Ⅱ	效果（障碍·继承份算定额的受领）
受益人	5	703,704,708,903	主体（受益人）

（续表）

用语	频度	条文	性质
受托者依契约可以消费寄托物	1	666Ⅰ	定义(消费寄托)
受赠者	1	903Ⅱ	主体(赠与)
受任者	7	644,648	主体
不能归责于受任者的事由履行中途终结时	1	648Ⅲ	要件(报酬请求・比例的)
受任者的报酬	1	648	标题(648)
受任者,得按照已经履行的比例请求报酬	1	648Ⅲ	效果(请求・比例的报酬)
受领	5	493,494,545Ⅱ	单词
必须从受领时起付利息	1	545Ⅱ	效果(履行义务・利息的支付)
收入	1	760	单词
宗教	1	33Ⅱ	单词
遵从	3	91,92,127Ⅲ	效果(遵从)
遵从(-意思)	2	91,127Ⅲ	效果(遵从)
遵从(-习惯)	1	92	效果(遵从)
准委任	1	656	标题(656)
准占有	2	478	单词
准占有人	2	478	主体
准用	15	99Ⅱ	逻辑词
准用	13	99Ⅱ,110,369Ⅱ,372,570,616,648Ⅱ,656,666ⅠⅡ,717Ⅱ,722Ⅰ	准用
所持	1	180	单词
所有的意思	2	162ⅠⅡ	熟语

237

（续表）

用语	频度	条文	性质
所有权	4	162,206	权利
所有权的取得时效	1	162	标题(162)
所有权的内容	1	206	标题(206)
所有人	1	206	主体
所有人必须赔偿该损害	1	717 Ⅰ	效果(损害赔偿责任)
所有物	1	206	客体
书面	2	446 Ⅱ Ⅲ	单词
若不以书面	2	446 Ⅱ	要件(保证人的责任)
承诺	5	467 Ⅰ Ⅱ, 482, 612 Ⅰ,643	单词
若未获承诺	1	612 Ⅰ	要件(消灭·解除)
承认	2	147 二,166 Ⅱ	单词
消费寄托	1	666	标题(666)
消费借贷	3	587,666 Ⅰ	标题(587)
消灭	7		单词
消灭	3	167 Ⅰ Ⅱ,724	效果(消灭)
消灭时效	3	166,167	熟语
消灭时效的进行	1	166	标题(166)
238 条件成就	4	127	效果(发生·效力)
条件已成就的场合	2	127	要件(发生)
条件已成就场合的效果	1	127	标题(127)
条件和期限	1	506 Ⅰ	熟语

（续表）

用语	频度	条文	性质
得转让	1	466 Ⅰ	效果（行使可能・债权转让）
信义	1	1 Ⅱ	要件（适法）
必须遵从信义诚实地实施〔私权的限制〕	1	1 Ⅱ	效果（义务・诚实信用原则）
内心真意保留	1	93	标题（93）
真意	2	93	单词
行使亲权的人	1	820	主体（监护・教育的权利义务）
亲权人	6	819	主体（子女的法定代理人・监护权人）
进行	3	166 Ⅰ Ⅱ	效果（时效的进行）
推定	1	420 Ⅲ	效果（推定）
推定（赔偿额的预定与-）	1	420 Ⅲ	效果（推定・赔偿额的预定）
数人因共同侵权行为给他人造成损害时	1	719 Ⅰ	要件（共同侵权行为）
性质不被允许时	2	466 Ⅰ ,505 Ⅰ	要件（障碍・债权的转让性）
成立	1	33 Ⅰ	单词
不成立	1	33 Ⅰ	效果（不成立）
正当理由	1	110	熟语
得给予清算后将残存继承财产的全部或一部分	1	985_3 Ⅰ	效果（给特别缘故者的财产分与）
生计的资本	1	903 Ⅰ	熟语
诚实	1	1 Ⅱ	单词

（续表）

用语	频度	条文	性质
请求	28		单词
不得请求	1	648 Ⅰ Ⅱ,708	效果(障碍·请求·报酬)
承包	3	632,716	标题(632)
承包人	1	716	主体(承包责任,损害赔偿责任)
承包人就其工作给第三人所施加的损害	1	716	客体(损害)
239 归责不能的事由	1	648Ⅲ	熟语
负……责任	15	109,412 Ⅰ Ⅱ Ⅲ,446 Ⅰ,704,709,710,714 Ⅰ Ⅱ,715 Ⅰ Ⅱ,717 Ⅰ Ⅲ,719 Ⅰ	效果(责任)
负……责任(赔偿损害的-)	5	709,714 Ⅰ,715 Ⅰ,717 Ⅰ,719 Ⅰ	效果(损害赔偿责任)
负……责任(迟滞的-)	3	412 Ⅰ Ⅱ Ⅲ	效果(义务·损害赔偿责任)
负……责任(赔偿的-)	2	704,710	效果(义务·损害赔偿)
负……责任(履行的-)	1	446 Ⅰ	效果(履行责任)
责任能力	1	714 Ⅰ	单词
无责任能力人	5	714 Ⅰ Ⅱ	主体(免责)
无责任能力人不负该责任的场合	1	714 Ⅰ	要件(损害赔偿责任)
无责任能力人的监督义务人等的责任	1	714	标题(714)

（续表）

用语	频度	条文	性质	
负监督无责任能力人的法定义务者	1	714	主体(损害赔偿责任)	
设置或保存	1	717Ⅰ	熟语	
设置或保存有瑕疵	1	717Ⅰ	要件(损害赔偿责任)	
先取特权	6	304ⅠⅡ,372,501一	权利	
对先取特权,不动产质权或抵押权标的不动产的第三取得者不能代位债权人	1	501一	效果(代位不能)	
先取特权的物上代位	1	372	准用	
先取特权人	1	304Ⅰ	主体	
占有	16	162Ⅲ,166Ⅱ,180,192,295ⅠⅡ,369,717ⅠⅢ	单词	
占有因侵权行为开始的场合	1	295Ⅱ	要件(障碍·抗辩权·交付拒绝)	
已占有者	2	162ⅠⅡ	主体	
占有(-标的物)	1	166Ⅱ	熟语	
占有的开始时	2	162Ⅱ,166Ⅱ	要件(取得时效)	
以不转移占有提供了债权的担保	1	369Ⅰ	要件(抵押权)	
占有权的取得	1	180	标题(180)	
占有人	6	166Ⅱ,295Ⅰ,717	主体	240
占有人为防止损害发生已尽必要注意时	1	717Ⅰ	要件(障碍·损害赔偿责任)	
占有人和所有人,得对该人行使求偿权	1	717Ⅲ	效果(行使·求偿请求权)	

（续表）

用语	频度	条文	性质
以从依前三条规定〔法定继承份·遗嘱继承份的算定〕算定的继承份中扣除该遗赠或赠与价额的余额作为该人的继承份	1	903 Ⅰ	效果（特别受益人继承份的算定）
有前款第1项至第4项所举事由的场合	1	770 Ⅱ	要件（障碍·裁判上的离婚）
善意	7	94 Ⅱ,96 Ⅲ,162 Ⅱ,192,466,478,505 Ⅱ	单词
善意，且，无过失时	1	192	要件（即时取得）
善意，且，曾无过失时	2	162 Ⅱ,478	要件（取得时效·短期）
不能对抗善意第三人	4	94 Ⅱ,96 Ⅲ,466 Ⅱ,505 Ⅱ	效果（对抗不能）
善良管理者的注意	1	644	效果（义务·受任者的注意）
善良风俗	1	90	熟语
全部	3	249,907 Ⅲ,958_3 Ⅰ	单词
组织	1	33 Ⅱ	单词
诉讼的驳回	1	149	熟语
双方债务适合相互相抵时	1	506 Ⅱ	要件（相抵）
上溯到双方债务适合相互相抵时发生其效力	1	506 Ⅱ	效果（消灭·溯及力）

（续表）

用语	频度	条文	性质	
上溯到双方债务适合相互相抵时发生其效力	1	506Ⅱ	效果（消灭·溯及力）	
双方债务在清偿期时	1	505Ⅰ	要件（相抵）	
双务契约	1	533	熟语	
相抵的方法及效力	1	506	标题（506）	
相抵的要件	1	505	标题（505）	
对方	29		单词	
直至对方提供该债务的履行	1	533	要件（抗辩权·同时履行）	241
对方规定相当期间作出履行催告，该期间内未履行时	1	541	要件（解除）	
得向对方请求财产的分与	1	768Ⅰ	效果（请求·财产分与）	
向对方所做意思表示	3	96Ⅱ，506Ⅰ，540Ⅰ	熟语	
对方的债务无清偿期时	1	533	要件（障碍·抗辩权·同时履行）	
对方得解除契约	1	541	效果（得行使·解除权）	
继承	31	896，903，906，907ⅠⅡ，958，958_3	单词	
继承的一般性效力	1	896	标题（896）	
继承开始	2	896，903，906，907ⅠⅡ，958，958_3，903Ⅰ	要件（继承）	

(续表)

用语	频度	条文	性质
继承财产的管理人	1	958	熟语
依继承财产管理人或检察官的请求	1	958	要件(继承人搜索公告)
继承人	19		主体(权利义务的承继)
继承人的搜索公告	2	958,958_3	标题(958)
继承人从继承开始时起,继承属于被继承人财产的一切权利义务	1	896	效果(继承)
相当	8	395Ⅱ,541,715Ⅰ,766Ⅱ,770Ⅱ,958_3Ⅰ	单词
认为相当时	2	770Ⅱ,958_3Ⅰ	要件(婚姻的继续,给特别缘故者的财产分与)
相当的期间	3	395Ⅱ,541	熟语
相当的注意	2	715Ⅱ	熟语
即使尽相当的注意损害仍然会发生时	1	715Ⅰ	要件(损害赔偿责任·免责)
赠与	4	903ⅠⅡ	单词
接受赠与者	1	903Ⅰ	主体(赠与契约)
即时地	1	192	单词
即时取得	1		标题(192)
损害	40		单词
损害(对近亲属的-)	1	711	熟语
损害(因债务不履行的-)	1	415	熟语

（续表）

用语	频度	条文	性质	
损害（财产以外的–）	2	710	熟语	242
损害（数人因共同侵权行为给他人造成的–）	1	719	熟语	
损害（承包人就其工作给第三人造成的–）	1	716	熟语	
损害（无责任能力人给第三人造成的–）	1	714 Ⅰ	熟语	
损害（通常会发生的–）	1	416 Ⅰ	熟语	
损害（土地工作物设置或保存瑕疵使他人发生的–）	1	717	熟语	
损害（因特别事情发生的–）	1	416 Ⅱ	熟语	
损害（被用人就其事业的执行给第三人造成的–）	1	715 Ⅰ	熟语	
对损害原因另有负该责任者	1	717 Ⅰ	主体（损害赔偿责任）	
对损害原因有另有负该责任者时	1	717 Ⅲ	要件（求偿请求权）	
使赔偿损害	1	416 Ⅰ	效果（请求・损害赔偿）	
损害必须赔偿	1	711	效果（损害赔偿责任）	
负赔偿损害的责任	1	709	效果（损害赔偿责任）	

（续表）

用语	频度	条文	性质
不负赔偿损害的责任	1	716	效果（障碍·请求·损害赔偿）
代替损害赔偿，或与损害赔偿同时	1	723	效果（请求·名誉恢复处分）
得决定损害赔偿额	1	722Ⅱ	效果（过失相抵）
预定损害赔偿额	1	420Ⅰ	要件（赔偿额增减的禁止）
损害赔偿的请求	3	416Ⅰ,545Ⅲ,724	效果（请求·损害赔偿）
不妨碍损害赔偿的请求	1	545Ⅲ	效果（请求·损害赔偿）
负损害赔偿责任者	1	710	主体
决定损害赔偿责任及其数额	1	418	效果（当事人自治）
损害赔偿的范围	1	416	标题（416）
243 损害赔偿的方法	2	722	标题（417）
损害赔偿的方法及过失相抵	1	722	标题（722）
先于其他债权人接受对自己债权清偿的权利	1	369Ⅰ	定义（担保物权）
享有先于其他债权人接受对自己债权清偿的权利	1	369Ⅰ	效果（发生·优先清偿权）
他人	18	109,113Ⅰ,162ⅠⅡ,295Ⅰ,446Ⅲ,703,709,710,711,715,717,719,723	主体

（续表）

用语	频度	条文	性质
波及到他人的损失	1	703	要件（不当得利）
侵害了他人的权利或法律上受保护利益者	1	709	主体（损害赔偿责任）
侵害他人的财产权的场合	1	710	要件（损害赔偿责任）
因他人的财产或劳务受利益	1	703	要件（不当得利）
侵害了他人的身体，自由或者名誉的场合	1	710	要件（损害赔偿责任）
侵害了他人的生命者	1	711	主体（生命侵害）
他人之物	3	162 Ⅰ Ⅱ，295	客体
他人之物的占有人	1	295 Ⅰ	主体
毁损了他人的名誉者	1	723	主体（恢复名誉处分）
不得对抗	9	94 Ⅱ，96 Ⅲ，113 Ⅱ，177，395 Ⅰ，466 Ⅱ，467 Ⅰ Ⅱ，505 Ⅱ	效果（对抗不能）
不得对抗（–债务人或其他第三人）	1	467 Ⅰ	效果（对抗不能·债务人·第三人）
不得对抗（–善意第三人）	4	94 Ⅱ，96 Ⅲ，466 Ⅱ，505 Ⅱ	效果（对抗不能）
不得对抗（–对方）	1	113 Ⅱ	效果（对抗不能）
不得对抗（–第三人）	7	94 Ⅱ，96 Ⅲ，177，466 Ⅱ，467 Ⅰ Ⅱ，505 Ⅱ	效果（对抗不能）
不得对抗（–抵押权人）	1	395 Ⅰ	效果（对抗不能·抵押权人）

（续表）

用语	频度	条文	性质
对抗要件	2	177,467	要件（对抗不能）
支付价款	1	555	效果（义务·价款支付）
代物清偿	1	482	标题（482）
244 代理权	6	109,110,113	权利
代理权的范围内	1	109	权利
无代理权者	1	113 Ⅰ	主体
代理权授予	2	109,110	权利
因代理权授予表示的表见代理	2	109,110	标题（109）
代理行为	1	99	熟语
代理行为的要件及效果	1	99	标题（99）
代理人	7	99 Ⅰ Ⅱ，110，113 Ⅰ，724,787	主体
第958条〔继承人的搜索公告〕的期间届满后3个月以内必须	1	958_3 Ⅱ	效果（给特别缘故者的财产分与）
第三人	20		主体
第三人（占有标的物的-）	1	166 Ⅱ	主体
第三人实施了欺诈的场合	1	96 Ⅱ	要件（撤销）
对第三人表示了给予了他人代理权的意思的人	1	109	主体
不得对抗第三人	7	94 Ⅱ，96 Ⅲ，177,466 Ⅱ，467 Ⅰ Ⅱ，505 Ⅱ	效果（对抗不能）

（续表）

用语	频度	条文	性质
让第三人使用和收益租借物时	1	612 Ⅱ	要件（消灭·解除）
不得侵害第三人的权利	1	545 Ⅰ	效果（对抗不能·第三人）
第三取得者之一人，按各不动产价格，对其他第三取得者代位债权人	1	501 三	效果（得代位）
第三取得者，对保证人不代位债权人	1	501 二	效果（代位不能）
知道，或因过失未知时	1	109	要件（无权代理）
知道，或能够知道时	1	93	要件（无效）
地上权及永佃权	1	369 Ⅱ	权利
地价	1	388	单词
地价，依当事人请求，法院做决定	1	388	效果（裁量·法院·地价）
中断	4	147	单词
订货人	3	716	主体（损害赔偿责任·免责）
订货人的责任	1	716	标题（716）
对订货或指示该订货人有过失时	1	716	要件（损害赔偿责任）
直接生其效力	1	99 Ⅰ	效果（发生·直接效力）
借贷权的转让及转借的限制	1	612	标题（612）
租借权转让	1	612 Ⅰ	要件（消灭·解除）

245

（续表）

用语	频度	条文	性质
租借人	2	612Ⅰ Ⅱ	主体
转租租借物	1	612Ⅰ	要件(消灭·解除)
借贷	1	304Ⅰ	单词
租赁	8	395Ⅰ,601,605,616	标题(601)
对借贷准用(使用借贷的规定-)	1	616	准用
借贷人	2	612Ⅰ Ⅱ	主体
支付租赁费	1	601	效果(义务·租赁费支付)
追认	2	113Ⅰ Ⅱ	单词
通常会发生的损害	1	416Ⅰ	要件(损害赔偿·通常损害)
通知	3	467Ⅰ Ⅱ,493	单词
停止条件	3	127,166Ⅱ	熟语
附停止条件的权利	1	166Ⅱ	权利
附停止条件的法律行为	1	127Ⅰ	熟语
定着物	1	86Ⅰ	客体(有体物)
抵押建筑物使用人	3	395	主体
抵押建筑物使用人的交付缓期	1	395	标题(395)
抵押权的内容	1	369	标题(369)
抵押权的标的〔标的物〕	3	369Ⅱ,396Ⅰ,501一	客体
抵押权人	2	369Ⅰ,395Ⅰ	主体
必须适合	1	1Ⅰ	效果(义务·适合性)

(续表)

用语	频度	条文	性质	
不适用	5	295 Ⅱ, 395 Ⅱ, 424 Ⅱ, 466 Ⅱ, 505 Ⅱ	效果(不适用·条文)	
撤回	1	540 Ⅱ	单词	
不得撤回	1	540 Ⅱ	效果(禁止·撤回)	
转得受益人	1	424 Ⅰ	主体	
指电子性方式，磁气性方式及其他依人的知觉不能认识的方式所做记录，供由电子计算机信息处理之用的数据	1	446 Ⅲ	定义(电磁性记录)	
电磁性记录	1	446 Ⅲ	单词	246
登记	5	177, 501 一, 605	单词	
土地	5	86 Ⅰ, 388, 717	客体(有体物)	
土地工作物	2	717	客体(不动产)	
土地工作物的设置或保存有瑕疵	1	717 Ⅰ	要件(损害赔偿责任)	
因土地工作物的设置或保存有瑕疵致使他人发生损害时	1	717 Ⅰ	要件(损害赔偿责任)	
土地工作物等的占有人及所有人的责任	1	717	标题(717)	
土地及存于其上的建筑物	1	388	客体	
土地及存于其上的建筑物属同一所有人的场合	1	388	要件(法定地上权)	
土地及其定着物	1	86 Ⅰ	客体(有体物)	

（续表）

用语	频度	条文	性质
对土地或建筑物设定抵押权,因其实行致所有人不同时	1	388	要件(法定地上权)
当事人	32		主体
当事人预见该事情，或能够预见时	1	416Ⅱ	要件(损害赔偿・特别事情损害)
当事人预定相互让步停止其间存在的争议的行为	1	695,696	定义(和解)
当事人表示了反对意思的场合	2	466Ⅱ,505Ⅱ	要件(障碍・债权的转让性)
当事人之一方	16		主体
当事人之一方约定完成某工作,对方约定对该工作结果支付其报酬的行为	1	631	定义(承包)
当事人之一方约定以某物使对方使用及收益,对方与此相对约定支付其租赁费的行为	1	601	定义(租赁)
当事人之一方行使了解除权时	1	545Ⅰ	要件(原状恢复)
247 当事人之一方不履行其债务的场合	1	541	要件(解除)
当事人之一方向对方的意思表示	1	506Ⅰ	要件(相抵)

（续表）

用语	频度	条文	性质
当事人之一方享有解除权时	1	540 Ⅰ	要件(解除)
当事人之一方约定以种类、品质及数量相同物返还，从对方受取金钱及其他物的行为	1	587	定义(消费借贷)
当事人之一方向对方约定从事劳动，对方与此相对约定给予报酬的行为	1	623	定义(雇用)
当事人之一方在对方不利时期解除了委任时	1	651 Ⅱ	要件(障碍·消灭·解除)
当事人之一方将实施法律行为委托对方，对方承诺此事的行为	1	643	定义(委任)
当事人之一方，必须赔偿对方的损害	1	651 Ⅱ	效果(义务·损害赔偿)
当事人，得向家庭法院请求代替协议的处分	1	768 Ⅱ	效果(请求·代替协议的处分)
当事人间协议不成或协议不能时	1	768 Ⅱ	要件(代替财产分与的处分)
当事人双方考虑由该合作所得财产额及其他一切事情	1	768 Ⅲ	要件(财产分与额及方法)
动产	5	86,192	客体(有体物)

（续表）

	用语	频度	条文	性质
	动产及不动产	1	86	标题(86)
	同居	2	752	单词
	同居、互助及扶助的义务	1	752	标题(752)
	同时履行的抗辩	1	533	标题(533)
	作为同样	5	304,415,494,719,724	效果(可以)
	因特别事情所生损害	1	416Ⅱ	要件(损害赔偿・特别事情损害)
248	有特别事由时	1	907Ⅲ	要件(障碍・遗产分割审判)
	对特别缘故者的继承财产分与	1	958_3	标题(958_3)
	特别受益人的继承份	1	903	标题(903)
	若无特约	1	648	要件(报酬请求)
	二人相互负担有同种标的债务的场合	1	505Ⅰ	要件(相抵)
	任意性规定	2	91,92	熟语
	与任意性规定不同的意思表示	1	91	标题(91)
	与任意性规定不同的习惯	1	92	标题(92)
	亲子关系确认	4	787,819	单词
	亲子关系确认之诉	2	787	标题(787)
	得提起亲子关系确认之诉	1	787	效果(亲子关系确认之诉)

(续表)

用语	频度	条文	性质
被配偶恶意遗弃时	1	770 Ⅰ 二	要件(裁判上的离婚)
配偶罹患强度精神病,康复无望时	1	770 Ⅰ 四	要件(裁判上的离婚)
配偶有不贞行为时	1	770 Ⅰ 一	要件(裁判上的离婚)
配偶生死不明 3 年以上时	1	770 Ⅰ 三	要件(裁判上的离婚)
买受人对抵押建筑物使用人进行规定相当期间做其 1 个月份以上支付的催告,在该相当期间内不履行的场合	1	395 Ⅱ	要件(障碍·抗辩权·交付缓期)
出售	1	304 Ⅰ	单词
卖主的瑕疵担保责任	1	570	标题(570)
买卖	3	555,570,570	标题(555)
负赔偿责任	2	704,719	效果(义务·损害赔偿)
得请求赔偿	2	415,416 Ⅱ	效果(请求·损害赔偿)
赔偿额的预定	3	420	标题(420)
受害人	5	711, 717 Ⅰ, 722 Ⅱ, 723,724	主体(损害赔偿·原状恢复请求)
受害人有过失时	1	722 Ⅱ	要件(过失相抵)
受害人的父母、配偶者及子女	1	711	主体(损害赔偿请求)
受害人或其法定代理人自知道损害及加害人时起 3 年间不行使时	1	724	要件(消灭·消灭时效)

249

（续表）

用语	频度	条文	性质
被继承人	9	896，903 Ⅰ Ⅲ，907 Ⅰ，985の3 Ⅰ	主体（继承）
除被继承人遗嘱禁止的场合	1	907 Ⅰ	要件（障碍·遗产分割协议）
被继承人表示了与前两款规定不同的意思时	1	903 Ⅲ	要件（继承份算定额的受领）
被继承人在继承开始时已有财产价额加上赠与的价额视为继承财产	1	903 Ⅰ	视为（视为继承财产）
与被继承人同生计者	1	958_3 Ⅰ Ⅰ	主体（向特别缘故者的财产分与）
被继承人与有特别缘故者	1	958_3 Ⅰ	主体（向特别缘故者的财产分与）
被继承人一身专属的事项	1	896	客体（障碍·继承）
被继承人的财产	1		客体（继承）
被继承人的疗养看护者	1	958_3 Ⅰ	主体（向特别缘故者的财产分与）
被用人	3	715 Ⅰ Ⅲ	主体（侵权行为责任）
必要事项	1	766 Ⅰ	熟语
表意者	4	93，95	主体
不确定期限	1	412 Ⅱ	熟语
不动产	16	86，177，369，395 Ⅰ 二，501 一，三，六，605	单词
不动产（−的第三取得者）	1	501 Ⅰ	熟语
不动产（−的租赁）	1	605	熟语

（续表）

用语	频度	条文	性质	
不动产（－以外的物）	1	86 Ⅱ	客体（有体物）	
不动产（各－的价格）	1	501 三	熟语	
不动产（不转移占有提供债务担保的－）	1	369 Ⅰ	客体	
不动产（担保－收益执行）	1	395 Ⅰ 二	单词	
对不动产取得物权者	1	605	主体	
关于不动产物权变动的对抗要件	1	177	标题（177）	
不动产的租赁	1	605	熟语	
不动产质权	2	501 一	权利	
不动产租赁	1	605	单词	250
不动产租赁的对抗力	1	605	标题（605）	
不动产登记法	1	177	单词	
不法原因	2	708	熟语	
不法原因仅对受益人存在时	1	708	要件（返还请求）	
因不法原因作出了给付者	1	708	主体（不法原因给付）	
不法原因给付	1	708	标题（708）	
侵权行为	8	295 Ⅱ，709，719，722 Ⅰ，724	单词	
因侵权行为的损害赔偿	4	709，722 Ⅰ，724	标题（709）	

(续表)

用语	频度	条文	性质
因侵权行为的损害赔偿请求权的期间限制	1	724	标题(724)
侵权行为时起经过20年时	1	724	要件(消灭·消灭时效)
夫妇	3	752,760,770	单词
夫妇之一方,得提起离婚之诉	1	770Ⅰ	效果(裁判上的离婚)
夫妇,分担婚姻所生费用	1	760	效果(义务·婚姻费用的分担)
夫妇必须同居,相互协助扶助	1	752	效果(义务·夫妇同居协助)
扶助	2	752	单词
父对亲子关系确认之子女的亲权,限父母协议将父定为亲权人时	1	819Ⅳ	效果(将父定为亲权人)
父母	8	711,766ⅠⅢ,819ⅠⅡⅢⅣ	单词
父母协议离婚时	2	766Ⅰ,819Ⅰ	要件(离婚后子女的监护,亲权)
父或母死亡之日起经过3年时	1	787	效果(障碍·亲子关系确认之诉)
依父或母的请求	1	819Ⅴ	要件(家庭法院的审判)
代替负担的给付做其他给付时	1	482	要件(消灭·有效清偿)
支付	1	304Ⅰ	单词
相关物所生债权	1	295Ⅰ	权利

(续表)

用语	频度	条文	性质	
享有相关物所生债权时	1	295 Ⅰ	要件(抗辩权·交付拒绝)	
使对方进行物的使用及收益	1	601	效果(使义务·使用·收益)	251
得留置物	1	295 Ⅰ	效果(得行使)	
物权	6	176,177,304 Ⅱ,605	权利	
物权的设定	2	176	权利	
物权的设定及转移	2	176	标题(176)	
物权的对价	1	304 Ⅱ	熟语	
物权的得丧	1	177	权利	
物权的得丧及变更	1	177	熟语	
物权的变动	1	177	权利	
物上代位	2	304,372	标题(304)	
物上保证人	5	372,501 四,五,372		
物上保证人有数人时,对除去保证人负担部分的余额,按各财产价格,代位债权人	1	501 五	效果(得代位)	
物上保证人之一人,按各财产价格,对其他物上保证人代位债权人	1	501 四	效果(得代位)	
物上保证人的求偿权	1	372	准用	
分担	1	760	单词	

（续表）

用语	频度	条文	性质
平稳	3	162 Ⅰ Ⅱ，192	单词
没有其他意思表示时	1	404	要件（法定利率）
返还	12	545 Ⅱ，587，616，666 Ⅱ，703，704	效果（义务·原状恢复）
返还（随时得请求-）	1	666 Ⅱ	效果（请求·寄托物的返还）
返还（约定进行-）	1	587	要件（消费借贷）
返还（未约定时期-时）	1	666 Ⅱ	要件（消费寄托的返还时期）
返还（恶意受益人的-义务）	1	704	效果（义务·返还·不当得利）
返还（以金钱进行-时）	1	545 Ⅱ	要件（利息返还）
返还（借用物的-时期）	1	616	效果（请求·返还·借用物）
返还（不当得利的-义务）	1	703	效果（请求·返还·不当得利）
未定返还时期时	1	666 Ⅱ	要件（返还请求）
252 具有与清偿同一的效力	1	482	效果（消灭·有效清偿）
因清偿代位的效果	1	501	标题（501）
以通知已做清偿准备并进行该受领的催告为足	1	493	要件（抗辩权·口头的清偿提供）
清偿的提供	2	493	单词
清偿提供的方法	1	493	标题（493）
清偿的标的物	1	494	客体
已清偿的人	1	478	主体

（续表）

用语	频度	条文	性质
能够进行清偿的人	1	494	主体
无清偿期时	2	295Ⅰ,533	要件（障碍·抗辩权·交付拒绝）
无清偿期时（债权－）	1	295Ⅰ	要件（障碍·抗辩权·交付拒绝）
无清偿期时（债务－）	1	533	要件（障碍·抗辩权·同时履行）
无清偿期时（对方的债务－）	1	533	要件（障碍·抗辩权·同时履行）
清偿人	2	494	主体
清偿人无过失不能确知债权人时	1	494	要件（消灭·提存）
保证契约	3	446ⅡⅢ	单词
保证人	11	372,446,501,一,二,四,五	主体
保证人与物上保证人之间，按其数，代位债权人	1	501五	效果（得代位）
保证人的责任	1	446	标题（446）
保证人，若未预先在先取特权，不动产质权或抵押权登记附记其代位	1	501一	要件（依清偿的代位）
保存行为	1	423Ⅱ	单词
报酬	8	623,632,648	单词
支付报酬	1	632	效果（义务·报酬支付）
给予报酬	1	623	效果（义务·报酬支付）

（续表）

用语	频度	条文	性质
放弃	2	146	单词
法人	5	33 Ⅰ Ⅱ	主体（权利能力）
法人的成立等	1	33	标题（33）
253 法定代理人	2	724,787	主体
法定地上权	1	388	标题（388）
法定利率	1	404	标题（404）
法律	11	33 Ⅰ Ⅱ,90,91,177,540 Ⅰ,703,709	单词
若不依法律规定	1	33 Ⅰ	要件（障碍·成立）
依法律之规定	1	33 Ⅱ	效果（法律规定）
法律行为	10	91,92,95,127 Ⅰ Ⅱ,424 Ⅰ Ⅱ,643,656	单词
法律行为（附解除条件-）	1	127 Ⅱ	熟语
法律行为（不以财产权为标的-）	1	424 Ⅱ	熟语
法律行为（附停止条件的-）	1	127 Ⅰ	熟语
非法律行为事务的委托	1	656	定义（准委任）
非法律行为事务的委托	1	656	要件（准委任）
法律行为的撤销得向法院请求	1	424 Ⅰ	效果（欺诈行为的撤销）
法律行为的当事人	2	91,92	熟语
法律行为的要素	1	95	熟语
无法律上的原因	1	703	要件（不当得利）

（续表）

用语	频度	条文	性质	
无法律上的原因受到由他人的财产或劳务而来的利益，为此波及他人受损失者	1	703	主体（受益人）	
法令	3	91，92，206	单词	
法令的限制内	1	206	熟语	
不妨	4	166 Ⅱ，420 Ⅱ，545 Ⅲ，715 Ⅲ	效果（有效）	
不妨碍（-行使）	2	420 Ⅱ，715 Ⅲ	效果（得行使）	
不妨碍（-时效进行）	1	166 Ⅱ	效果（时效的进行）	
本旨	3	415，416 Ⅱ	标的	
本旨（委任的-）	1	644	标的	
本旨（债务的-）	2	415，493	标的	
本人	4	99 Ⅰ，113 Ⅰ	主体	
或、和	67		逻辑词	
无权代理	1	113	标题（113）	
无效	6	90，93，94 Ⅰ Ⅱ，95	效果（无效）	
作为无效	4	90，93，94 Ⅰ，95	效果（无效）	
名誉毁损中的原状恢复	1	723	标题（723）	254
灭失和损伤	1	304 Ⅰ	熟语	
标的物	5	166 Ⅱ，304 Ⅰ Ⅱ，494，570	客体	
标的物（权利的-）	1	166 Ⅱ	客体	
标的物（先取特权的-）	1	304 Ⅱ	客体	

（续表）

用语	频度	条文	性质
标的物(买卖的-)	1	570	熟语
标的物(清偿的-)	1	494	客体
标的物的出售，租赁，灭失和损伤	1	304 Ⅰ	要件(优先清偿)
不要	1	395 Ⅰ	效果(不要)
养子收养	1	903 Ⅰ	熟语
滥用	1	1 Ⅲ	单词
利益所存限度	1	703	要件(返还请求)
在利益所存限度，负返还此之义务	1	703	效果(义务·返还·不当得利)
利息	3	404，545 Ⅱ，704	单词
应生利息的债权	1	404	权利
利率	2	404	单词
得按履行比例请求报酬	1	648 Ⅲ	效果(请求·比例的报酬)
履行的催告	1	541	熟语
履行的请求	2	412 Ⅲ，420 Ⅱ	熟语
接受了履行的请求时	1	412 Ⅲ	要件(债务不履行·迟滞)
不妨碍履行的请求或解除权的行使	1	420 Ⅱ	效果(得行使·履行请求或解除)
负实施履行的责任	1	446 Ⅰ	效果(履行责任)
履行期	1	412	单词
履行期与履行迟滞	1	412	标题(412)
履行迟滞	2	412，541	单词

（续表）

用语	频度	条文	性质
因履行迟滞等的解除权	1	541	标题(541)
离婚	11	766,768 Ⅰ Ⅱ,770,819	单词
离婚时起经过 2 年时	1	768 Ⅱ	要件(代替财产分与协议的处分)
离婚之诉	1	770 Ⅰ	效果(裁判上的离婚)
有关离婚后子女监护事项的规定等	1	766	标题(766)
离婚和亲子关系确认场合的亲权人	1	819	标题(819)
留置权	3	295,372	权利	255
留置权的内容	1	295	标题(295)
留置权的不可分性	1	372	准用
留置权等规定的准用	1	372	标题(372)
从事劳动	1	623	效果(义务·劳动从事)
和解	1	695	标题(695)
帮助者	1	719 Ⅱ	主体(共同侵权行为)
瑕疵	4	570,717 Ⅰ	单词
瑕疵(竹木的栽植或支持有-)	1	717 Ⅰ	要件(土地工作物责任)
瑕疵(土地工作物的设置或保存有-)	1	717 Ⅰ	要件(土地工作物责任)
瑕疵(买卖标的物有隐藏的-时)	1	570	要件(瑕疵担保责任)

3. 财产法体系图

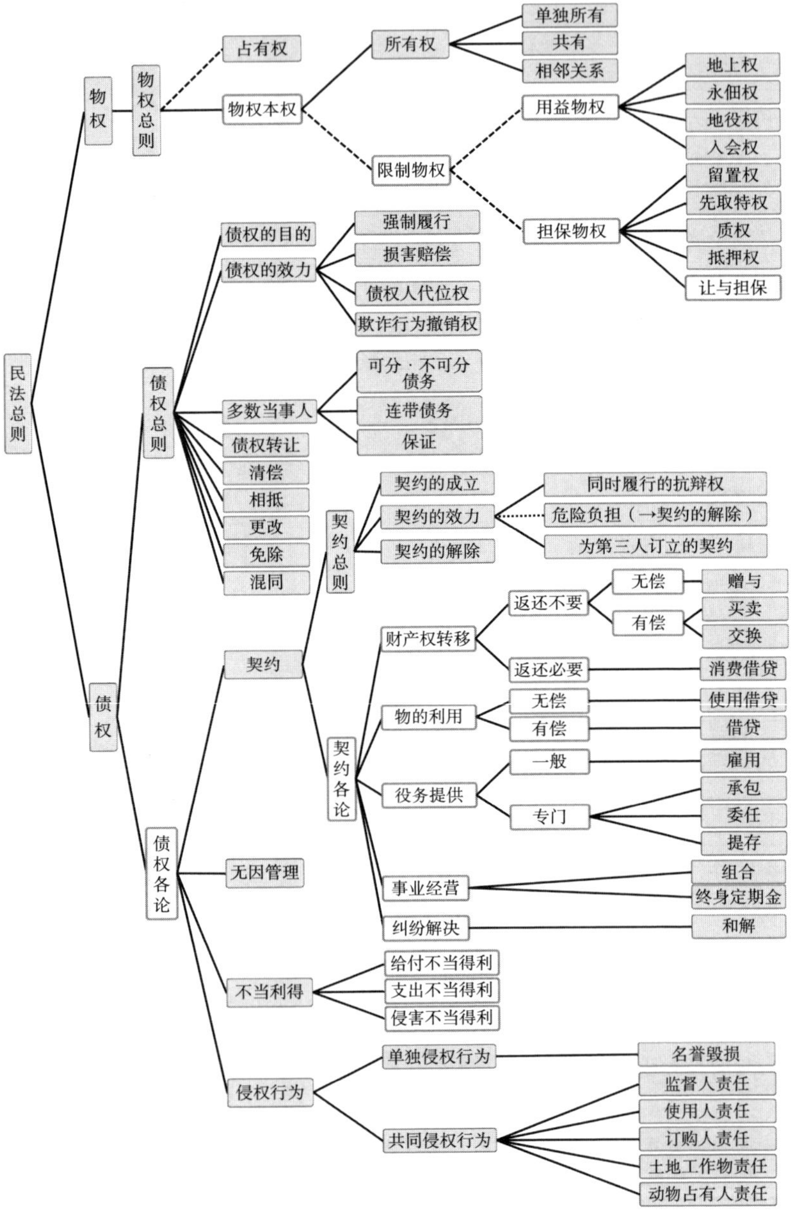
民法总则
物权
物权总则
占有权
物权本权
所有权
单独所有
共有
相邻关系
限制物权
用益物权
地上权
永佃权
地役权
入会权
担保物权
留置权
先取特权
质权
抵押权
让与担保
债权
债权总则
债权的目的
债权的效力
强制履行
损害赔偿
债权人代位权
欺诈行为撤销权
多数当事人
可分·不可分债务
连带债务
保证
债权转让
清偿
相抵
更改
免除
混同
债权各论
契约
契约总则
契约的成立
契约的效力
同时履行的抗辩权
危险负担（→契约的解除）
为第三人订立的契约
契约的解除
契约各论
财产权转移
返还不要
无偿
赠与
有偿
买卖
交换
返还必要
消费借贷
物的利用
无偿
使用借贷
有偿
借贷
役务提供
一般
雇用
专门
承包
委任
提存
事业经营
组合
终身定期金
纠纷解决
和解
无因管理
不当利得
给付不当得利
支出不当得利
侵害不当得利
侵权行为
单独侵权行为
名誉毁损
共同侵权行为
监督人责任
使用人责任
订购人责任
土地工作物责任
动物占有人责任

4. 家族法体系图

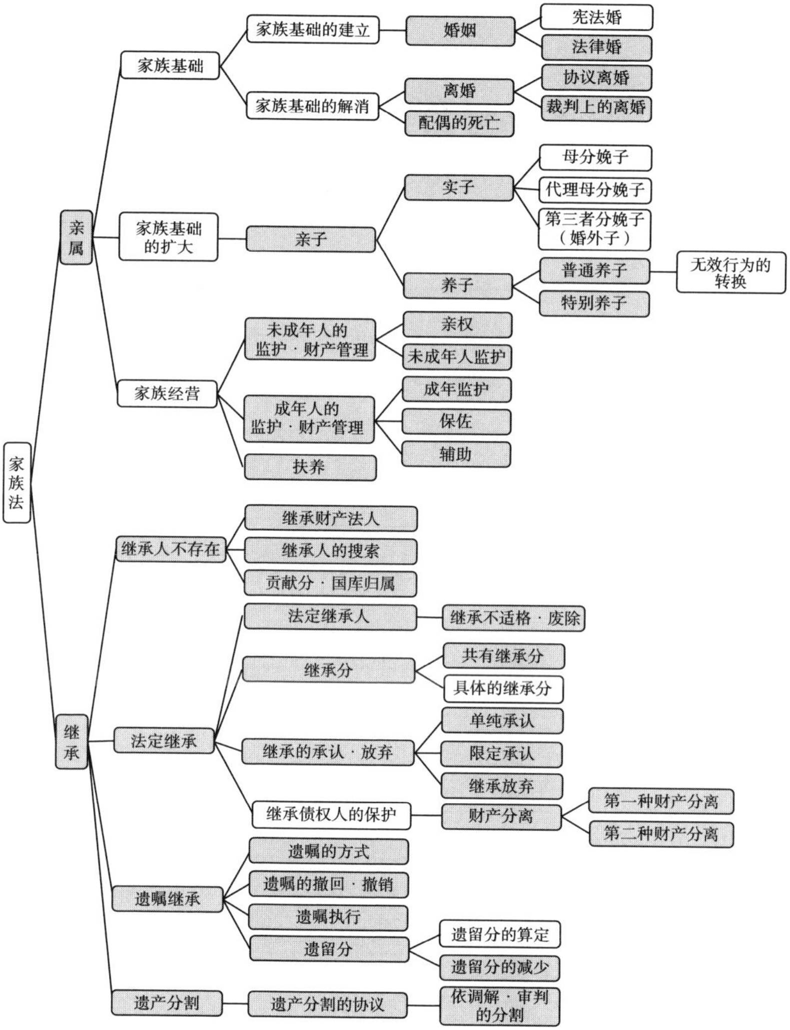
家族法
亲属
家族基础
家族基础的建立
婚姻
宪法婚
法律婚
家族基础的解消
离婚
协议离婚
裁判上的离婚
配偶的死亡
家族基础的扩大
亲子
实子
母分娩子
代理母分娩子
第三者分娩子（婚外子）
养子
普通养子
无效行为的转换
特别养子
家族经营
未成年人的监护·财产管理
亲权
未成年人监护
成年人的监护·财产管理
成年监护
保佐
辅助
扶养
继承
继承人不存在
继承财产法人
继承人的搜索
贡献分·国库归属
法定继承
法定继承人
继承不适格·废除
继承分
共有继承分
具体的继承分
继承的承认·放弃
单纯承认
限定承认
继承放弃
继承债权人的保护
财产分离
第一种财产分离
第二种财产分离
遗嘱继承
遗嘱的方式
遗嘱的撤回·撤销
遗嘱执行
遗留分
遗留分的算定
遗留分的减少
遗产分割
遗产分割的协议
依调解·审判的分割

日本年号与公历年对照表

日本年号	公历年
明治 29 年	1896 年
明治 30 年	1897 年
明治 31 年	1898 年
明治 32 年	1899 年
明治 33 年	1900 年
明治 34 年	1901 年
明治 35 年	1902 年
明治 36 年	1903 年
明治 37 年	1904 年
明治 38 年	1905 年
明治 39 年	1906 年
明治 40 年	1907 年
明治 41 年	1908 年
明治 42 年	1909 年
明治 43 年	1910 年
明治 44 年	1911 年
明治 45 年 大正元年	1912 年

（续表）

日本年号	公历年
大正 2 年	1913 年
大正 3 年	1914 年
大正 4 年	1915 年
大正 5 年	1916 年
大正 6 年	1917 年
大正 7 年	1918 年
大正 8 年	1919 年
大正 9 年	1920 年
大正 10 年	1921 年
大正 11 年	1922 年
大正 12 年	1923 年
大正 13 年	1924 年
大正 14 年	1925 年
大正 15 年 昭和元年	1926 年
昭和 2 年	1927 年
昭和 3 年	1928 年
昭和 4 年	1929 年
昭和 5 年	1930 年
昭和 6 年	1931 年
昭和 7 年	1932 年
昭和 8 年	1933 年
昭和 9 年	1934 年
昭和 10 年	1935 年
昭和 11 年	1936 年

（续表）

日本年号	公历年
昭和 12 年	1937 年
昭和 13 年	1938 年
昭和 14 年	1939 年
昭和 15 年	1940 年
昭和 16 年	1941 年
昭和 17 年	1942 年
昭和 18 年	1943 年
昭和 19 年	1944 年
昭和 20 年	1945 年
昭和 21 年	1946 年
昭和 22 年	1947 年
昭和 23 年	1948 年
昭和 24 年	1949 年
昭和 25 年	1950 年
昭和 26 年	1951 年
昭和 27 年	1952 年
昭和 28 年	1953 年
昭和 29 年	1954 年
昭和 30 年	1955 年
昭和 31 年	1956 年
昭和 32 年	1957 年
昭和 33 年	1958 年
昭和 34 年	1959 年
昭和 35 年	1960 年
昭和 36 年	1961 年

（续表）

日本年号	公历年
昭和 37 年	1962 年
昭和 38 年	1963 年
昭和 39 年	1964 年
昭和 40 年	1965 年
昭和 41 年	1966 年
昭和 42 年	1967 年
昭和 43 年	1968 年
昭和 44 年	1969 年
昭和 45 年	1970 年
昭和 46 年	1971 年
昭和 47 年	1972 年
昭和 48 年	1973 年
昭和 49 年	1974 年
昭和 50 年	1975 年
昭和 51 年	1976 年
昭和 52 年	1977 年
昭和 53 年	1978 年
昭和 54 年	1979 年
昭和 55 年	1980 年
昭和 56 年	1981 年
昭和 57 年	1982 年
昭和 58 年	1983 年
昭和 59 年	1984 年
昭和 60 年	1985 年
昭和 61 年	1986 年

（续表）

日本年号	公历年
昭和 62 年	1987 年
昭和 63 年	1988 年
昭和 64 年 平成元年	1989 年
平成 2 年	1990 年
平成 3 年	1991 年
平成 4 年	1992 年
平成 5 年	1993 年
平成 6 年	1994 年
平成 7 年	1995 年
平成 8 年	1996 年
平成 9 年	1997 年
平成 10 年	1998 年
平成 11 年	1999 年
平成 12 年	2000 年
平成 13 年	2001 年
平成 14 年	2002 年
平成 15 年	2003 年
平成 16 年	2004 年
平成 17 年	2005 年
平成 18 年	2006 年
平成 19 年	2007 年
平成 20 年	2008 年
平成 21 年	2009 年
平成 22 年	2010 年

（续表）

日本年号	公历年
平成 23 年	2011 年
平成 24 年	2012 年
平成 25 年	2013 年
平成 26 年	2014 年
平成 27 年	2015 年
平成 28 年	2016 年
平成 29 年	2017 年
平成 30 年	2018 年
平成 31 年 令和元年	2019 年

译后记

加贺山茂教授是译者攻读名古屋大学博士学位时期的导师。当收到他的这部大作后，我立刻被其独特的构思，动态、流畅的结构，简洁又不失深刻的解析所吸引，因此产生了译成中文，让广大中国读者也能受益的想法。加贺山茂教授得知后不仅欣然同意我翻译该书，还尽力协调版权事宜。与此同时，我知道李昊教授策划的“法律人进阶译丛”意在培养高端法律人才，提升国人法治观念，建设法治国家，这一宏大构想与本书立意完全契合。一经联系李昊教授，立即得到他的青睐，并马上决定将此书纳入“法律人进阶译丛”。

本书的翻译是集体智慧的结晶。大家都知道，民法是一个庞大的知识体系，要清晰地说出任何一个概念，都必须把握其原理，翻译过程中遇到困难和问题是不可避免的。在遇到债权法方面的问题时，为我提供解答的是清华大学的韩世远教授；在物权法和亲属法方面遇到问题时，北京大学的常鹏翱教授为我释疑解惑；中国政法大学的辛崇阳教授也为我提供了许多必要的资料；中国社会科学院法学研究所民法研究室的谢鸿飞教授、朱广新教授和窦海阳教授也都为译者的工作提供了诸多帮助与便利。

日本亚洲经济研究所小林昌之主任研究员（教授）和日本中央大学通山昭治教授在资料和翻译技巧等诸多方面给予了译者指导和帮助。

北京大学出版社陆建华副编审亲自担任责任编辑，参与审稿，指出文稿中的问题，订定译著名称，帮助译者转换书稿电子版中的图表，悉心编排纸样，三天之内就形成书稿的雏形，编辑业务之熟，法学功底之深，文笔之秀跃然纸上！这种严肃、严谨、高效的工作精神值得每一位文字工作者学习。责任编辑陆飞雁细读译稿全文，字斟句酌，将译者佶屈聱牙的译文，转化为通顺流畅的中文。没有他们的“二次翻译”就没有本书晓畅明快的汉语文本之呈现。有这样优秀的法学著作出版人把关助推，何愁法原理难以飞入寻常百姓家？

衷心感谢诸位精英对译者工作的大力支持，期待本书在中国读者民法观念的养成方面发挥应有的作用！

于　敏

2023 年 7 月 19 日

法律人进阶译丛

⊙法学启蒙

《法律研习的方法：作业、考试和论文写作（第10版）》，〔德〕托马斯 · M. J. 默勒斯 著，2024年出版
《如何高效学习法律（第8版）》，〔德〕芭芭拉 · 朗格 著，2020年出版
《如何解答法律题：解题三段论、正确的表达和格式（第11版增补本）》，〔德〕罗兰德 · 史梅尔 著，2019年出版
《法律职业成长：训练机构、机遇与申请（第2版增补本）》，〔德〕托尔斯滕 · 维斯拉格 等著，2021年出版
《法学之门：学会思考与说理（第4版）》，〔日〕道垣内正人 著，2021年出版

⊙法学基础

《法律解释（第6版）》，〔德〕罗尔夫 · 旺克 著，2020年出版
《法律推理：普通法上的法学方法论》，〔美〕梅尔文 · A. 艾森伯格 著，2025年出版
《法理学：主题与概念（第3版）》，〔英〕斯科特 · 维奇 等著，2023年出版
《基本权利（第8版）》，〔德〕福尔克尔 · 埃平 等著，2023年出版
《德国刑法基础课（第7版）》，〔德〕乌韦 · 穆尔曼 著，2023年出版
《刑法分则I：针对财产的犯罪（第21版）》，〔德〕伦吉尔 著，待出版
《刑法分则II：针对人身与国家的犯罪（第20版）》，〔德〕伦吉尔 著，待出版
《民法学入门：民法总则讲义 · 序论（第2版增订本）》，〔日〕河上正二 著，2019年出版
《民法的基本概念（第2版）》，〔德〕汉斯 · 哈腾豪尔 著，待出版
《意大利民法总论》，〔意〕弗朗切斯科 · 桑多罗 · 帕萨雷里 著，2025年出版
《德国民法总论（第44版）》，〔德〕赫尔穆特 · 科勒 著，2022年出版
《德国物权法（第32版）》，〔德〕曼弗雷德 · 沃尔夫 等著，待出版
《德国债法各论（第16版）》，〔德〕迪尔克 · 罗歇尔德斯 著，2024年出版
《通过100个条文学民法》，〔日〕加贺山茂 著，2025年出版

⊙法学拓展

《奥地利民法概论：与德国法相比较》，〔奥〕伽布里菈 · 库齐奥 等著，2019年出版
《所有权的终结：数字时代的财产保护》，〔美〕亚伦 · 普赞诺斯基 等著，2022年出版
《合同设计方法与实务（第3版）》，〔德〕阿德霍尔德 等著，2022年出版
《合同的完美设计（第5版）》，〔德〕苏达贝 · 卡玛纳布罗 著，2022年出版

《民事诉讼法（第4版）》，［德］彼得拉·波尔曼 著，待出版
《德国消费者保护法》，［德］克里斯蒂安·亚历山大 著，2024年出版
《公司法的精神：欧陆公司法的核心原则》，［德］根特·H. 罗斯 等 著，2024年出版
《日本典型担保法》，［日］道垣内弘人 著，2022年出版
《日本非典型担保法》，［日］道垣内弘人 著，2022年出版
《担保物权法（第4版）》，［日］道垣内弘人 著，2023年出版
《日本信托法（第2版）》，［日］道垣内弘人 著，2024年出版
《医师法讲义》，［日］大谷实 著，2024年出版

⊙案例研习

《德国大学刑法案例辅导（新生卷·第三版）》，［德］埃里克·希尔根多夫 著，2019年出版
《德国大学刑法案例辅导（进阶卷·第二版）》，［德］埃里克·希尔根多夫 著，2019年出版
《德国大学刑法案例辅导（司法考试备考卷·第二版）》，［德］埃里克·希尔根多夫 著，2019年出版
《德国民法总则案例研习（第5版）》，［德］尤科·弗里茨舍 著，2022年出版
《德国债法案例研习I：合同之债（第6版）》，［德］尤科·弗里茨舍 著，2023年出版
《德国债法案例研习II：法定之债（第3版）》，［德］尤科·弗里茨舍 著，待出版
《德国物权法案例研习（第4版）》，［德］延斯·科赫、马丁·洛尼希 著，2020年出版
《德国家庭法案例研习（第13版）》，［德］施瓦布 著，待出版
《德国劳动法案例研习：案例、指引与参考答案（第4版）》，［德］阿博·容克尔 著，2024年出版
《德国商法案例研习（第3版）》，［德］托比亚斯·勒特 著，2021年出版
《德国民事诉讼法案例研习：审判程序与强制执行（第3版）》，［德］多萝特娅·阿斯曼 著，2024年出版

⊙经典阅读

《法学方法论（第4版）》，［德］托马斯·M. J. 默勒斯 著，2022年出版
《法学中的体系思维与体系概念（第2版）》，［德］克劳斯-威廉·卡纳里斯 著，2024年出版
《法律漏洞的确定（第2版）》，［德］克劳斯-威廉·卡纳里斯 著，2023年出版
《欧洲合同法（第2版）》，［德］海因·克茨 著，2024年出版
《民法总论（第4版）》，［德］莱因哈德·博克 著，2024年出版
《合同法基础原理》，［美］麦尔文·A. 艾森伯格 著，2023年出版
《日本新债法总论（上下卷）》，［日］潮见佳男 著，待出版
《法政策学（第2版）》，［日］平井宜雄 著，待出版